PUHUA BOOKS

我们一起解决问题

新手看盘实操手册

股票看盘
从入门到精通

金 戈◎著

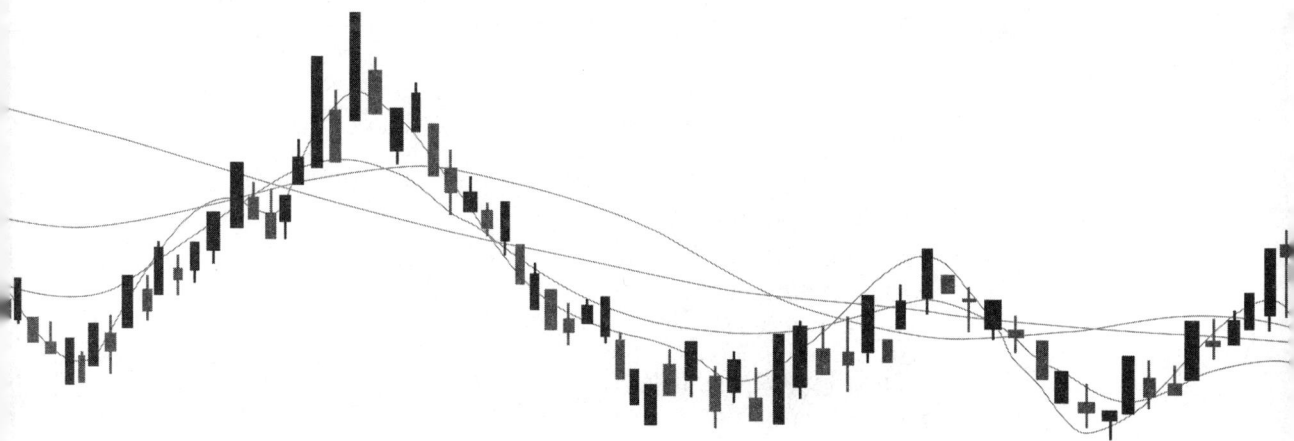

人民邮电出版社

北　京

图书在版编目（ＣＩＰ）数据

股票看盘从入门到精通 / 金戈著. -- 北京 ：人民
邮电出版社，2021.1
ISBN 978-7-115-55536-6

Ⅰ. ①股… Ⅱ. ①金… Ⅲ. ①股票投资－基本知识
Ⅳ. ①F830.91

中国版本图书馆CIP数据核字(2020)第245125号

内 容 提 要

看盘是每个股民日常操作中非常重要的一个环节，也是令很多新股民非常困惑的一个环节。每个新股民以及很多在股市中操作多年的投资者，都需要系统地补上看盘这一课。

本书从看盘的基础知识讲起，以通俗易懂的语言和丰富的实盘案例详细介绍了如何分析个股的长期走势和短期分时图，以及均线、K线、量价分析等盘面分析的基本方法和工具。此外，本书还系统讲解了如何综合运用这些看盘技巧和方法来进行盯盘操作和选股操作，并补充说明了常见的盘口陷阱。

本书适合初入股市的新股民，以及已经入市 1~3 年，希望提升短线操作水平的投资者阅读。

◆ 著 金 戈
  责任编辑 杨佳凝
  责任印制 彭志环

◆ 人民邮电出版社出版发行　　北京市丰台区成寿寺路 11 号
  邮编 100164　电子邮件 315@ptpress.com.cn
  网址 https://www.ptpress.com.cn
  大厂回族自治县聚鑫印刷有限责任公司印刷

◆ 开本：787×1092　1/16
  印张：15.75　　　　　　　　　　　　　2021 年 1 月第 1 版
  字数：280 千字　　　　　　　　　2025 年 10 月河北第 31 次印刷

定　价：69.00 元

读者服务热线：（010）81055656　印装质量热线：（010）81055316
反盗版热线：（010）81055315

前 言

投资者在真正学会看盘之前，需要先明白一些道理，因为它们能让你激荡的内心平静下来，然后看到很多之前被你忽视的精彩。

散户与主力（或小资金与大资金），二者相互博弈所产生的盈与亏，大多不是由资金量决定的，而是由内心的结算周期决定的。

股价越到高风险处，似乎机会越多；股价越到低风险处，似乎股市越没有生机。

有时候，我们所看到的真实只是表面现象。

股价高处，大资金借机逐步兑现。股价跌宕起伏间，小资金看到的投机机会多。股价低处，如一潭死水，小资金惶惶不可终日，因为找不到"明天就能赚钱"的机会；而大资金却发现了机会，因为它将盈利预期定在很久以后。

每天都想在股市上赚一笔的人，最终反而会亏损。

管用的道理往往都很简单，而简单的道理往往都会被忽视。有时候，不是我们故意忽视这些道理，而是缺少发现它的"技术硬核"。

所谓技术硬核就是技术型散户必备的知识，也是投资者凭借自己的思考力来获取投资收益的技巧。

趋势、分时、量价、MACD、K线、选股、盯盘、交易心理分析等构成了看盘的知识体系。投资者理清了这些技术分析的知识和技巧，可以让自己的眼界更加开阔、思路更加清晰、心态更加平和，而这些也正是本书讲解的主要内容。

本书在写作过程中多采用实战案例进行讲解，将理论知识还原到实际案例中进行剖析。这样不但易于投资者理解和掌握，也能使投资者更贴近实战、更容易记忆和应用所学到的知识。

依靠传闻、消息、荐股来操作股票，就像被人蒙住了眼睛，你不知道什么时候跨出去的哪一步会让你掉进坑里。

做股票还是要靠自己，即使一时亏蚀，你也算学到了知识、积累了经验。

希望本书讲述的知识和技巧能够帮助每一位读者成为优秀的技术型投资者。

目　录

第一章
股票看盘基础知识

第一节 股票盘口术语

盘口术语是指股市交易中有关看盘的专用术语。对于投资者来说，通晓这些术语是股票投资的基础，否则很难真正看懂股票投资类的文章，或者会因理解上的偏差，对某些术语所指的技术状态形成错误的认知。

当投资者在阅读一些重要的股票分析文章，或与人交流行情时，这些看起来不重要、不起眼的术语，会因投资者的错误理解而带来与预期截然相反的投资结果。

千里之行始于足下，读懂股票盘口基本术语是投资者走向成功的第一步。常用的股票口术语如下。

1. 盘口：个股买进、卖出各个档位的交易信息和分时图等多个方面的细节。

2. 看多：对股票后市行情看好，认为行情将会上涨或继续上涨。

3. 看空：对股票后市行情看坏，认为行情将会下跌或继续下跌。

4. 多头：已经买进股票，并对未来行情看多的人。

5. 空头：已经卖出股票，并对未来行情看空的人；也指期货市场上，通过卖空获利的人。

6. 多翻空：多头确信股价已涨到顶峰，于是大批卖出手中股票而成为空头。

7. 空翻多：空头确信股价已跌到尽头，于是大量买入股票而成为多头。

8. 盘整：股价遇到阻力或支撑，因此开始上下波动。

9. 死叉：短期指标向下交叉中期指标，或者短期、中期指标分别向下穿过长期指标的形态。

10. 金叉：短期指标从下方向上交叉长期指标，此后分别向上运行。

11. 买盘：积极买入某股票的资金总称。

12. 卖盘：主动卖出某股票的资金总称。

13. 平盘报收：当日收盘价相比昨日收盘价，涨跌无明显变化。

14. 全盘尽墨：大盘和绝大部分股票都下跌。

15. 红盘报收：当日收盘价高于当日开盘价，即上涨收盘。

16. 砸盘：一种是主力主动砸盘，目的是为了洗盘等；另一种是机构之间的博弈手法。

17. 崩盘：由于受到极端或意外因素的影响，造成个股或者大盘指数大幅急速下跌，且短时间内没有企稳的迹象。

18. 护盘：主力在市场低迷时主动或者被动地买入股票，以求达到稳定该股股价的目的。

19. 高开：当日的开盘价高于前一日的收盘价。

20. 低开：当日的开盘价低于前一日的收盘价。

21. 平开：当日的开盘价与前一日的收盘价相同。

22. 拉高收盘：主力在尾市收盘时快速将股价拉到较高的位置。

23. 缺口：当日开盘价高于前一日收盘价或当日开盘价低于前一日收盘价，留有空白的交易区域。

24. 跳空低开：当日开盘价低于前一日最低价，在K线图上留有向下跳空缺口的现象。

25. 跳空高开：当日开盘价高于前一日最高价，在K线图上留有向上跳空缺口的现象。

26. 内盘：以买入价成交的交易，买入成交数量统计加入内盘。

27. 外盘：以卖出价成交的交易，卖出成交数量统计加入外盘。内盘和外盘这两个数据大体可以用来判断买卖力量的强弱。若外盘数量大于内盘，则说明买方力量较强；若内盘数量大于外盘，则说明卖方力量较强。

28. 均价：某一时刻买卖股票的平均价格。若当前股价在均价之上，说明在此之前买的股票都处于盈利状态。

29. 阴跌：股价缓慢下跌，如阴雨连绵，长跌不止。

30. 洗盘：主力为吸筹或清理浮筹，主动造成股价的大幅波动，为今后的拉升做准备。

31. 试盘：主力通过买入或者卖出股票来测试某股票的筹码分布以及压力与支撑情况。

32. 跳水：股价在短时间内快速、大幅下跌。

33. 扫盘：主力大幅度通吃卖盘上的筹码。

34. 多头排列：短期均线、中期均线、长期均线依次从上到下排列，形成向上发散态势，说明多头即将发起向上攻击。反之，则为空头排列。

35. 反弹：指股价处于下跌趋势中，每一次下跌途中的回升。

36. 反转：指股价突破原有的运行趋势，进入与之相反的趋势中。比如，上涨趋势反转为下跌趋势，反之亦然。

37. 杀跌：市场发生恐慌或因其他原因，导致各方纷纷抛出股票，从而使股价快速下跌。

38. 割肉：投资者在买入股票后，股价下跌，投资者为避免损失扩大而低价（赔本）卖出股票。

39. 套牢：投资者预期股价上涨而买入股票，结果股价却下跌，交易处于亏损的状态；投资者不甘心将股票卖出，只能被动持有股票，等待获利时机出现。

40. 踏空：投资者因看空后市而卖出股票后，股价却一路上扬；或者投资者未能及时买入，因而未能在上涨趋势中赚得利润。

41. 诱多：股价盘整已久，下跌的可能性变大，主力突然将股价拉高，促使投资者误以为股价会向上突破，纷纷买进，结果股价却转而下跌，使买入的投资者被套牢。

42. 诱空：主力故意打压股价，使持仓的投资者误以为股价将持续大跌，故纷纷抛出股票，结果股价却转而上涨，使卖出的投资者错失上涨行情。

43. 骗线：主力利用均线等技术指标造假，在卖出时，制造上涨形态；在买入时，制造下跌形态，促使投资者做出错误的交易决策。

知识点小结

盘口术语最基本的作用是让你至少看得懂股评。

第二节　股票盘口的基本要素

在股票市场上，盘口的概念有广义和狭义之分。广义上的盘口概念包括 K 线走势、均线、成交量等，而狭义上的盘口是指盘口数据和分时走势图。

盘口数据和分时走势图是投资者了解市场和个股行情的窗口。

一、个股盘口数据

无论涨势行情还是跌势行情，都是通过买和卖这个交易环节来完成的，反映到盘口上，则表现为一系列的数据形式，如买盘和卖盘上的几档挂单、涨跌幅、委比、委差、最新价、开盘价、收盘价、最低价、最高价、量比、内外盘、总成交量、换手率、现价等。

在交易时段内，盘口数据的不断刷新和变化能够显示出多空之间交锋的激烈程度，也为投资者分析股价运行趋势提供了重要的参考。

例如，通过分析个股内外盘数据，投资者可以发现当前时间段内卖出和买入的具体数值。

通过分析个股总成交量、换手率、量比，投资者可以发现该股交易的热度和异动情况。

通过分析买卖盘几档（五档或十档）挂单的情况，投资者可以得知目前买方（多方）和卖方（空方）力量对比的情况。

如图 1-1 所示，该股五档卖盘和五档买盘的挂单都在千手以上，显示在当前价位上，买方和卖方力量相对均衡。任何一方想要打破这种均衡的局面，都不是一件容易的事。

卖五	3.24	2117	
卖四	3.23	2305	
卖三	3.22	3140	
卖二	3.21	4629	+3
卖一	3.20	1856	+91
买一	3.19	1110	
买二	3.18	2085	+7
买三	3.17	1860	
买四	3.16	3343	
买五	3.15	2779	

图 1-1　买卖盘五档挂单

除了这些即时盘口数据之外，投资者还应关注其他一些相关的盘口数据，如个股的总股本、流通股本、净资产、市盈率、收益、净流入额、大宗流入等综合数据。

投资者通过分析个股的总股本、流通股本，可以分析出该股受限流通股数是多少以及未来上市是否会对股价带来压力，还可以直观地看出具体个股是大盘股还是小盘股等情况。

通过分析净资产、市盈率、收益等数据，投资者可以简要了解上市公司的基本面情况。

通过分析个股当前的净流入额、大宗流入等数据，投资者可以看出个股资金流向和大资金被关注的程度，有利于投资者更加全面地衡量所持的或关注的个股的情况。

二、指数盘口数据

在大多数股票软件中，大盘分时图的右上角即行情信息区，就是当日相关指数的盘口数据信息，如图 1-2 所示。

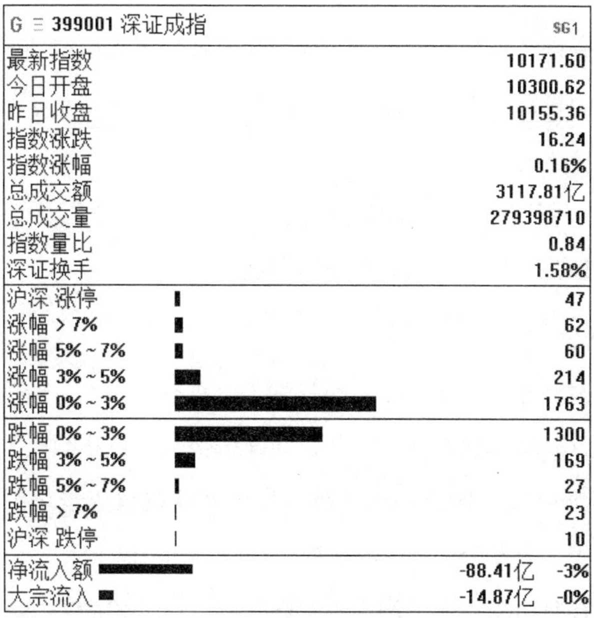

图 1-2　大盘分时图

我们可以看到当日指数的开盘、收盘、涨幅、最新指数、总成交量、涨跌比例分布等数据，指数盘口的这些数据能够让我们很快对当前的大盘行情有一个比较清晰的了解。

例如，根据图 1-2 中的涨跌比例分布，我们可以看到，在当前的时间段里，涨跌幅度为 0~3% 的个股占比极大，而涨跌幅度超过 5% 的个股相对较少，涨跌幅度超过 7% 的个股更少。这就说明，当前大盘行情运行相对平稳，多数个股表现不温不火，行情没有明显的倾向。

在行情信息区的下方，投资者可以选择不同的即时数据进行分析，如分价表、分时成交明细等。

分价表是不同时间段在某一点位成交情况的汇总，我们从中可以看出哪些点位资金出现过较为密集的成交。分时成交明细是将每一分钟的成交情况进行即时汇报。

总体而言，无论在大盘还是个股的盘口数据中，都隐藏着第一手的交易信息，这些对于投资者来说可谓至关重要。虽然投资者对盘口数据进行分析和研究需要花费时间和精力，但是这对投资者进行交易决策有很大的帮助。如果投资者为此付出一定的努力，必然会有相应的回报。

三、分时图

在对股票进行分析和研判的过程中，分时图也是一个不可或缺的组成部分，尤其是对喜欢做短线交易的投资者来说，显示价格即时变化的分时图是了解个股盘中强弱变化以及侦知主力运作思路的重要窗口。

关于如何分析、判别个股分时图，后面有专门的章节进行详细讲解，此处不再赘述，本节主要简述有关大盘分时图的相关知识点。

1.黄线和白线

在大多数软件的上证综指分时图上都有黄、白两条线。

白线是沪市所有股票的加权平均指数。当媒体报道上证指数时，所报的点数就是白线的即时点数。因为白线是加权平均指数，所以其受权重股走势的影响较大。在实战中，通常认为白线代表大盘股。

黄线是沪市所有股票的算术平均指数，即所有上市公司的股票不分股本大小，对指数的影响是一样的。黄线通常代表中小盘股，如图 1-3 所示。

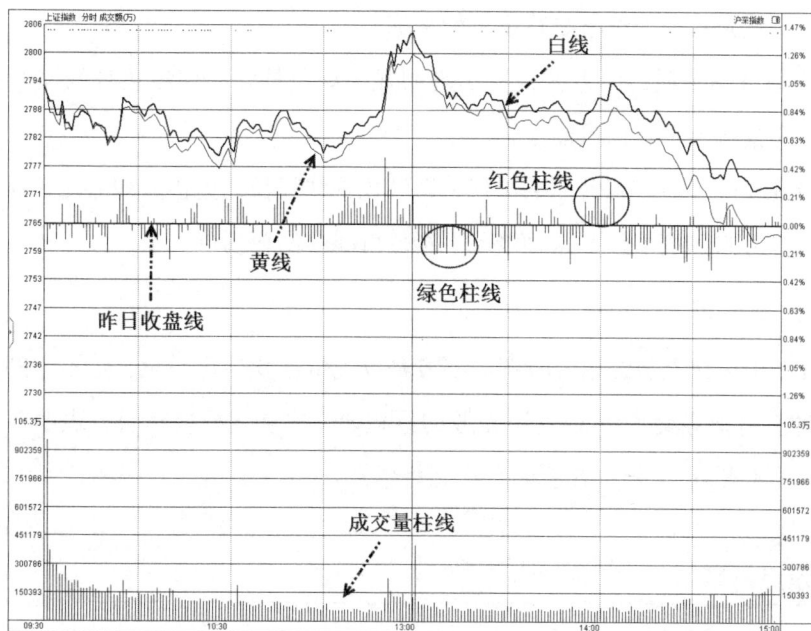

图 1-3 上证综指分时图

当行情上涨时,如果白线在上方,说明大盘股的整体涨幅比中小盘股的整体涨幅大,主要由大盘股引领上涨;如果黄线在上方,说明当前的上涨主要由大部分中小盘股引领,中小盘股的整体涨幅比大盘股的整体涨幅大。

当指数下跌时,如果白线在下方,说明大盘的下跌主要由大盘股引领;反之,如果黄线在下方,说明大盘的下跌主要由大部分中小盘股引领,中小盘股的整体跌幅比大盘股的整体跌幅大。

2. 红色柱线与绿色柱线

在上证综指分时图上,我们以昨日收盘价为基准画一条水平线,在这条水平线之上显示的是红色柱线,在这条水平线之下显示的是绿色柱线,如图 1-3 所示。这些红、绿色柱线反映了指数即时上涨或下跌的强弱程度。

当红色柱线向上不断拉长时,表示此时上涨强度在逐渐增强;当红色柱线缩短时,表示此时上涨强度在逐渐减弱。

当绿色柱线向下拉长时,表示此时下跌强度在逐渐增强;当绿色柱线缩短时,表示此时下跌强度在逐渐减弱。

实战中,如果绿色柱线缩短后,上方并没有出现明显的红色柱线,而绿色柱线又开始向下拉长，则意味着连续下跌行情可能来临。

当红色柱线缩短后，下方并没有出现明显的绿色柱线，而红色柱线又开始向上拉长，则意味着连续上涨行情可能来临。

投资者在实战中应注意背离的出现，即红色柱线极长，但指数却滞涨；绿色柱线极长，但指数却并未明显下跌，这种情况下指数可能会出现拐点。

3. 成交量柱线

在图 1-3 中，在上证综指分时图的下方是成交量柱线。每一条长短不一的柱线代表着每一分钟上海证券交易所 A 股和 B 股的累积成交之和。柱线越长，表明在这一分钟里，上海证券交易所 A 股和 B 股的总成交量越大。

知识点小结

最基本的往往是最关键的。

第三节　股票看盘分析的基本方法

股票看盘是一个综合性的概念，它包含盘口数据、分时图，还包含 K 线分析、均线分析、趋势分析、技术指标分析以及成交量分析等内容。

在股票看盘中，"看"只是过程，分析并得出结论才是目的。有些投资者每日在电脑旁盯着屏幕上不断变化的股价数字，最为关心的就是股价的涨跌变化。一个交易日结束，这些投资者能记住的可能只有股价的涨跌。

投资者不能只关注个股股价的涨跌，否则不管做了多少年的股票交易，可能依然是一个交易新手、门外汉。

看盘是一个分析的过程，也是一个不断验证自己判断的过程。不管股价是涨还是跌，如果符合自己之前的判断，那么在看盘的过程中，你会知道哪一种思路是正确的；如果不符合自己的判断，那么你也会明白哪一种思路是错误的。

总之，不能让看盘的过程仅仅止步于"看"，而是需要思考，并由此得出最终的结论。

股票的看盘分析方法，大致包括以下几种。

一、K 线分析

K 线分析是指通过对 K 线形态、趋势以及排列组合进行分析，从中判断 K 线的市场含义，并以此进行交易的一种技术分析方法。

K 线是日本德川幕府时代的米市商人本间宗久用来记录米市行情与分析价格波动的一种方法，而后被引入股市及期货市场。

在日本，K 线被称为"罫（日文发音 KEI）线"，西方取 KEI 的第一个英文字母"K"，将其直译为 K 线，K 线一词由此而来。K 线图又被称为蜡烛图或阴阳烛。

K 线最基本的划分是阳 K 线和阴 K 线。收盘价高于开盘价，价格上涨的 K 线为阳 K 线；收盘价低于开盘价，价格下跌的 K 线为阴 K 线。收盘价与开盘价一致的 K 线为平线。

如图 1-4 所示，一根 K 线包括四个部分：开盘价、收盘价、最高价、最低价。我们通常用长方形的实体来标示开盘价和收盘价，而用一根向上或向下的细线来标示最高价和最低价（即上影线和下影线）。

K 线在实战中具有多种形态上的变化，既有不带上下影线、只有实体部分的 K 线，又有上下影线极长而实体极小的 K 线。

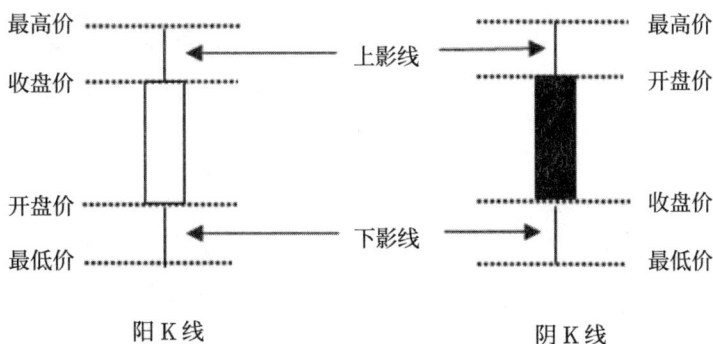

图 1-4 K 线的构成

二、移动平均线分析

移动平均线分析是指通过对不同时间周期的均线、均线交叉、组合以及与股价之间支撑和压制作用的分析，来提示股价未来走势的一种技术分析方法。

移动平均线简称均线，对某个时间段内的收盘价加以平均，并将这些值以线段的形式连接即构成了均线。均线分析技术在世界金融投资领域得到了广泛的应用。有人认为，均线为技术分析指标之王。

不同时间周期的均线对价格反映程度有极大的差异。例如，股价跌破 20 日均线，行情似乎将要转势向下，但是 60 日均线却提示我们这不过是一波凶悍的回落整理。理解了这种差异性，对于判断价格运行方向和趋势具有非常重要的作用。因此，投资者有必要了解一些均线分类的知识点。

按照日线、周线、月线等常用分析系统进行划分，投资者可以更加清楚该如何分析、判断不同周期均线以及它们各自的作用。

1. 日线系统

日线系统是指通过以每个交易日为时间单位的一系列技术指标，对行情进行分析判断的统称。在日线系统中，每根 K 线代表一个交易日的交易情况。

日线系统是最为常用的分析系统，不同时间的日均线也是应用最为广泛的一种分析和判断行情变化的均线类别。

我们常用的日线系统上的均线包括 5 日均线、10 日均线、20 日均线、30 日均线、60 日均线、120 日均线、250 日均线、500 日均线等。

（1）5 日均线、10 日均线

这两条均线一般被定义为短期均线，它们对揭示价格的短期变化较为敏感，但是也正因为对价格变化的反应过于敏感，所以最容易被主力资金利用，时常会发出错误信号。

短期均线是投资者观测股价强度变化的利器，但是，如果过度关注短期均线并依此进行交易，则往往容易被眼前的得失所困扰，错失更大的利润。

如图 1-5 所示，个股处于震荡盘整期间，5 日均线与 10 日均线之间多次发生交叉。其实，这些代表买进或卖出含义的交叉，多数都是错误的。如果投资者依此进行交易，必然陷入无所适从、进退维谷的窘境。

（2）20 日均线

20 日均线属于短中期均线，时间周期决定了其不急不缓、适度反映股价变化的特点。20 日均线是非常适合判断波段行情变化的均线类型。

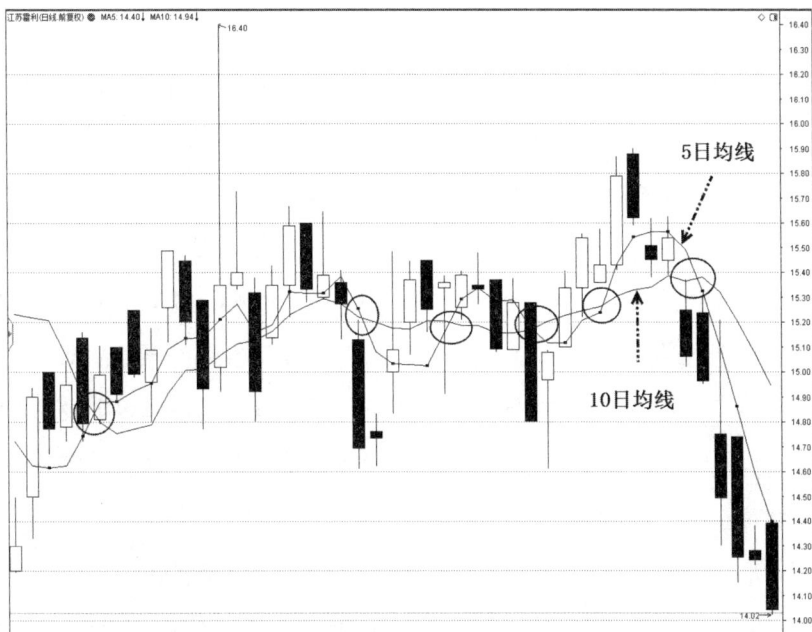

图 1-5 日线系统

（3）30 日均线

30 日均线属于中期均线，虽然与 20 日均线相比略显迟缓，但具有较强的稳定性。实战中，很多个股在短期回落调整中会跌破 20 日均线，但一般不会跌破 30 日均线。30 日均线的稳定性可以让投资者避免因恐慌而过早地卖出持仓。

（4）60 日均线

60 日均线是中长期均线，在行情波段和方向判断上能够起到相对灵活的作用。无论是主要趋势还是次级趋势，在判断是否发生转势时，60 日均线都是不可或缺的重要判断依据和标准。

（5）120 日均线、250 日均线、500 日均线

这三条均线都属于长期均线，主要用于对中长期行情趋势进行分析和判断。120 日均线又被称为半年线，250 日均线又被称为年线。

从平均成本的角度来说，当价格向上越过 120 日均线和 250 日均线时，意味着半年或一年内买入的持仓者已经获利，所以 250 日均线又被视为牛熊分水岭。500 日均线的用法和年线类似，能够起到验证和辅助的作用。

2. 周线系统

大多数中长线投资者会选择周线或月线系统来作为研判行情的工具。同时，我们难以通过某些个股在日线上的走势做出趋势性的判断，而利用周线和月线系统却能够一目了然地看清全局。周线系统上的趋势性变化一旦形成，就不会轻易改变，无论股价上涨还是下跌。

我们常用的周线系统上的均线包括5周、10周、20周、40周、60周、120周均线等。至于选择哪些均线作为自己观测的对象，则因人而异。偏好画面简洁的投资者可以选择短期、中期、长期三条均线进行观测，不嫌烦琐的投资者则可以多设几条均线。

在牛市中利用周线、月线上的均线，可以鉴别行情回落的性质。其实，一些看起来很恐怖的下跌只是一个涨势中途的调整。

如图1-6所示，该股周线系统上出现一波幅度较大、跌速较快的下跌，可能会跌破上涨趋势线。但是我们可以看到，下方的60周均线和120周均线仍旧保持着稳定上行的态势，显示出其对股价下跌必然有强大的支撑。之后，股价并未跌至60周均线就重新转入升势，说明这个下跌仅是涨势途中一次较为凶悍的回落调整。

图1-6　周线系统

投资者在熊市中利用周线、月线上的均线所呈现的不同形态，可以判别目前行情反弹的性质和级别，也就不会被一些短期反弹所迷惑，对操作策略的制定和风险的防范都十分有益。

当然，选择不同投资策略的投资者进场建仓的时间并不统一，但有一点是一致的：当周线系统的中长期均线处于空头排列、持续下行时，投资者应持币观望；当短期、中期、长期均线逐步聚拢黏合时，此时虽然离旭日东升尚远，但却是牛市行情显露出的第一缕曙光。

3. 月线系统

相比周线系统、日线系统，月线系统是更长时间单位的分析系统，它的最大优势就在于稳定性。当一种趋势形成后，就不会在短期内发生转折，这也是它的周期特征所决定的。

投资者在实战中要注意，即使均线多头排列，也并不意味着股价不会发生大幅震荡，有时这种震荡会在短时间内打破上涨势头，让人觉得股价仍旧会重回熊市，继续下跌。但这时相关的中长期均线仍旧保持稳定的上行趋向，股价也会在不久之后重回上涨趋势。

月均线和周均线代表较长的时间周期，它们所发出的涨跌信号反映到日线系统上可能就是连续的大涨或者连续的大跌。投资者在分析日线系统时，如果感到困惑、难以判断，那么从周线或月线系统上，也许就能找到答案。

4. 分钟系统

上述日线、周线、月线系统是投资者分析股价趋势的宏观世界，而分钟系统则是投资者观察股价细节变化的微观世界。

分钟系统主要包括 1 分钟、3 分钟、5 分钟、15 分钟、30 分钟、60 分钟等，在不同操作风格的投资者手中，这些时间周期不等的分钟系统发挥着各自的作用。

在一个短线投资者眼中，分钟系统上的 K 线图和均线能够提供大量可供交易的机会，而对于一个中长线投资者来说，则不必过于关注分钟系统上这些细微的波动。

无论是分钟图还是日线图、周线图、月线图，投资者都可以在均线的帮助下，找到相应的价格运行趋势。对于分钟系统上的均线，投资者可以根据自己的操作风格和习惯进行设置。

分钟系统的主要作用在于分析股价波动中的细节。例如，日线系统上出现连续阴线，似乎跌势仍会继续，但是投资者如果通过分钟系统进行分析就会发现，其实股价正在酝酿一波反弹行情。

不同时间周期的分钟系统，其所代表的股价波动级别也大不相同。例如，1 分钟系统显示股价将会出现反弹，但反映到日线系统上，可能只是一次 1 小时的短暂弹升，之后股价仍会下跌。

鉴于 A 股是 T+1 交易制度，投资者并不能当日买进后卖出，所以这样的交易机会只适合持仓者做盘中的 T+0 交易。

在均线分析理论中，格兰维尔均线八法无疑最为著名，被视为均线经典理论。下面简要介绍格兰维尔均线八法的主要内容。

法则一：均线从下降逐渐走平且略向上方抬头，而股价从均线下方向上方突破，此时为买进时机。

法则二：股价位于均线之上运行，回调时未跌破均线，之后再度上升，此时为买进时机。

法则三：股价位于均线之上运行，回调时跌破均线，但均线继续呈上升趋势，此时为买进时机。

法则四：股价位于均线以下运行，突然暴跌，距离均线太远，极有可能向均线靠近，此时为买进时机。

法则五：股价位于均线之上运行，连续数日大涨，离均线越来越远，说明近期内持仓者获利丰厚，随时都会产生获利回吐的卖压，此时为卖出时机。

法则六：均线从上升逐渐走平，而股价从均线上方向下跌破均线，说明卖压渐重，此时为卖出时机。

法则七：均线和股价在下行趋势中，股价反弹并涨升至均线上方，而均线却继续下行，此时为做空时机。

法则八：股价位于均线下方运行，反弹时未能突破均线，当股价再度出现下跌时，为卖出时机。

如图 1-7 所示，在格兰维尔均线八法中，前四个是买进法则，后四个为卖出法则。投资者在理解与应用这些法则时要明白一点：这八种法则绝非是投资者可以原样照搬的模板，还需要投资者根据不同行情趋势或者不同时间周期的均线，在实战中进行验证和完善，这个过程也就是投资者建立属于自己的交易系统的过程。

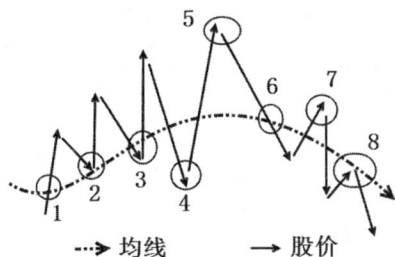

图 1-7 格兰维尔均线八法

三、趋势分析

趋势分析是指对个股或大盘的长期运行趋势予以分析，并对趋势的突破方向进行判断和确认，从而辨识市场运行轨迹的一种技术分析方法。本书将详细讲解如何应用趋势分析。

所谓看大势，赚大钱，这句股谚的意思就是，只有看明白行情运行的大趋势，才是决定能否赚到大额利润的关键。

埋头于股价细节波动里赚取蝇头小利的人，如果置大势于不顾，只是盲目取利，则可能会面临灭顶之灾。趋势分析至少能让投资者明白自己是在做与市场趋势对抗的事情，还是在顺势而为。

趋势分析可以让投资者从股价细节波动中脱身，从而在大趋势上发现市场的真实方向；也可以让投资者避免陷入股价细节波动所带来的悲观情绪。也许只有当投资者学会俯瞰股票市场时，才能发现股价的一切波折不过是沧海之中的一丝微澜。

投资大师彼得·林奇一直强调，投资者在市场中应该具有一种大局观，这样更有利于投资者保持良好的心态。1987 年的美国股灾使林奇管理的麦哲伦基金遭受了较大的损失，一度让他郁郁寡欢。林奇从大局观出发诠释了这场股灾，最终不但从心态上也在实战中战胜了市场。在大股灾的背景下，1987 年，麦哲伦基金仍旧保持了正收益，并连续10 年超过共同基金的平均收益水平。后来彼得·林奇在回忆时说："每当我怀疑现状和感到沮丧时，我就把注意力集中到更大的画面，如果你期望在股市上能够坚守信念的话，那么更大的画面是值得了解的。更大的画面告诉我们，在过去的 70 年中，股票平均每年产生 11% 的回报率，而国库券、债券、定期存单的回报率则不足股票的一半。尽管 21 世纪以来股市发生了大大小小的灾难，每次都有上千条理由让人相信世界末日即将来临，但长期数据表明，持有股票的回报是持有债券的两倍。如果投资者能相信这些资料并据此行动，那么长期的效果会远胜于相信 200 个专家或顾问关于经济衰退的预言。"

四、技术指标分析

技术指标分析是指通过多种技术指标来研判股价和大盘走势的一种技术分析方法。本书中将详细讲解 MACD 指标。

技术指标在分析和判别股价变化的过程中所起到的作用毋庸置疑。比较常用的技术指标包括均线、MACD 指标、RSI 指标、CCI 指标、KDJ 指标、布林线指标、宝塔线指标、威廉指标等。

布林线发明人布林格先生曾说："布林线上轨的边界本身并不是一个卖出信号，也可能是买入信号；下轨的边界本身并不是一个买入信号，也可能是卖出信号。你必须要有更多的参考因素来判断其到底是买入还是卖出信号。在有趋势的市场中，价格可能沿着布林线的轨道上升，也可能沿着布林线下轨下降。"

布林格先生的这段话，主要是提示投资者在应用任何技术指标时，都不能刻舟求剑，亦不可将技术指标作为唯一的交易依据。投资者需要综合运用多项技术手段来互为佐证。

五、成交量分析

成交量分析是指通过分析个股和大盘成交量来判定未来价格走势的一种技术方法。本书将详细讲解成交量和换手率的实战内容。

成交量是指交易市场的买卖双方在某个单位时间内对某项标的成交的数量。

成交量的计算单位为手或股，1 手等于 100 股。

成交量能够直观反映出股票市场是低迷还是高涨。

如果成交量稀疏，则说明参与交易的人或资金屈指可数，股票市场必然处于萎靡的状态中；如果成交量密集，则说明参与交易的人或资金众多，股票市场必然处于亢奋的状态中。

实战中，成交量的放大与缩小并不能决定价格的涨或跌，只能起到关键性的催化作用。投资者在这一点上必须有一个明确的认知，这也是正确认识和分析成交量的技术基础。

成交量分析是技术分析中的重要组成部分。如果投资者漠视成交量的状况，仅仅专注于其他技术分析形式，则很容易脱离市场的实际情况，被技术分析的短板所困，最终得到的结论很难对实战产生有益的帮助。

但是，投资者使用单一的成交量分析也难以对价格趋势做出判断，必然会在实战中出现这样或那样的错判。只有综合性分析才是所有技术分析形式得以发挥和展示不同作用的大前提。

与成交量息息相关的一个概念是成交金额，这也是投资者需要了解的一个概念。成交金额是指市场的多空（买卖）双方在某个单位时间内成交的某项标的金额，在国内，其单位以人民币"元"计算。

在谈及大盘指数成交数额时，我们习惯说成交金额，比如，某天沪市或深市成交多少亿元。而说到个股时，我们习惯说成交量（成交量以手为单位，1 手 =100 股）或者换手率等，比如，某股日成交量是多少手或多少股，抑或是当日换手率为多少。

在成交量相同的情况下，因为个股股价不同，所以成交金额必然不同。例如，某股日成交量为 1 亿股，均价为 10 元；另外某股日成交量也是 1 亿股，均价为 20 元，二者的成交金额显然有较大的差距。

实战中，成交金额分析和成交量分析很相似，而成交金额在资金流动分析上，似乎更能直观地反映出某一时间段内，市场有多少真金白银在流进或流出。

六、盘口数据分析

盘口数据分析是通过重要的数据信息对未来价格走势进行判断的一种技术方法。

盘口上显示的是股价即时交易变化的细节。其中，有些交易细节的变化一闪即逝，投资者无法通过事后复盘重现，并不能像 K 线图和均线等一样，可以盘后再进行复盘分析。

这些即时盘口数据往往能够显露出主力隐藏的真实意图，让投资者避免上当受骗，并做出正确的投资决策。所以，盘口数据分析的重要性不言而喻。

知识点小结

其实，能让你赚钱的方法就是最好的方法。

第四节　手机看盘软件的应用

工欲善其事，必先利其器。一款适合自己的行情分析软件是投资者必备的装置。那么什么样的软件是适合自己的呢？

我们无法具体回答这个问题，因为不同的投资者对行情分析软件的要求必然不同，投资者需要根据自身特点来选择。

例如，对于专业做股票的投资者来说，手机是满足不了其要求的，至少需要一台或几台电脑。对于善于分析研究的投资者来说，手机上的行情分析软件同样也难以满足其要求。即便是电脑上的行情分析软件也需要确保其数据下载的完整性，这样才能达到基本要求。对于大多数忙于工作、没有太多时间看盘的投资者来说，如果只是偶尔看一下股价涨跌、浏览公告信息、进行简要分析，那么手机上一款相对全面的行情分析软件也许就已经够用。

现在投资者到券商营业部开户，工作人员大多会直接在投资者手机上下载券商自己的行情交易软件来完成开户流程。

多数券商的手机行情交易软件还不错，至少在安全性上是有一定保障的。如果投资者不满意开户券商的分析软件，可以将其留作交易专用，再下载其他的分析软件进行看盘。

比较知名的免费手机炒股软件有东方财富、同花顺、大智慧等。虽然它们是免费软件，但在某些特色功能的使用上，还是需要投资者付费的。对于这些收费的功能，投资者可根据自身情况来决定是否启用。

投资者应尽量选择知名上市券商的炒股 App，原因有三点：一是安全性相对较高，二是相对规范，三是信息与数据的可信度和准确性较好。当然，我们并不排除其他 App 也具有这些优点。

一、软件下载

投资者可以登录券商网站，扫描相关二维码就可以完成下载与安装。如图 1-8 所示，登录券商网站后，投资者可以选择需要下载的软件，如电脑版、手机版等不同选项。

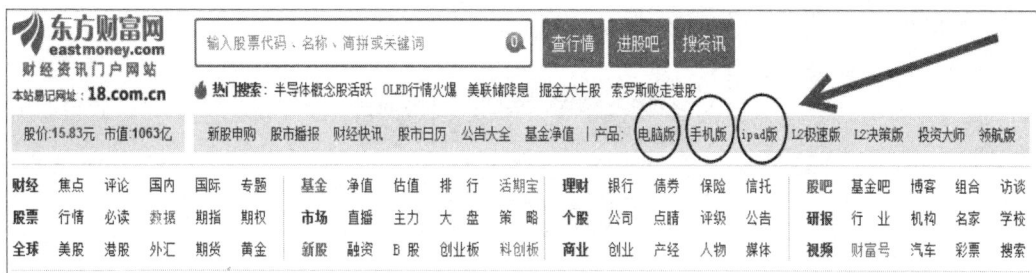

图 1-8　券商网站

投资者也可以直接用手机下载。如图 1-9 所示，打开相关券商页面后，点击下载 App，即可完成相应软件下载。

图 1-9　下载 App

二、手机看盘软件的功能与使用

随着手机各种应用日新月异的发展，现在的手机炒股软件也越来越强大，几乎可以和电脑炒股软件相媲美。

1. 看财经资讯

做股票需要了解的资讯种类很多，比如个股相关公告、行业信息、期货行情、国外重要股票市场的表现等。投资者在手机 App 上可以查看这些信息，通常 App 上会有"最新动态、要闻、资讯"等选项。

如果投资者想了解其他国家股票市场的表现，可以点击"全球指数"，不仅可以看到美国道琼斯指数、英国富时 100 指数等欧美国家股市的表现，还可以看到黄金、原油等重要的期货市场的涨跌情况。

如果投资者想要了解上市公司的资讯，点击"公司研究"就可以看到相关公司的研究报告和分析文章等，如图 1-10 所示。

图 1-10　资讯

2.看行情

如果投资者想要查看大盘或者个股行情，就可以点击"行情"选项，如图 1-11 所示。

图 1-11　看行情

如图 1-12 所示，投资者点击"行情"进入行情页面，既可查看上证指数、深证成指等指数的即时涨跌情况，也可以查看哪些是当前领涨或者热门的板块、概念等。

图 1-12　行情

3. 看个股

如果投资者想搜索特定的股票，可以点击"放大镜"图标（如图 1-13 所示），然后输入股票代码或股票简称的拼音首字母进行搜索。例如，投资者想要搜索"贵州茅台"股票，则可以输入"GZMT"搜索即可。

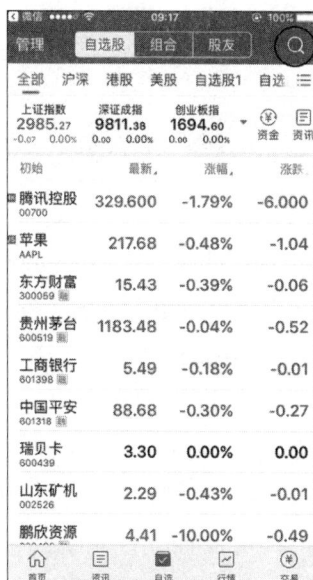

图 1-13　搜索

4. 自选设置

如果投资者发现了符合自己选择标准的个股，就可以点击图 1-14 中个股页面的右下角"加自选"，即可将个股收藏到自选股中，方便自己追踪查看。

图 1-14　加自选

5. 买卖股票与申购新股

用手机炒股软件进行股票交易，投资者点击图 1-15 中页面右下角的"交易"，即可进入交易页面。

投资者先登录资金账户，然后就可以买入股票或者卖出股票，其方法和电脑软件相差不大。投资者在手机炒股 App 上也可以申购新股，在首页上一般都有新股申购按钮。投资者登录资金账户后，即可轻松完成申购。

6. App 选股

手机软件上有很多不同风格的选股策略，投资者可根据个人需求进行选择。比如智能选股，这种选股方式很简单，投资者输入不同的条件，然后 App 就会筛选出符合这些条件的股票。

图 1-15　交易

投资者选出股票后，不要急于尝试交易，最好将这些筛选出的股票加入自选股进行跟踪观察，然后剔除其中走势出现变化、不再符合条件的个股，保留少数个股作为关注的对象，等到熟悉这些个股的盘口情况和技术特点之后，再决定是否开始交易。

喜欢追踪主力异动股的投资者可以点击"今日主力净流入"，进入"今日主力净流入排名"页面，如图 1-16 所示。投资者可根据主力资金流入的情况，选择关注其中符合自己设定的技术要求的个股。

如果投资者点击选股页面中的"盘口异动"，则可以轻松查看到当天大盘运行过程中有哪些板块及个股在什么时间段异动。这就为喜好短线交易的投资者提供了一个较佳的追踪异动板块及个股的窗口。

投资者需要注意的一点是，当个股或者板块出现在盘口异动上时，并不一定都是机会，这就需要投资者具有一定的鉴别和分析判断的能力。

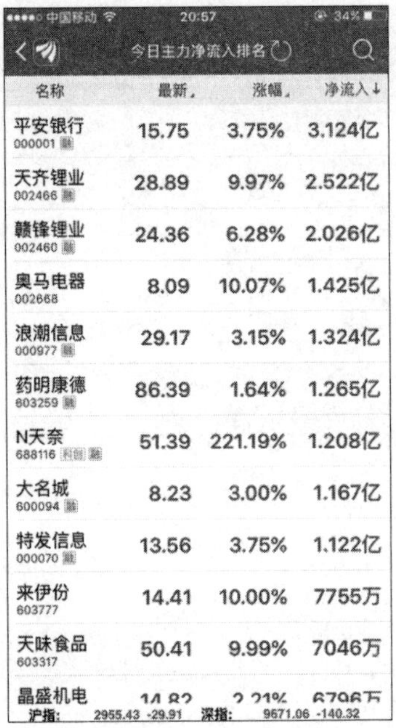

名称	最新	涨幅	净流入
平安银行 000001 融	15.75	3.75%	3.124亿
天齐锂业 002466 融	28.89	9.97%	2.522亿
赣锋锂业 002460 融	24.36	6.28%	2.026亿
奥马电器 002668	8.09	10.07%	1.425亿
浪潮信息 000977 融	29.17	3.15%	1.324亿
药明康德 603259 融	86.39	1.64%	1.265亿
N天奈 688116 科创 融	51.39	221.19%	1.208亿
大名城 600094 融	8.23	3.00%	1.167亿
特发信息 000070 融	13.56	3.75%	1.122亿
来伊份 603777	14.41	10.00%	7755万
天味食品 603317	50.41	9.99%	7046万
晶盛机电	14.82	2.21%	6796万

沪指: 2955.43 -29.91 深指: 9671.06 -140.32

图 1-16 选股

知识点小结

做股票无论选用的是电脑，还是手机，最后决定盈亏的还是投资者自己。

第二章

股票趋势看盘技巧

第一节　怎么看趋势

一、趋势与道氏理论

不谋全局者，不足以谋一隅。

大局观是成功的投资者必备的素质。所谓的大局观是指对某事物整体的洞察力。在股票市场上，大局就是股票及股票市场的大趋势。

股票趋势是指在某个时间周期内，股票价格波动保持在一个相对稳定的运行方向上。趋势就是股票的运行方向，如果投资者看不清方向，那么未战就已先输。

分析股票趋势能够让投资者辨清目前股价所处的阶段，并权衡自己应该采取什么交易策略。趋势可以让投资者明确知道，什么时候应当买进并坚定持有，什么时候应当卖出离场。

例如，在牛市中，投资者应当以积极做多、坚定持仓为主要投资策略，不宜因恐惧而频繁做空；在熊市中，投资者应当以回避和观望为主要投资策略，即使操作，投资者也应以短线进出为主，不宜长期持有。

在辨清股票大趋势的同时，投资者还需要对不同级别的趋势有一个清晰的认识，否则，分不清主次之别，必然带来交易策略上的混乱。

大趋势总是由中小趋势构成，但中小趋势并不一定时刻与大趋势同步，甚至处于相逆的态势中。在股价的波动中，投资者唯有厘清不同级别趋势之间的关系，才能真正看懂股价未来运行的大方向。

我们讲到趋势，就不得不讲道氏理论。道氏理论是技术分析的基石和精髓，理解道氏理论能够让投资者更好地领会趋势与实战的关系。

下面简要讲述道氏理论中最为重要的五个定理和三个假设。

1. 五个定理

定理一

市场指数有三种走势，这三种走势可以同时出现。

第一种走势最重要，它是主要趋势（或称之为大趋势），呈现出整体向上或向下的走势，被称为多头或空头市场，期间可能长达数年。

第二种走势最让人难以捉摸，它是次级折返走势（或称之为中期走势），是主要多头市场中的重要下跌走势，或是主要空头市场中的反弹，这种走势通常会持续三个星期至数个月。

第三种走势通常较不重要，它是每天波动的日内走势（或称之为短期趋势）。

定理二

主要走势代表整体的基本趋势，通常被称为多头市场（牛市）或空头市场（熊市），持续时间可能在一年以内乃至数年之久。正确判断主要走势的方向是投机行为成功与否的最重要的因素。没有任何已知的方法可以预测主要走势的持续期限。

定理三

主要的空头市场是长期向下的走势，其间夹杂着重要的反弹。它来自各种不利的经济因素，唯有股票价格充分反映可能出现的最糟的情况后，这种走势才会结束。

空头市场会历经三个主要的阶段：第一阶段，市场参与者不再期待股票可以维持过度膨胀的价格；第二阶段，卖压反映出经济状况与企业盈余的衰退；第三阶段，来自健全股票的失望性卖压，不管其价值如何，许多投资者都急于变现一部分甚至全部股票。

定理四

主要的多头市场是一种整体性的上涨走势，其中夹杂着次级折返走势，平均持续时间长于两年。在此期间，由于经济情况好转与投机活动转盛，所以投资性与投机性的需求增加，股票价格被推高。

多头市场有三个阶段：第一阶段，人们对未来的投资前景恢复信心；第二阶段，股票对已知的公司盈余改善产生反应；第三阶段，投机热潮更加猛烈，而股价明显膨胀，这一阶段的股价上涨是基于投资者的"希望"。

定理五

次级折返走势是多头市场中重要的下跌走势（牛市中的大调整），或空头市场中重要的上涨走势（熊市中的强反弹），持续时间通常在三个星期至数个月，在此期间，折返的幅度为前一次级折返走势结束之后主要走势幅度的33%~66%。

次级折返走势经常被误以为是主要走势的改变，因为多头市场的初期走势可能仅是空头市场的次级折返走势，相反的情况则会发生在多头市场出现顶部后。

2.三个假设

假设一

指数每天、每星期的波动可能受到人为操纵，次级折返走势也可能受到这方面的影响，比如常见的调整走势，但主要趋势不会受到人为的操纵。

假设二

市场指数反映了所有可用的信息。每一位对金融事务有所了解的市场人士，他所有的希望、失望与知识都会反映在道琼斯指数或其他指数每天收盘价的波动中，因此，市场指数永远会适当地预期未来事件的影响。如果发生火灾、地震、战争等灾难，市场指数也会迅速地加以评估。

假设三

道氏理论并不完美，如果投资者想要成功利用它协助其投机或投资行为，那么需要深入研究并客观地综合判断，绝不可以用"希望"去思考和判断。

二、趋势类别

依据股价运行方向的不同，趋势可分为上涨趋势、下跌趋势、水平趋势。

1.上涨趋势：股价从低点波动上升。如图2-1所示，该股股价整体保持向上运行的形态。

2.下跌趋势：股价从高点波动下降。如图2-2所示，该股股价整体保持向下运行的形态。

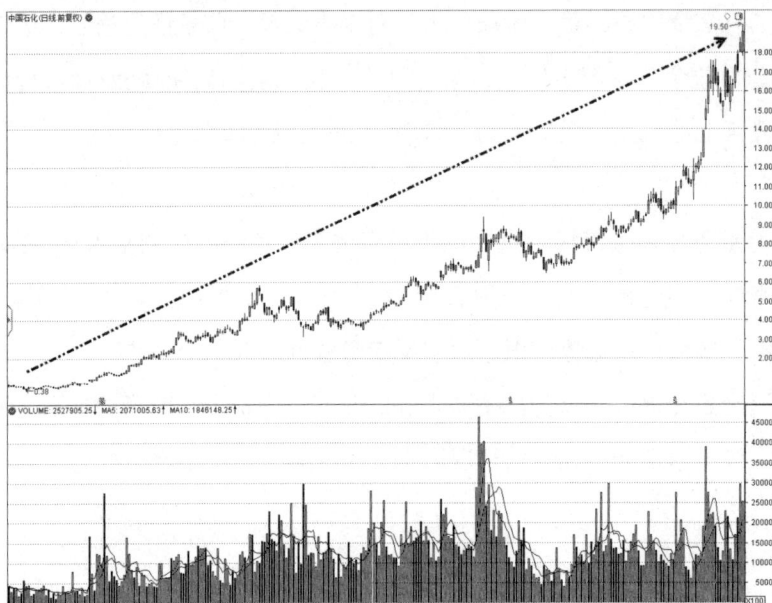

图 2-1　上涨趋势

图 2-2　下跌趋势

3. 水平趋势：股价在某一区间内上下波动，多个股价高点大致在相近的点位上，多个股价低点也大致在相近的点位上。这种形态也被称为横向震荡走势或箱体走势。如图2-3 所示，该股股价高点在大致相近的价位上，而股价低点也大致在相近的价位上，股价整体保持着横向水平波动的形态。

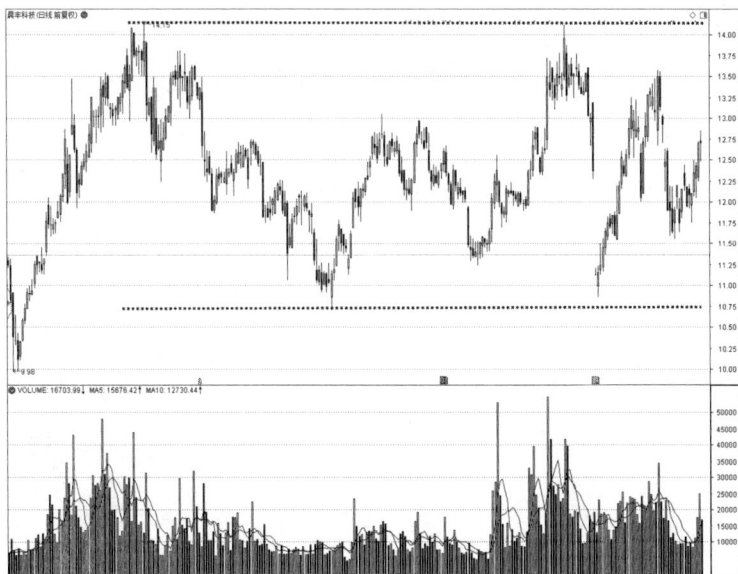

图 2-3 水平趋势

依据道氏理论,趋势可以分为主要趋势、次级趋势、短期趋势。

1.主要趋势:价格运行的长期趋势,其特点为周期较长,并且,趋势一旦形成,不易改变。主要趋势可分为主要上涨趋势(牛市)、主要下跌趋势(熊市)。

如图 2-4 所示,A 点是深证成指一轮轰轰烈烈的主要上涨趋势行情,即牛市行情。随之而来的 B 点则是深成指见顶回落的主要下跌趋势行情,即熊市行情。

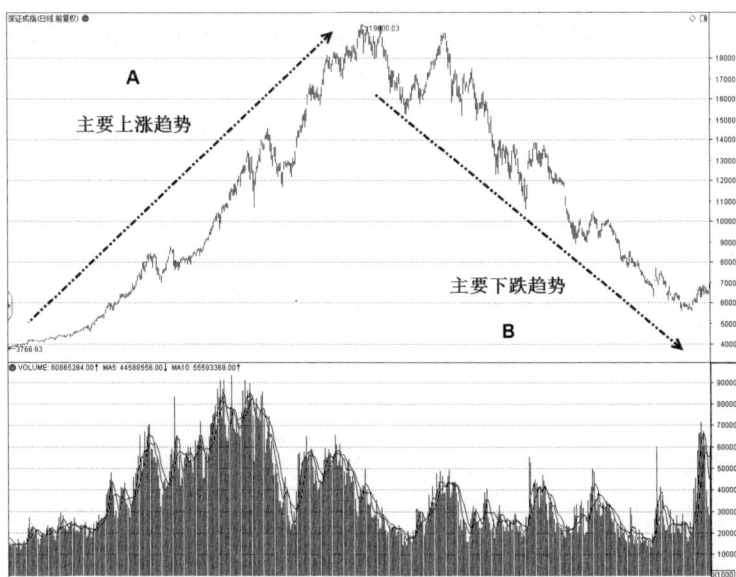

图 2-4 主要趋势

2. 次级趋势：与主要趋势运行方向相反（或相同）的一种中期行情走势，其对主要趋势具有一定的阻滞、干扰（或加速）作用。次级趋势还应包括因趋势线变轨出现的同方向、低级别的趋势。

在主要上涨趋势中，次级趋势大多是指中期下跌的回落调整行情。如图 2-5 所示，在一个主要上涨趋势运行期间，股价在 A 点和 B 点分别出现了一波时间较长、幅度较大的回调，即次级下跌趋势。

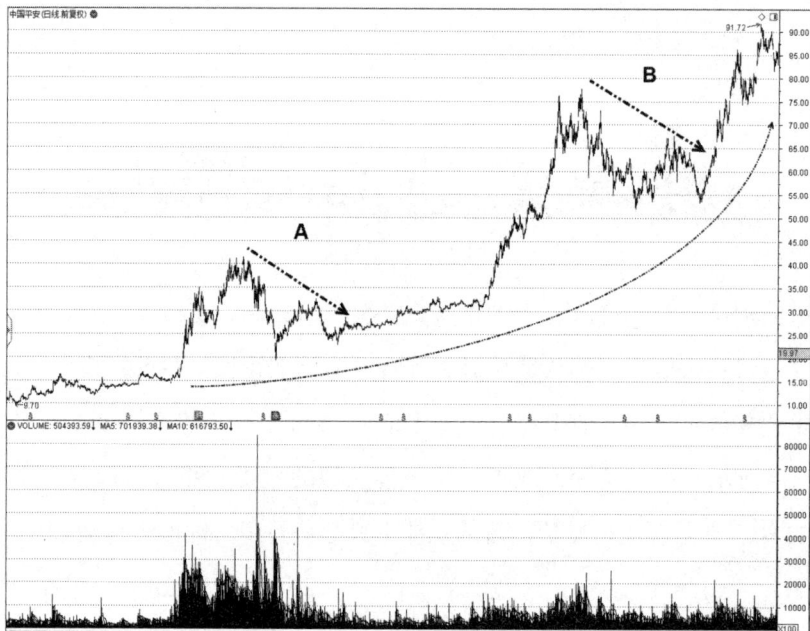

图 2-5　次级趋势——回调行情

在主要下跌趋势中，次级趋势大多是指中期上升的反弹行情。如图 2-6 中的 A 点所示，该股在主要下跌趋势运行期间，股价出现一波时间较长、幅度较大的反弹行情，即次级上涨趋势。

3. 短期趋势：孕育于次级趋势和主要趋势之中，代表股价短期的波动。在主要（上涨或下跌）趋势运行期间，次级趋势的出现相对较少，而短期趋势则始终存在于股价运行的过程中。

虽然短期趋势变化过于频繁，而且易于操纵，往往会给投资者带来误判，但是趋势的转化总是从短期趋势开始，短期趋势可以演化为中期趋势，中期趋势也可以演化为主要趋势。短期趋势的优势在于能够及时提示行情发生质变，所以在实战中，短期趋势分析也是不容忽视的。

图 2-6 次级趋势——反弹行情

知识点小结

只有看准大势，才能赚到大钱！

第二节 绘制趋势线的方法与趋势线变轨

一、怎样绘制趋势线

趋势是一把"标尺"，投资者可以依照这把"标尺"的提示，顺应趋势规律进行操作。顺势而为是投资者进行趋势分析和操作的主旨，也是保全本金、获取收益的最简易的一种方法。通常，为了便于识别趋势，我们常用趋势线来标示价格的运行趋势。

趋势线是指根据股价或指数的变动，通过连接两个或多个重要的低点或高点而画出的一条顺应价格运行方向的直线。投资者在绘制趋势线时，应尽量正确地反映价格的运行趋势，只有这样，才能使趋势线起到对未来行情发展的提示作用。

趋势线是分析价格趋势及其变化的最有效的工具之一，正确地绘出上涨趋势线、下降趋势线和水平趋势线有助于投资者对行情变化和趋势拐点的出现提前做出预判。

投资者绘制趋势线要做到三点：第一，至少确定两个重要的低点或高点；第二，这两个点在时间周期上不能过于接近；第三，趋势线能够正确反映价格整体运行情况。

1. 上涨趋势线

股价在上涨趋势中，高点不断刷新，低点亦随之抬高。依次取股价的两个重要的低点，将其连接画出一条向上延伸的直线，即上涨趋势线。在实战中，一条上涨趋势线维持的时间越长，其对股价的支撑力度越强。一条被确定有效的上涨趋势线对技术分析有重要的意义。

如图 2-7 所示，A 点是股价盘整震荡中的最低点，股价经过一波震荡上涨后，出现中期调整，B 点为中期调整的最低点。A、B 两点的连线即上涨趋势线。

A、B 两点之间长达十个月的时间周期是较符合要求的。如果 A、B 两点之间间隔时间过短，则可能难以明确地反映出价格的整体趋势。

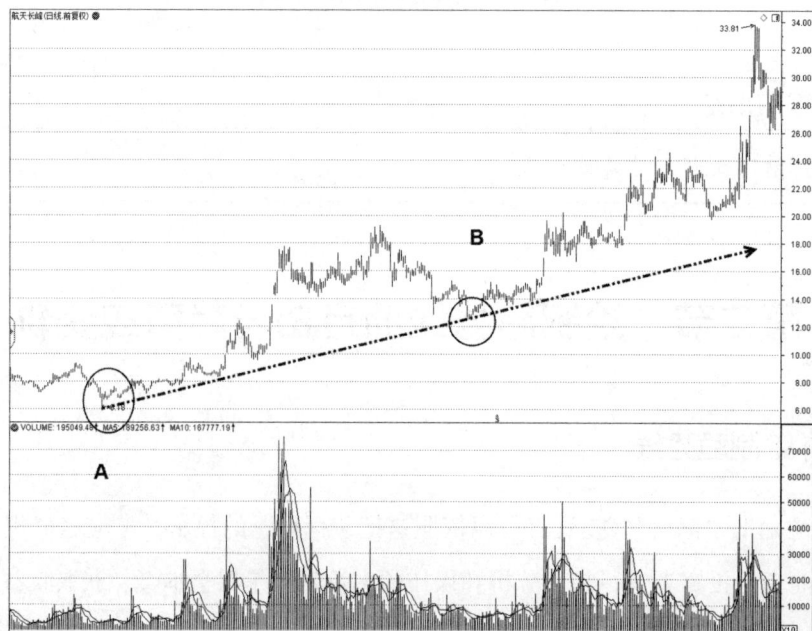

图 2-7　上涨趋势线

2. 下跌趋势线

股价在下跌趋势中，高点逐步下移，低点亦不断刷出新低。依次取股价的两个高点，将其连接画出一条向下延伸的直线，即下跌趋势线。在实战中，一条下跌趋势线维持的时间越长，其对股价的压制力度越强。一条被确定有效的下跌趋势线对技术分析有重要的意义。

如图 2-8 所示，A 点为该股顶部高点，B 点为震荡盘整中的反弹高点，它们都是相对重要的点位。A、B 两点的时间周期为七个月左右，也较为合适。当 C 点股价急速反弹并接近这条趋势线时，便失去了继续上涨的动力，显示出这条趋势线具有较强的压制力度。

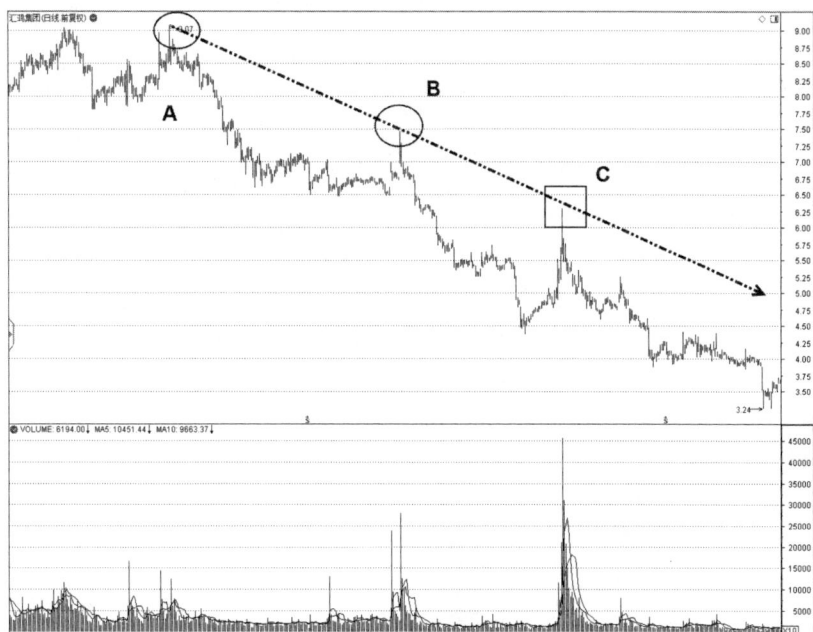

图 2-8　下跌趋势线

二、趋势线变轨

一条主要趋势线（无论是上涨趋势线还是下跌趋势线）形成之后，很少能够贯穿整个主要趋势始终，中间必然存在着多个角度的改变。

我们必须明确一点，趋势线角度的改变并不意味着趋势中断，只是股价运行途中因速率、波动频率发生变化而产生的一种正常范围内的角度变化。但是随着主要趋势线的变轨，变轨后的趋势线可能会变为中短期趋势线，以反映股价中短期变化为主。在这种情况下，原主要趋势线仍有效力。

如图 2-9 所示，该股由 A、B 两点构成第一条上涨趋势线（1），但在经过长时间运行后，股价的运行已经远离这条趋势线。如果投资者仍以这条趋势线来观测股价的运行，可能就难以在有效的时间内对股价的变化做出及时判断。

在这种情况下，投资者就很有必要重新画一条上涨趋势线，将 C 点和 D 点相连，就形成了第二条趋势线（2）。之后，股价上涨角度再次向上倾斜，将 D 点和 E 点相连，即可画出第三条上涨趋势线（3）。

这个过程就是趋势线变轨。研究趋势线变轨的目的在于能够及时有效地发现和分析股价整体运行的情况。

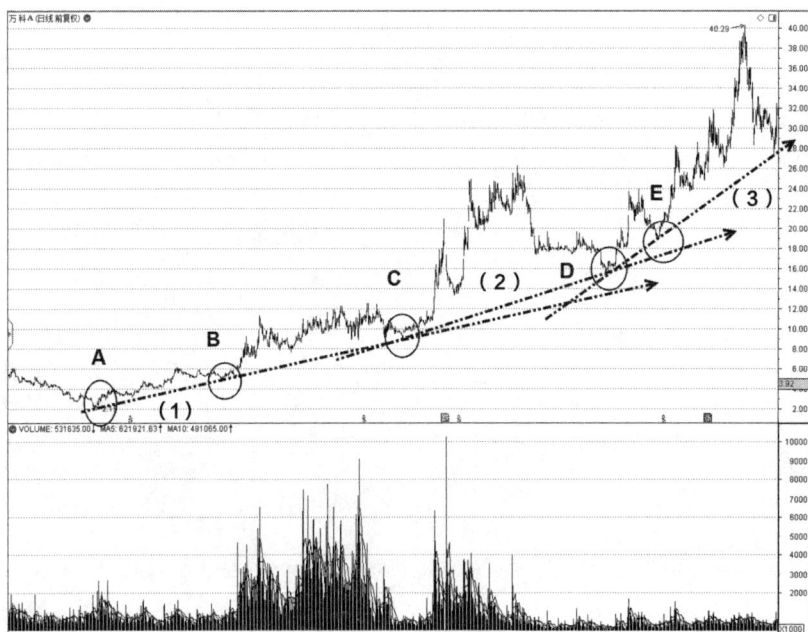

图 2-9　趋势线变轨

✎ **知识点小结**

趋势线的作用就是帮助投资者把原来就有，而投资者不曾留心的压制与支撑线画出来。

第三节　趋势的交易机会

一、主要趋势中的交易机会

1. 什么是趋势突破

任何方向上运行的趋势都不可能永远存在。上涨趋势终有一天会发生转折，随之转向下跌或者横向震荡，下跌趋势也是一样的道理。

趋势的改变从短期股价走势开始，但需要一个认定的过程。这个认定的过程一旦被确立，旧趋势便被突破，新趋势便由此产生。

趋势线的一个重要作用就是及时反映趋势被突破。

关于趋势被突破，我们一般认为应具备以下两个条件：

- 突破趋势线 3 个交易日以上；
- 突破幅度大于 3%。

实战中，价格的变化形式总是多于投资者所设定的条件。上述两个条件只给予了投资者一个基本的认定标准，并没有要求投资者必须按图索骥，否则，不管投资者使用哪种技术分析形式，最终都会被实际变化击打得体无完肤。

最贴近实战的核心条件就是在上述两个标准之外，投资者必须观测到价格突破某条趋势线后是否具有质的变化。

如图 2-10 所示，该股股价在下跌过程中，由 A、B 两点构成一条下跌趋势线，之后该股股价一直处于震荡下跌的趋势中。

C 点股价第一次上冲挑战这条代表下跌趋势维系的趋势线，虽然结果并不理想，但股价很快就止跌并开始低位盘整，并未再一次在下跌中创出新低。

这种现象非常值得投资者关注，因为很多个股在突破下跌趋势线之前，在构筑底部的过程中，虽然股价看上去走势很弱，但在一些重要的技术关口上，却会表现出"该跌不跌"的韧劲。

图 2-10　趋势突破

如图 2-10 所示，C 点股价遭遇下跌趋势的重压，本该出现创新低的大跌，即使不创出新低，至少一段时间内股价也会一蹶不振，难以组织起有力度的上涨。C 点过后不久，股价再一次挑战下跌趋势线，并在 D 点成功站上这条具有重大技术意义的趋势线。

股价处于弱势中，却在弱势中隐藏着不易被觉察的强劲，原因何在？这就是主力资金的力量。一些有主力资金底部建仓的个股，往往就是这种"暗度陈仓"的走势，在众人不易觉察的股价弱势中，暗自吸纳筹码。也只有长时间用心观察追踪的投资者，才能发现其中的奥妙。

上述案例中所讲的就是趋势线被突破应该具备的核心条件——有主力资金的积极运作。

2. 上涨趋势形成与突破的买点

在主要下跌趋势运行过程中，当股价向上突破主要下跌趋势线并得到有效支撑后，投资者应及时调整熊市行情的操作思路和方式，迅速进入由底部构筑和上涨趋势逐步形成的操作思路和操作方式中。

如图 2-11 所示，C 点股价上涨，挑战主要下跌趋势线，并在这条趋势线附近反复拉锯。不要小看这个反复拉锯的走势，如果没有主力资金关照的个股，就很难在重大压力区域出现这种技术形态。

　　D 点股价终于突破主要下跌趋势的压制，并在回落时得到有效支撑，这意味着行情可能发生趋势性的转折，投资者理应转变操作策略，积极面对行情变化。

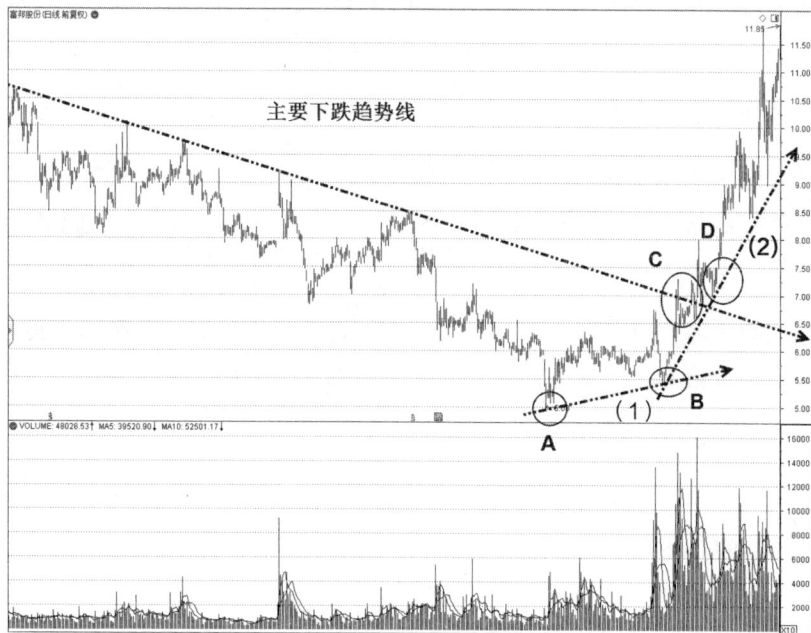

图 2-11　上涨趋势形成与突破的买点

　　如图 2-11 所示，该股股价在突破主要下跌趋势线之前，于 A、B 两点构筑了一条上涨趋势线（1）。

　　从技术意义上来说，在股价发生突破之前，即在主要下跌趋势线之下形成的任何上涨趋势线，都只能暂时被认定为是短期的，并且不具有趋势质变的含义。因为在主要下跌趋势运行过程中，一些级别较大的中级反弹行情往往也会形成中短期的上涨趋势线。当反弹结束后，这些中短期的上涨趋势线便会被打破，行情趋势重回下跌。

　　如图 2-11 所示，当 C、D 两点形成趋势突破，A、B 两点形成上涨趋势线时，其技术意义也随之改变。随着股价呈现出陡峭的升势，趋势线发生变轨。

　　如图 2-11 所示，B、D 两点形成了第二条上涨趋势线（2），为投资者指明了操作方向。投资者需要注意的是，这条趋势线上升的角度过于陡直，也就昭示着一旦股价有效跌破这条趋势线，该股股价将会迎来下跌或者横向震荡盘整的走势。

3. 突破后回抽的买点

当股价突破主要下跌趋势线之后，有些个股会出现一个回抽的动作，即股价跌到下跌趋势线附近测试是否存在支撑，当这个测试完毕后，往往会带来极佳的买点。需要提醒投资者的是，并不是所有突破下跌趋势线的个股都会出现回抽。

如图 2-12 所示，A 点股价突破主要下跌趋势线，随后出现一波快速上涨行情。之后，股价迅速回落，并在 B 点一度跌破主要下跌趋势线。这种情形出现在实战中，会让很多投资者认为该股只是诱多性质的假突破，后市可能还会继续下跌。

该股虽然跌破主要下跌趋势线，却并未继续下跌，而是再次向上突破这条下跌趋势线并重回上涨。这个技术形态就是回抽。

出现回抽的原因有很多种，比如主力清洗浮筹、吸纳筹码、垫高市场持仓成本等。投资者在实战中分析股价回落的性质（究竟是回抽还是回归下跌趋势），关键就在于观测主要下跌趋势线是否能够提供足够的支撑力度。

该股于 B 点跌破了主要下跌趋势线，是不是就说明这条趋势线不具有支撑力度呢？

支撑与压制的存在并不是依据某条线被打破来确定的，而是由股价的后续表现来确定的。

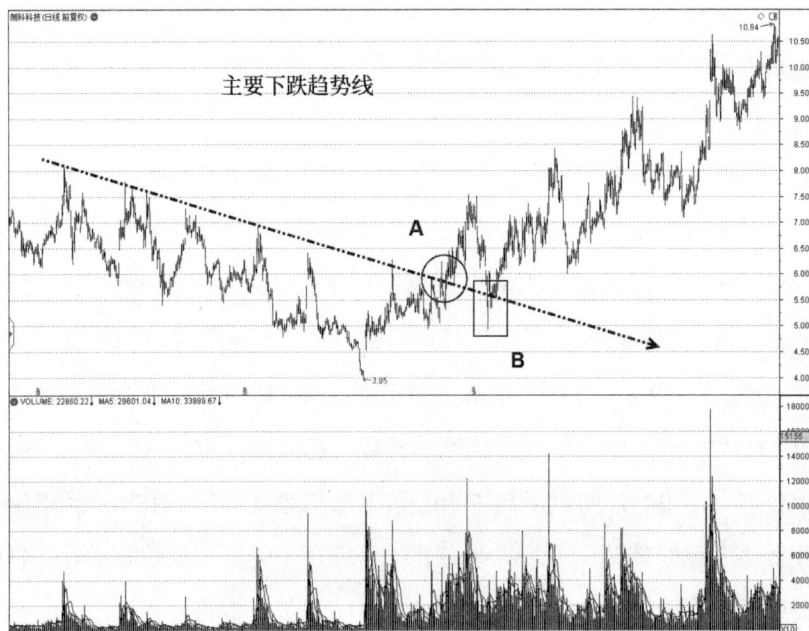

图 2-12　回抽的买点

例如，支撑线能否给予股价强力支撑，不在于这条线是不是被跌破，而在于股价是否由此获取重新上涨的动力。同样，一条压制线是否具有强大的压力，也不在于这条线是否被涨破，而在于股价是否由此受压转为下跌。这才是支撑与压制的核心技术意义。

如图 2-12 所示，B 点股价虽然跌破了主要下跌趋势线，但很快就转跌为升。回抽确认的完成既验证了这条趋势线支撑的有效性，又为投资者提供了极佳的买点。

4. 下跌趋势形成与突破的卖点

价格的突破既有向上的突破，又有向下的突破。在主要上涨趋势维系期间，股价一旦向下突破这条主要上涨趋势线，并在之后明显受到这条趋势线的压制，那么这就是一个需要投资者改变操作策略和转变操作思路的重大拐点。

如图 2-13 所示，该股一直依托主要上涨趋势线稳定运行，期间的回落调整都能在这条趋势线之上得到支撑。

A 点股价出现急跌，当其跌至这条趋势线附近时，略作停留便打破支撑继续下跌。对于这种明显有别于之前回落调整的情形，投资者应及时减仓操作。

一条主要趋势线一直存在着强支撑，一旦支撑不再出现，则说明技术上必然发生了重大变故。投资者至少应降低部分仓位来应对。如果股价在短时间内不能及时收复并重新在这条趋势线之上"站稳"，则说明行情的主要趋势可能已经发生扭转。

图 2-13　主要趋势形成与突破的卖点

5. 突破后反抽的卖点

主要上涨趋势线被股价向下突破后，意味着整个主要上涨趋势可能由此发生转折。但一轮牛市上涨带给市场的财富激增效应仍会在一段时间内影响投资者的惯性思维。

同时，部分主力资金并不认同牛市已经结束、熊市已经到来的事实，但是在严酷的大跌环境中，也只能被迫寻找时机减仓出货。

基于市场普遍存在对牛市留恋不舍的心理基础，一些个股向下有效突破主要上涨趋势线之后，会出现一个向上的反抽。这个反抽是部分主力资金借机出逃的窗口，也是懂得趋势技术分析的投资者最后逃命的机会。

如图 2-14 所示，A 点股价向下突破主要上涨趋势线，经过震荡下跌后，股价开始反弹。B 点股价在反弹到上涨趋势线附近时，开始上下盘整震荡。这就是一个标准的反抽形态。

实战中，当股价反抽到主要上涨趋势线附近时，如果股价开始出现滞涨，成交量相比反弹过程中有缩减，那么投资者应及时清仓离场。

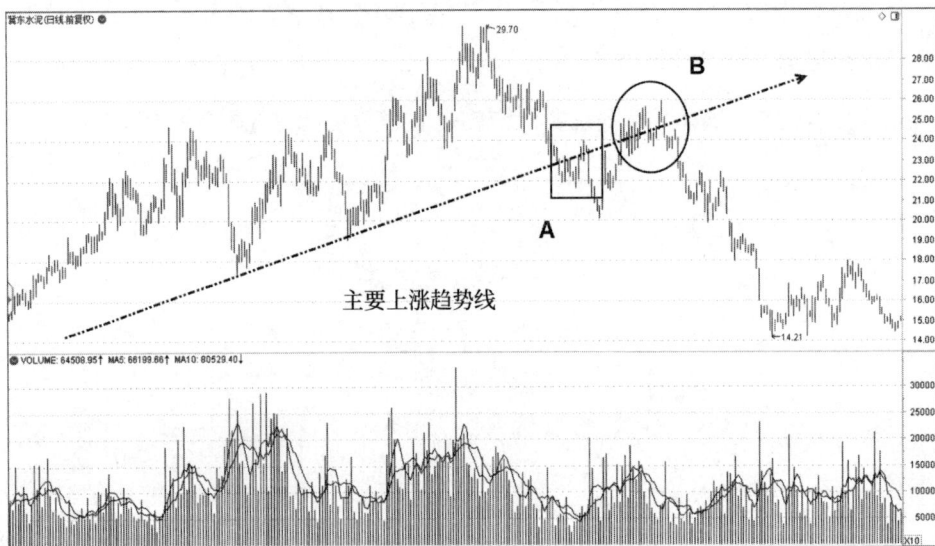

图 2-14　反抽卖点

二、次级趋势的交易机会

1. 反弹的买点

在熊市行情里，投资者在大部分时间内都应该保持谨慎观望的态度。熊市中大多数的短期反弹并不适合投资者参与。投资者在熊市中选择交易时机，应当慎之又慎。

从资金安全性的角度来讲，普通投资者应当放弃熊市中短期反弹的机会。在熊市中适宜大部分投资者参与的，应该为次级上涨趋势的反弹行情。

在熊市下跌行情中，能够达到次级上涨趋势的反弹行情并不多，这种上涨幅度大、延续时间长的强反弹行情往往出现在股价暴跌或连续性急跌之后。而这时，大多数投资者恰恰处于最胆战心惊，甚至是刚刚割肉抛售的低落时刻，可能没有多少人敢于选择逆势买入。

实战中，投资者可以利用通道线的方法来寻找反弹的买点。

我们先画出一条主要下跌趋势线，然后再以股价低点画一条和主要趋势线平行的直线，两条线之间的距离以能够涵盖股价运行重心为宜。

如图 2-15 所示，该股形成主要下跌趋势，我们以 A 点的股价低点画一条平行于主要下跌趋势线的直线，二者构成一个下跌通道。

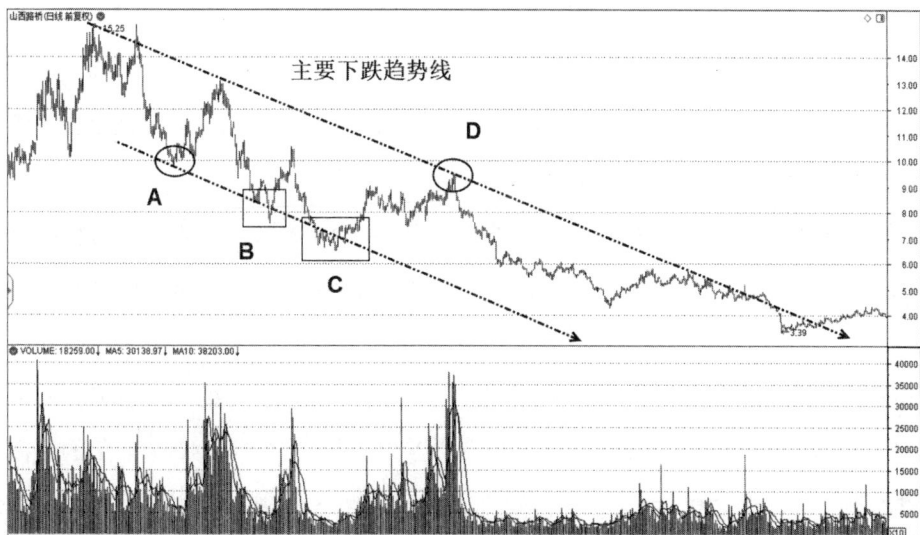

图 2-15　反弹的买点

当股价发生暴跌或连续性急跌时，我们需要观测这个下跌通道的下沿能否对股价起到支撑作用。当股价开始反弹时，我们需要观测下跌通道的上沿，因为上沿附近极有可能就是反弹的终点。

虽然 B 点和 C 点股价都跌破了下跌通道的下沿，但我们明显可以看出，随后股价都在下沿附近止跌企稳并展开盘整或反弹。这就体现出了技术支撑的存在，也是投资者尝试介入的第一时点。

C点展开次级反弹，至D点触及主要下跌趋势线后结束反弹，这个过程符合通道操作规则，比较有利于投资者操作。而B点的反弹，投资者操作起来难度较大。

B点反弹较为迅速，维持时间较短。虽然投资者利用通道规则可以找到介入点，但较难判断反弹的高点位置，需要投资者具有一定的看盘分析时间和能力。

之所以出现这种情况，是源于价格的波动变速原理：价格出现大幅波动之后，相邻的波动幅度大多会较小；反之，价格出现连续小幅波动之后，出现大幅波动的可能性较大。

在B点之前发生过一次强反弹（A点启动的次级反弹），两次反弹时间较近，必然影响B点反弹的高度和持续时间。

总之，投资者在实战中利用下跌通道捕捉反弹行情时，还需要根据量价关系、整体跌幅、时间周期等进行具体分析。并不是跌至下跌通道下沿的股价都会引发次级上涨趋势，有时可能只是短期反弹。

2. 中期回调的买点

在牛市行情里，当次级下跌趋势（或称为中期回落调整）出现时，便是投资者选择介入的较佳时机，同时也是波段操作和调仓换股的最佳时点。

投资者在实战中不可心存轻视，有些人在牛市中仍然亏钱，就是因为在次级下跌趋势中出现重大操作失误造成的。一波凶悍的次级趋势下跌能吞噬掉整个涨幅的50%以上。

如图2-16所示，该股运行于上涨趋势中，A点出现一波次级下跌趋势，看起来似乎并不吓人，但如果投资者身临其境，则感受绝对不同。图2-16中左上角的小图就是将A点次级下跌趋势放大后的走势：连续的跳水走势，让人感到如临深渊、如履薄冰。

在这个过程中，投资者要想找到介入的机会，必须要有耐心和技术上的准备，而如果盲目猜测下跌趋势完结，贸然介入，则必然会被套。这时，如果投资者的交易心态出现问题，在股价的继续下跌中，因恐慌而割肉出局，那么连续几次这样的操作之后，必然导致较大的亏损。之后，股价在上涨、牛市在继续，而你却在亏损。

如图2-16所示，次级下跌趋势开始后，投资者应耐心等待。当B点股价在主要上涨趋势线之上得到支撑重回升势并向上突破次级下跌趋势线，成交量从萎缩状态转为明显放量时，一个极佳的买点机会就到来了。

　　另一个较佳的买点是在股价重回升势并形成上涨趋势线变轨，股价得到上涨趋势线的支撑之时。

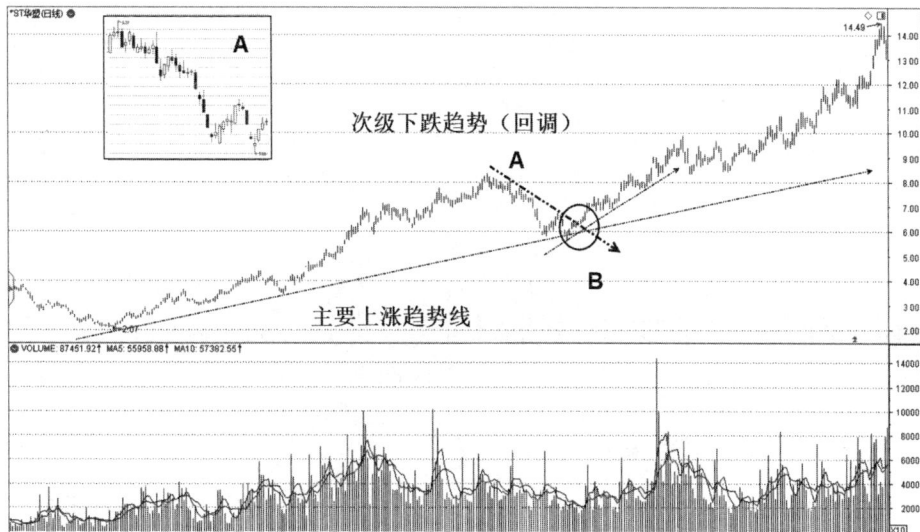

图 2-16　中期回调的买点

3.中期反弹结束的卖点

　　在主要下跌趋势运行过程中，能够达到次级上涨趋势的反弹不会很多。在次级上涨趋势（也就是中期反弹的末期）中，投资者即便被套，也应止损离场，因为次级上涨趋势一旦终了，行情便会回归到熊市下跌的主趋势。熊市中有很多逃顶成功的投资者参与中期反弹行情被套，因迟迟不肯止损，最后使小亏变成了巨亏。

　　投资者在参与中期反弹行情时，一旦发现股价有效跌破次级上涨趋势线时，应该做好离场的准备。如图 2-17 中 A 点所示，当股价向下突破次级上涨趋势线，并在短期内无力收复该线时，投资者应及时卖出离场。

　　实战中，趋势线变轨理论不但适用于主要趋势，也同样适用于中短期趋势。利用趋势线变轨理论，投资者能够更加有效地观测股价中短期变动的方向。

　　如图 2-17 所示，这个案例中的反弹行情最初形成的第一条次级上涨趋势线（1）的角度过于平缓，难以反映出股价后续急速上涨的态势。在这种情况下，投资者应及时修正趋势线变轨，绘制一条最能体现股价当前变化的趋势线（2）。只有这样，当股价发生重大变化时，投资者才能在第一时点发现，并以较佳的价位卖出持仓。

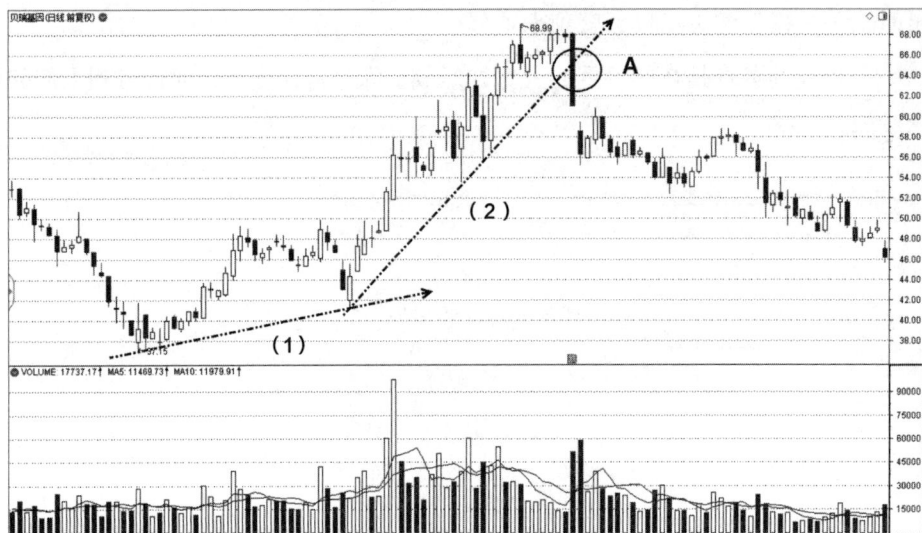

图 2-17　中期反弹结束的卖点

4. 触及上方趋势线的卖点

如果在熊市下跌行情中出现中期反弹行情，投资者需要密切关注股价逼近主要下跌趋势时的表现，反弹行情多数会在这个位置上结束。

实战中，有些强势个股会出现突破主要下跌趋势线后，再结束次级上涨趋势的情况，这种走势具有更大的迷惑性，容易使投资者误以为趋势性转折正在发生，进而做出错误的决策。

如图 2-18 中 A 点所示，股价触及主要下跌趋势线后，并未转为下跌，反而突破下跌趋势线开始急速上涨。之后，股价再次发生回落并创出新低。

图 2-18 中标示（1）的下跌趋势线已经失去了指示作用，这是否说明下跌趋势已经结束，股价已经反转？但股价却依然下跌创出新低，那么案例中的这种形态该如何被认定？

在前文中我们提到过价格的波动变速原理，即价格出现大幅波动之后，接下来相邻的波动幅度大多会较小；反之，如果价格连续出现小幅波动，那么接下来出现大幅波动的可能性较大。

图 2-18 中 A 点之前的股价反弹情况：数次反弹的持续时间和幅度都相对较小，没有发生过一次和 A 点级别相近的反弹。由此可见，价格的波动变速是 A 点强反弹发生的主因之一，而股价在反弹之后再创新低，说明下跌趋势并未改变，但主要下跌趋势线

将会随着股价的剧烈波动而产生变轨，如标示（2）的趋势线是后市趋势线的变轨。投资者需要对这种颇具误导性的走势格外警惕，可以通过量价等技术手段进行综合研判。

图 2-18　触及上方趋势线的卖点

三、短期趋势的交易机会

当主要趋势发生重大变化时，最初的异动就是从短期趋势开始。对于投资者来说，研判短期趋势是重要的看盘功课。

1. 向上突破下跌趋势线

股价由跌转升的过程中，必然会面临上方不同级别下跌趋势的压制。如果个股有继续维持升势的意图，那么股价逐步攻克上方不同级别的趋势线就是最基本的条件。

从技术分析的角度来说，突破短期下跌趋势只能说明股价在短期内具有相对强势的状态，并不能得出该股中长期一定会继续上涨的结论。短期趋势能否过渡到次级趋势、主要趋势，是在股价运行中逐步确认的。股价只有体现出必要的强势和持续性，我们才有可能认定该股的上涨会达到某一级别。

如图 2-19 所示，A 点股价向上突破短期下跌趋势线后，以连续涨停板的形式继续突破中期下跌趋势线。这就是股价强势及连续性的体现方式之一。

对于长期追踪观测该股的投资者来说，在该股股价受到短期下跌趋势线的压制期间，就能够发现异常。例如，此期间的成交量已经开始放大，虽然股价的震荡幅度远小于之前的下跌过程，但震荡频率却在增加。

之后，股价在上涨到一定高度后开始回落，但并未再次创出股价新低，暂时避免了价格波动变速的可能性。经过短期盘整后，股价在 B 点开始继续上涨并突破上方的主要下跌趋势线。随着成交量的逐渐放出，在形态上趋势突破已经非常明显。

案例中，该股股价逐步攻克了上方不同级别的趋势线，投资者可据此了解股价未来运行的大方向和大趋势。

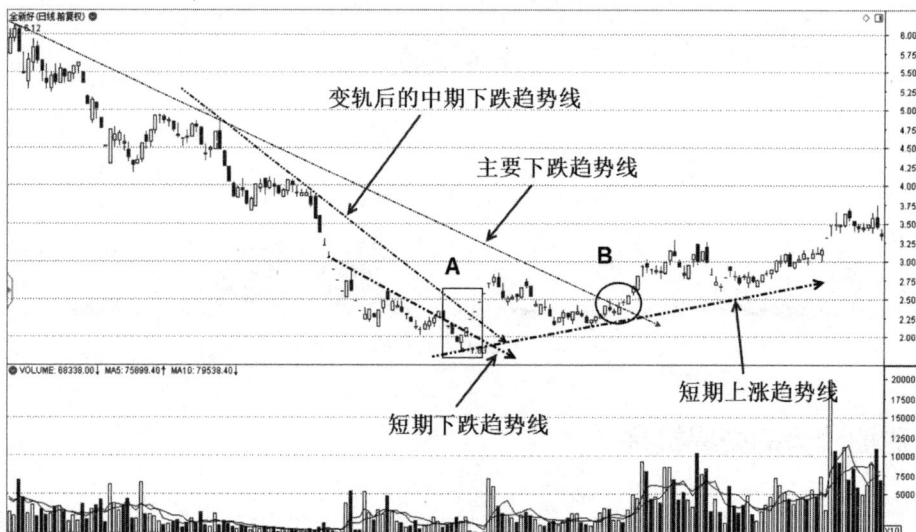

图 2-19　突破下行趋势线

2. 形成上涨趋势线

股价开始上涨，之后出现回落，只要未跌破起涨的低点，就会形成短期上涨趋势线。只要股价在之后的运行中未破这条线，并在重新回升过程中成交量明显放大，就说明至少存在短线交易机会。随着行情的延续，最初的短期上涨趋势线有可能会逐步演化成中期或主要上涨趋势线。

如图 2-19 所示，将 A 点低点和 B 点低点相连，就形成了一条短期上涨趋势线。这条趋势线至少能够满足投资者观测股价短期变动的需求。

只要这条短期上涨趋势线不被股价有效跌破，投资者就可在成交量稳定放大之际，择机介入；只要这种短期上涨趋势能够维持，投资者就可稳定持仓。我们之所以强调成交量稳定放大，是因为在实战中，无论是成交萎靡，还是成交骤增，都不是一个好现象。股价即使短线上涨，也难以具有持续的攻击力。

3. 形成下跌趋势线

在上涨趋势运行期间，如果股价在高位震荡下行，并逐步形成一条短期下跌趋势线，那么投资者应注意防范可能发生的趋势转折的风险。

如图2-20所示，该股经过大幅上涨后，股价于高位震荡下跌，虽然震荡幅度不大，但是形成了一条短期下跌趋势线。

实战中，投资者如果发现短期下跌趋势线形成后，对股价具有明显的压制作用，就要注意股价可能面临着至少短期的趋势转折。如图2-20所示，短期下跌趋势线形成后，股价便难以有效向上突破这条线，最终向下方跌落。

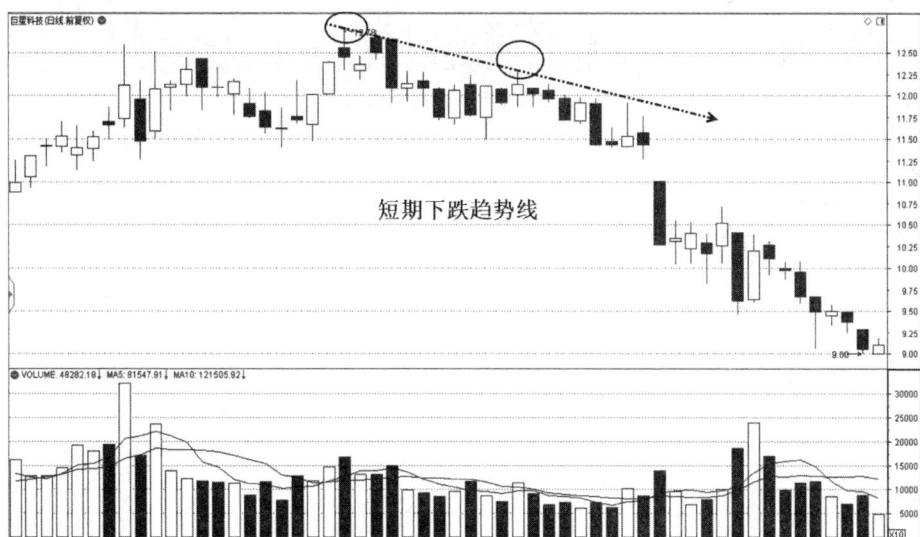

图2-20　形成下跌趋势线

4. 向下突破上涨趋势线

当股价经过大幅或长期上涨之后，向下突破上涨趋势线时，投资者应注意减仓。

如图2-21所示，该股的上涨趋势线经过变轨，A点股价一度跌破上涨趋势线，但很快就予以收复。随后B点股价再破趋势线，虽然股价再度收复趋势线并创下新高，但随之而来的却是更加快速的下跌，并又一次跌破趋势线。对于这种技术形态，投资者应注意减仓，以回避至少短期的风险。

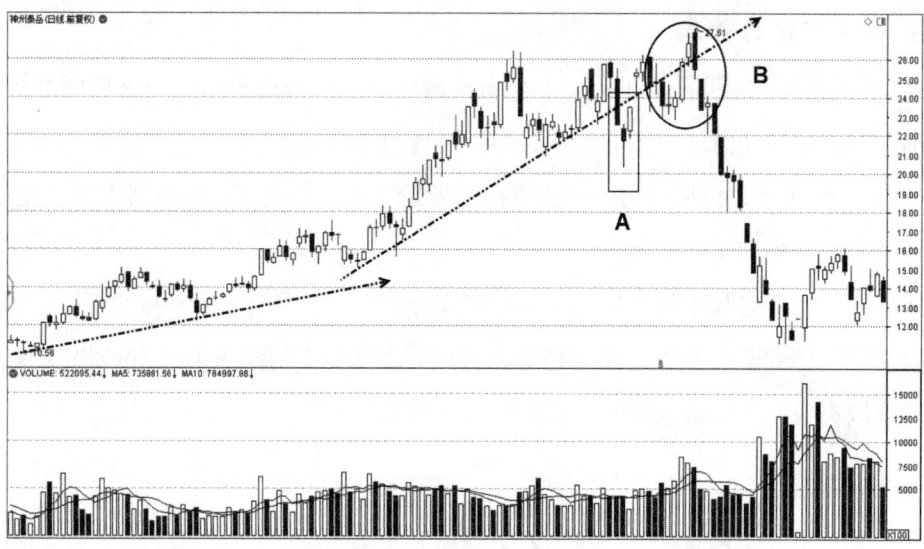

图 2-21　向下突破上涨趋势线

知识点小结

不同级别的趋势提供了不同的交易时机。

第三章

分时图看盘技巧

第一节　分时图看盘基础

分时图是最直接、最明了地展示当日股价即时变化趋势的技术指标。

在行情分析软件上，分时图有三种坐标设置：普通坐标、10% 坐标、满占坐标，通常默认的坐标为普通坐标。

分时图上的竖线代表交易时间，每一条竖线间隔时间为 30 分钟；分时图上的横线代表股票价格和相应的涨跌比例。

如图 3-1 所示，分时图可以分为三个部分：即时走势图、成交量柱线图、技术指标图。

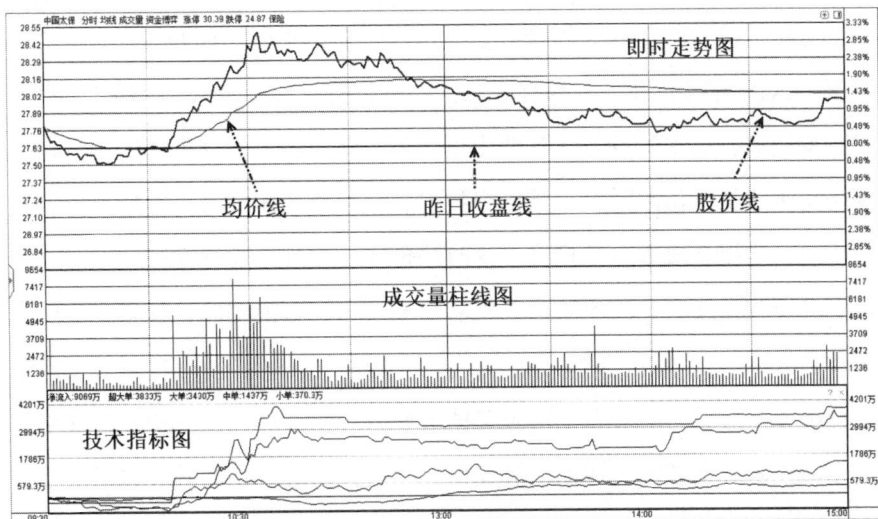

图 3-1　分时图

一、即时走势图

即时走势图由三条线构成，即昨日收盘线、均价线、分时价位线。其中，分时价位线也称为分时线、股价线、现价线。

1.股价线

股价线代表个股股价即时变动的趋势，是由每分钟最后一笔成交价格相连构成的曲线，如图 3-1 所示。

2.昨日收盘线

如图 3-1 所示，以个股昨日收盘价所画的横线（即昨日收盘线）为标准，若股价低于这条线，则股价下跌；若股价高于这条线，则股价上涨。

3.均价线

如图 3-1 所示，均价线是以股票即时成交的平均价格为基点而画出的一条曲线。计算公式如下：

$$每分钟的成交均价 = 每分钟的累计成交金额 \div 每分钟的累计成交量$$

4.三条线之间的技术应用基础

即时走势图中的这三条线是分时图的核心。我们在看盘和看分时图时，不是仅仅看股价的涨跌，而是看其中隐藏的技术含义。理清这三条线之间的关系是看盘的主要任务和意义。这三条线之间的关系如下。

（1）当股价持续在收盘线、均价线上方运行时，表明市场预期较好，多方力量不断增加，当天介入的大部分投资者都有盈利；当股价持续在收盘线、均价线下方运行时，表明市场预期较差，很多投资者正陆续卖出，当天介入的大部分投资者都亏损。

（2）当均价线从低位跟随股价持续上扬时，表明市场多方人气有所回升，投资者开始买入，市场平均持仓成本不断抬高，这时均价线对股价形成支撑。

股价上扬至收盘线时，如果收盘线没有形成压力，则说明股价处于强势状态，上涨仍将延续。

股价突破收盘线后，除非是极端强势的股票，否则一般都有回探收盘线确认支撑的动作。如果回报确认不破收盘线而得到支撑，则股价将进一步扬升，这时是投资者介入的良机。

如图 3-2 所示，A 段股价突破均价线的压制，开始向上涨升，继续突破收盘线后，于 B 段出现盘整走势。

实战中，有些个股的股价线会回探到收盘线上下测试支撑。如图 3-2 所示，该股于收盘线上方盘整，股价表现得更为强势。股价突破后确认支撑的过程为关注和追踪该股的投资者提供了一个较佳的介入时机。

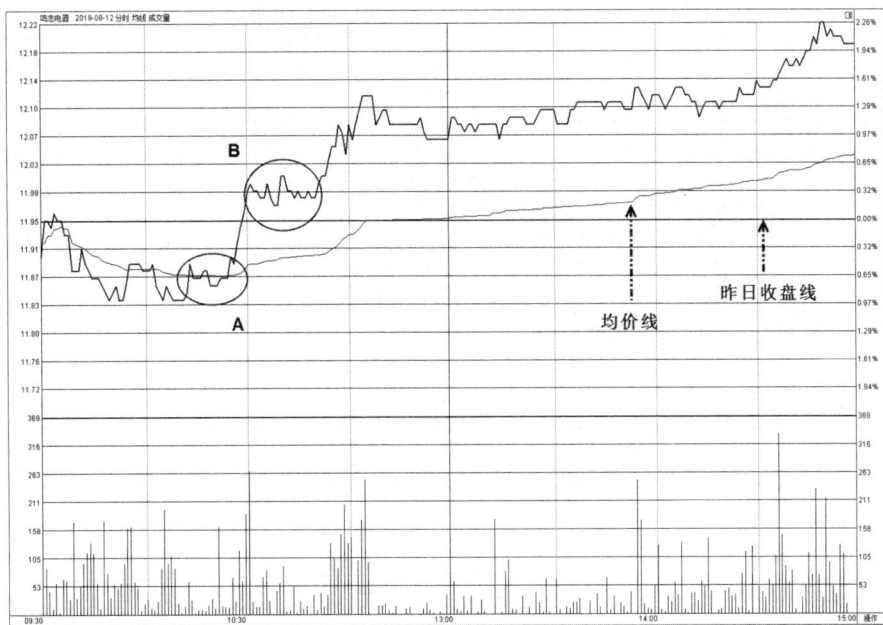

图 3-2　突破关系

（3）当股价急速上涨，与均价线有较大乖离时，说明市场追涨意愿不强，股价可能很快就会回落。

如图 3-3 所示，该股午后开盘不久，股价突然急速上涨，但均价线运行迟缓，二者之间短时间内具有较大乖离，随后股价回落。对于这种瞬间急速上涨的个股，投资者最好不要因冲动而盲目追高，不然会有较大概率被套在当日价格高点上。

通常来说，如果股价匀速上涨，而均价线紧密跟随，则股价后市保持强势状态的可能性较大。当然，也有个股急速上涨直接封住涨停板的案例，但并不是所有的个股都具有这样的强势。

图 3-3 乖离关系

（4）当股价持续下挫，均价线紧密跟随时，说明市场卖出愿望较为强烈，股价仍将有较大的下跌空间。如图 3-4 所示，该股开盘后，股价便一路下行，均价线也随之同步下行。

图 3-4 压制关系

这种技术形态下，股价即使出现反弹，多数也会在均价线上下再度折返。在二者同步的情形下，只有当股价加速下跌，拉大与均价线之间的乖离，股价才有可能出现较大力度的反弹。

（5）收盘线也是多空力量争夺的焦点位置，如果开盘后 30 分钟内，股价依托均价线在收盘线上方保持稳步上扬，那么该股当天收涨的概率较大；如果开盘后 30 分钟内，股价在均价线的压制下，于收盘线下方持续下跌，那么该股当天收跌的概率较大。

（6）如果股价线稳定在均价线、收盘线之上横盘或匀速上涨，则盘中或尾盘发力上涨的可能性大；如果收盘线、均价线、股价线依次排列，股价受到双重压力，股价线触及上方的均价线即发生回落，则盘中或尾盘跳水下跌的可能性大。

如图 3-5 所示，该股开盘高开，股价线处于昨日收盘线上方，之后在大部分时间里，与均价线相互缠绕处于横盘震荡状态中。这个横向震荡的过程也是股价不断测试下方支撑力度的过程。当接近中午收盘时，股价急速拉升并封住涨停板。

图 3-5　支撑关系

二、成交量柱线图

如图 3-1 所示，成交量柱线图在即时走势图的下方，显示当日不同时间段盘中即时成交的情况。

三、技术指标图

在前文的图 3-1 中，最下方是技术指标图。在不同的行情分析软件中，有些软件并没有技术指标图，有些软件提供多种指标选择，比如量比、资金博弈、资金驱动力等。

对于技术指标图，中长线投资者可以选择将其隐藏，因为过度关注即时指标变化，可能会使投资心态变得不稳定。但是，对于短线投资者来说，即时性的技术指标会给短线交易带来一定的参考和辅助作用。

知识点小结

有时基础知识的重要性远高于应用技巧。

第二节 分时图与短线交易的关键

支撑与压制是分析股价涨跌最基本、最核心的技术内容。

对于短线交易的投资者来说，如果看不懂股价的支撑与压制，妄谈股价将要涨或将要跌，并由此进行操作，那么结果只能是听天由命。无根据的猜测、主观愿望控制下的操作，都和技术分析没有任何关系。

投资者做短线交易，至少应该看懂股价即时走势中所反映出来的支撑与压制的关系。如果看不懂这一点就贸然进行交易，则如同赌博。

分时图上的支撑与压制主要体现在股价线、均价线和昨日收盘线之间。

分时支撑是指对股价下跌能够起到止跌的作用，对股价上涨能够起到助涨的作用。分时压制是指对股价上涨能够起到压制的作用，对股价下跌能够起到助跌的作用。

分时图上的支撑与压制主要是指股价线和昨日收盘线、均价线之间的关系。分析这三条线之间的技术关系，有利于短线投资者寻找到最佳的交易时机。

一、昨日收盘线支撑

昨日收盘线的支撑力度决定当日股价的涨跌。对于当日已经出现大幅度上涨的个股来说，昨日收盘线的支撑已经毋庸置疑。需要昨日收盘线支撑的，必然是股价线就在昨日收盘线上下震荡的个股。这些个股通常会出现两种不同的震荡方式，其技术含义和受到的支撑也有颇多不同之处。

1. 在昨日收盘线上下震荡

如果个股股价一会儿上涨，一会儿下跌，那么分时图上的现价线必然在收盘线上下波动震荡。这种形态并不一定意味着股价失去了支撑，从技术上来说，这更像是对支撑有效性的测试过程，如图 3-6 中 A 段所示。

但这个过程会给投资者带来较大的迷惑性。一些持仓者也许会选择卖出，而持币者会继续观测，延后进场买入的时间，甚至取消买入的计划。这种震荡形态既完成了对收盘线支撑的测试，又利用微幅震荡进行了一定程度的洗盘。

但在实战中，投资者要注意股价一旦结束震荡，选择向下偏离收盘线，则可能引发一波急速下跌。从技术上来说，当测试昨日收盘价的支撑无效时，则股价转入下跌。

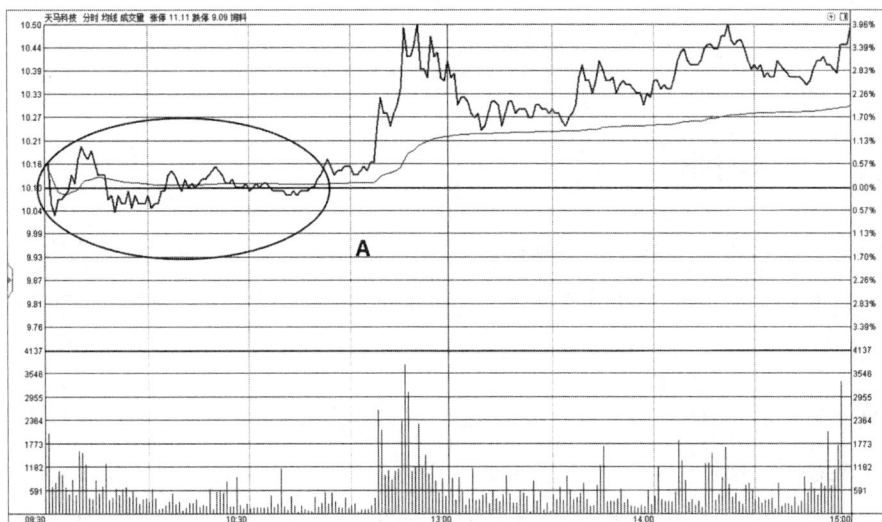

图 3-6　在昨日收盘线上下震荡

2. 在昨日收盘线之上震荡

股价一直处在收盘线上方，当股价回落触及收盘线时便会上涨。这种形式的支撑从分时走势的角度来讲，其强度比前一种要高。

很多个股在启动上涨之前的强势测试阶段，多会采取这种形式。还有些个股股价的回落并不触及收盘线，而是保持较为微小的空间，之后股价突然爆发性地上涨，如图 3-7 中 A 段所示。

股价的涨与跌是投资者最为关心的焦点。主力资金往往会巧妙地借用昨日收盘线进行诱空或诱多，多数情况下都能取得理想的效果。

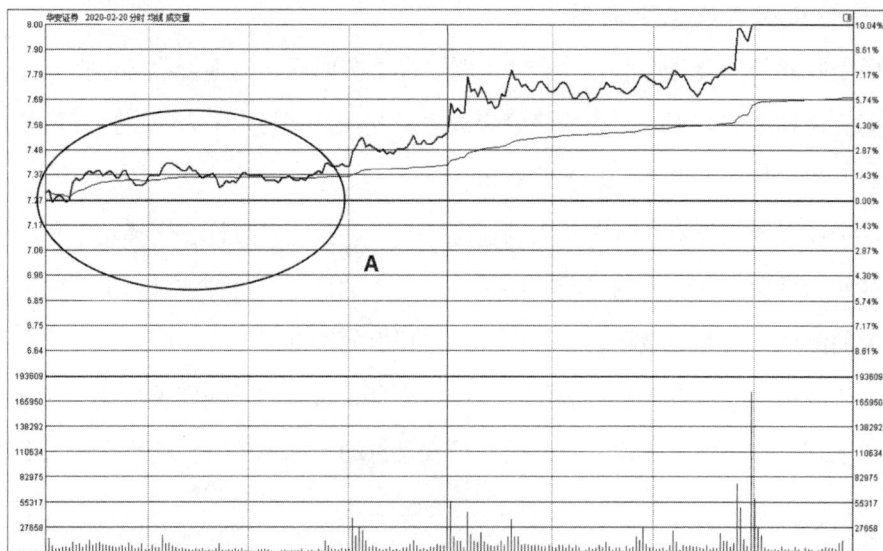

图 3-7　在昨日收盘线之上震荡

二、昨日收盘线压制

股价受到收盘线的压制，说明股价至少在微跌。如果经过确认，压制存在，那么通常会对股价起到不同程度的助跌作用。分析昨日收盘线压制有利于投资者即时判断股价的强弱度。

如图 3-8 所示，在 A 段股价高开低走，跌破昨日收盘线，之后在 B 段股价回升，测试昨日收盘线的压制力度，在 C 段股价反抽昨日收盘线，已经无力穿越这条线。

在这个过程中，虽然股价回升，但是能够达到的高点逐步降低，显示压制存在而且不断增强，同时成交量整体处于持续缩小的态势。这个量能细节也显示，此时突破收盘线压制的概率较小，之后股价无意外地转入下跌。

在该案例中，昨日收盘线的压制难以被突破，股价转为连续下跌，下跌过程中逐渐有量能放出。大多数的下跌放量都是恐慌盘抛售所致或者主力对倒制造恐慌的行为，之后会有很大概率出现反弹，反弹的幅度需要投资者综合分析，而不是通过分时走势就能判断的。

图 3-8 中的 D 段股价放量直线反弹，并一度触及昨日收盘线。股价由弱转强几乎就在一瞬间，说明该股必有实力资金操盘。但是，之后该股并未进入强势上涨阶段，而是

再一次陷入缩量连续下跌。

实战中，当个股股价展露出强势，却不能持续时，我们就应该为股价继续下跌提前做好准备。

如图 3-8 中的 E 段所示，股价线再一次直线回升。这次的回升已经和昨日收盘线的压制无关，因为均价线的压制就已经足以让股价继续回归下跌趋势。

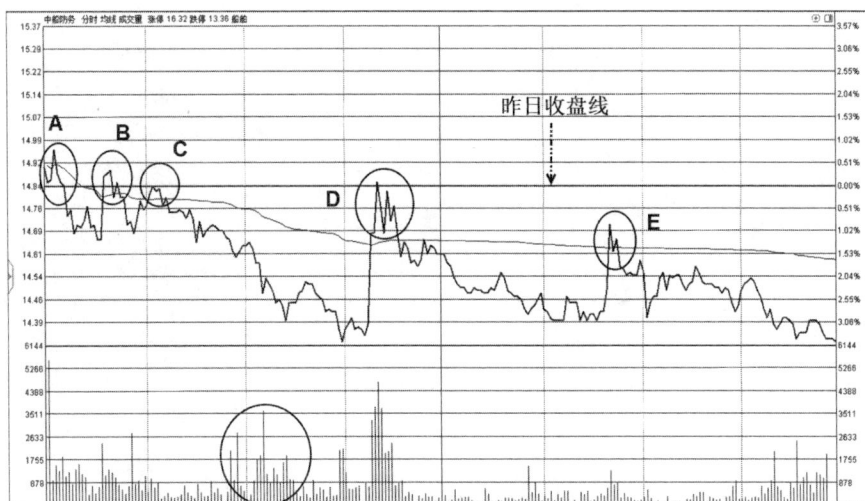

图 3-8　昨日收盘线压制

三、均价线支撑

均价线与股价线的关系远比昨日收盘线的表现形式多，变化也更为复杂。昨日收盘线只是固定价位上的一条直线，而均价线会随着股价即时变化而变化，所以均价线的支撑与压制是分时走势中最能显示股价变化趋势的指标。

如图 3-9 所示，该股开盘低开低走。在 A 段，股价上涨突破均价线压制；在 B 段，股价回抽均价线确认得到支撑后，放量上涨并突破昨日收盘线。

在这个案例中，B 段之后均价线的支撑起到了助涨作用，股价继续突破昨日收盘线之后，助涨力度得到强化。

均价线的支撑力度是随着股价的变化而变化的。一个具有强势支撑的均价线可能在之后的运行中会变成弱势支撑或者需要测试和验证的支撑。C 段就是这样一个测试，股价在 C 段的强势震荡中回抽，并未触及均价线便转升，显示出跟随上行的均价线仍然具有强劲的支撑力度，这就为股价进一步上涨提供了动力。

C 段之后，股价直线上冲，拉大了与均价线之间的距离，均价线维持缓慢上行的态势。过大的乖离之下，股价回落是正常现象，此时股价线与均价线之间再度形成需要测试支撑的形态。

之后 D 段股价在均价线之上又一次得到支撑，均价线也依然起到了助涨作用，说明均价线的支撑强度并未消失，这也就佐证了上涨并非是诱多行为。

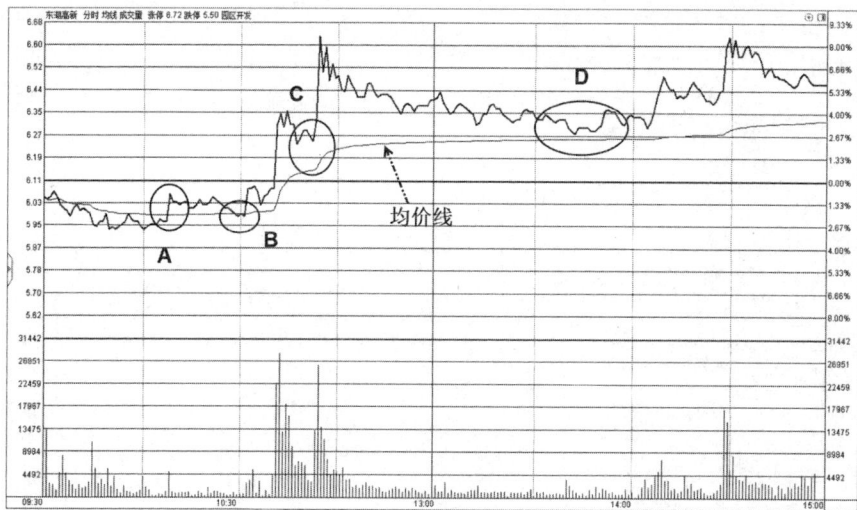

图 3-9　均价线支撑

在实战中，均价线跟随股价线保持上行，是一种强势支撑的体现。而当均价线横向运行或缓慢下行时，虽然股价并未跌破均价线，但这种形态下的支撑往往经不住测试和考验，是一种弱势支撑形态。这种形态如果出现在收盘线下方，则股价的弱势形态更为明确。

对于弱势支撑形态的个股，投资者不可轻易参与抄底做短线。有时候，这种弱势支撑就是主力资金营造出来的，为了让投资者看到希望并采取行动，等到投资者买入后，支撑将不复存在。

投资者在研判均价线或收盘线的支撑力度时，股价运行中的量能也是需要重点考量的部分。

如果量能一直处于萎缩的态势，则显示出各方资金按兵不动或处于缓慢流出的状态中；如果量能温和放大，则显示出有资金开始稳步进场。当收盘线从压制转化为支撑，而当均价线从之前的弱势支撑转为强势助涨时，才是股价启动上涨的信号。

量能萎缩固然不好，但突然放巨量拉升的形态同样不值得投资者追涨，这种量价配合形式多数都难以具有持续性。

四、均价线压制

均价线会对股价线形成支撑，当然也会形成压制。这种压制有两种存在形式，即在昨日收盘线之上形成的压制，以及在昨日收盘线之下形成的压制。

一般来说，在昨日收盘线之下出现的均价线对股价线的压制，对股价的助跌作用相对较强。因为在这种形态下，股价上方存在着均价线和昨日收盘线的双重压力。

如图3-10所示，当日该股开盘低开，股价线一直在均价线的压制下运行。在A段，股价线一度向上越过均价线，但无力继续维持上涨态势，显示出昨日收盘线上方具有较大压力。股价线很快重新下行，依然受制于均价线，股价继续下跌。这是一种测试均价线压制的股价弱势形态。

这种弱势形态的存在意味着盘中做多力量试图向上发起攻击，但却很难聚集起足够的动能，上涨攻击力度在均价线上下就已经被瓦解。

当盘中做多的力量被消耗殆尽时，股价便会向下方跌落，失望的情绪会迅速蔓延，使得原本心存侥幸或相对乐观的持仓者转变看多的立场进而加入抛售的阵营，股价的快速下跌也就随之而来，如图3-10中A段之后的状况所示。

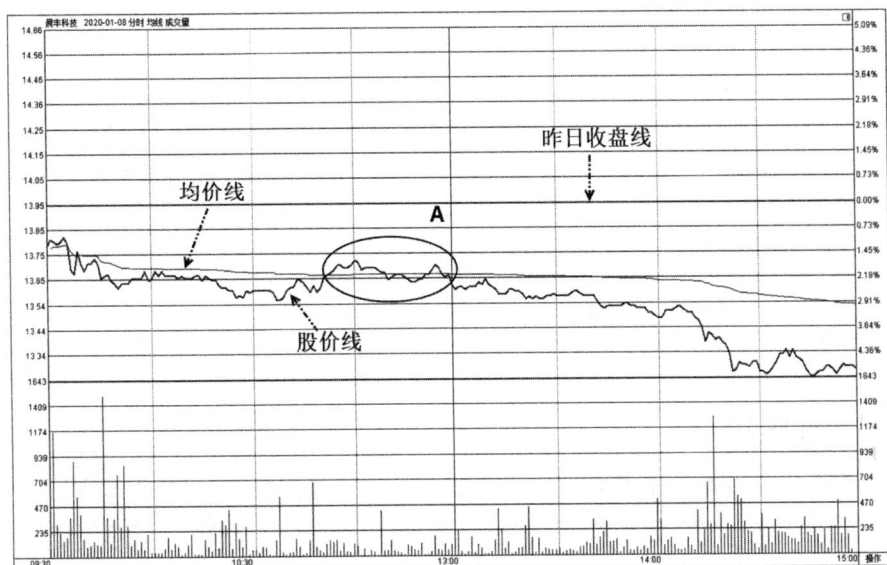

图3-10 昨日收盘线下的压制

如果均价线对股价线形成的压制是在昨日收盘线之上，那么因下方还有昨日收盘线的支撑在起作用，所以对股价的助跌作用则相对较弱。

但有些个股在主力资金的影响下，会出现一些超乎市场意料的走势。

如图3-11所示，在A段开盘后，股价瞬间上冲，随即又转头向下跌破均价线，直至接近昨日收盘线，股价才暂时止住跌势。在B段，股价在昨日收盘线上盘整，从技术角度来说，股价线试图在这里找到止跌回升的支撑。但很明显，此时稀疏的成交量难以和A段相比，也就说明没有密集的资金在此处入场，股价只能继续呈跌势。

这种连续跌破两层支撑的走势具有较大的突然性，不可能完全是市场自发行为所致，如果没有突发利空消息，那么必然是主力阶段性减仓行为所致。

当然，主力的阶段性减仓并不等同于清仓出货，有时为了洗盘或者降低自身的持仓成本，主力资金也会反复采取阶段性减仓再加仓的行为和策略。

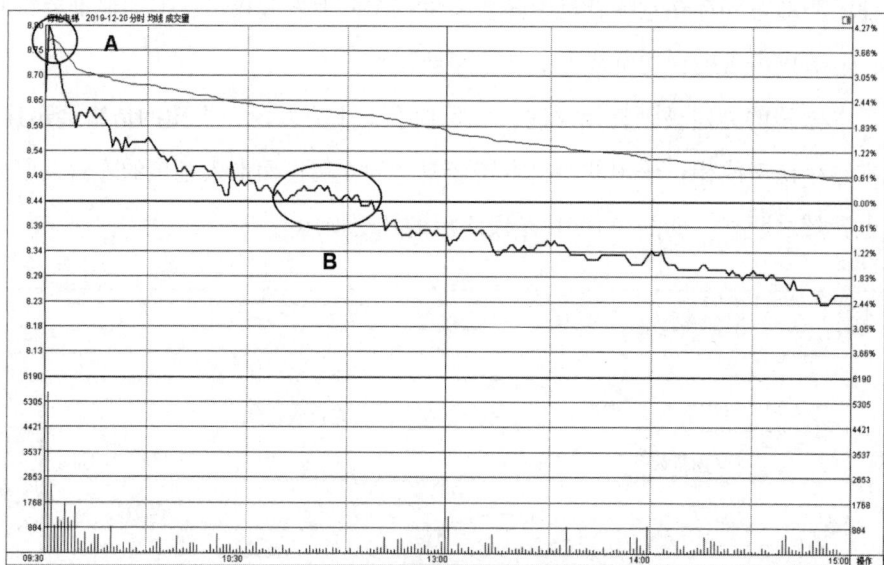

图3-11　昨日收盘线上的压制

📌 知识点小结

股票应用技巧不存在定式，只有学会推陈出新，才能真正学会做股票。

第三节　预判当日走势

一、角度与涨势预判

大多数投资者最关注的是股价的涨跌，而容易忽视股价线和均价线在即时运行中的角度。这个看上去似乎无关紧要的角度往往能够暴露出股价运行的真相和秘密。不同的运行角度反映的是主力资金的意志，分析不同的运行角度，其实就是在分析主力资金的思路。

过于陡直的股价运行角度，无论是上涨还是下跌，大多难以持久；而过于平缓的上涨或下跌，则意味着走势随时可能出现反复。股价在上升或下跌中出现的角度，既代表主力资金有预谋、有计划的操纵行为，也代表市场资金的随机行为。鉴别和分析这些行为，有利于投资者读懂股价真实的运行轨迹。

在分时走势上，股价线（和均价线）既有可能以一种角度运行，又有可能以多种角度运行。比如，以30度平缓的角度运行，以45度中等角度运行，以60度大角度运行，也可能几种角度在盘中都有体现。

如图3-12所示，在整个交易时间内，该股无论是上涨还是下跌，都保持着极为平缓的角度。而在图3-13中，该股在全天交易时间内，以多种角度在不同的时间段出现。

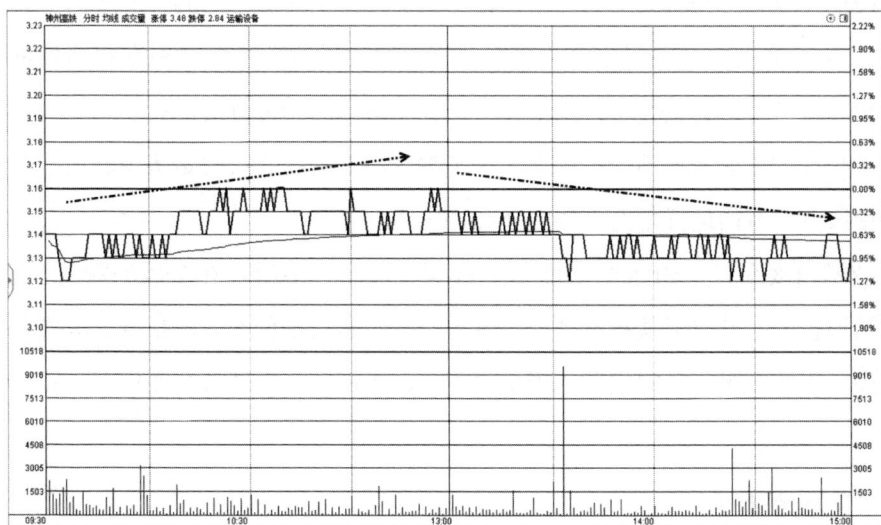

图3-12　以平缓的角度运行

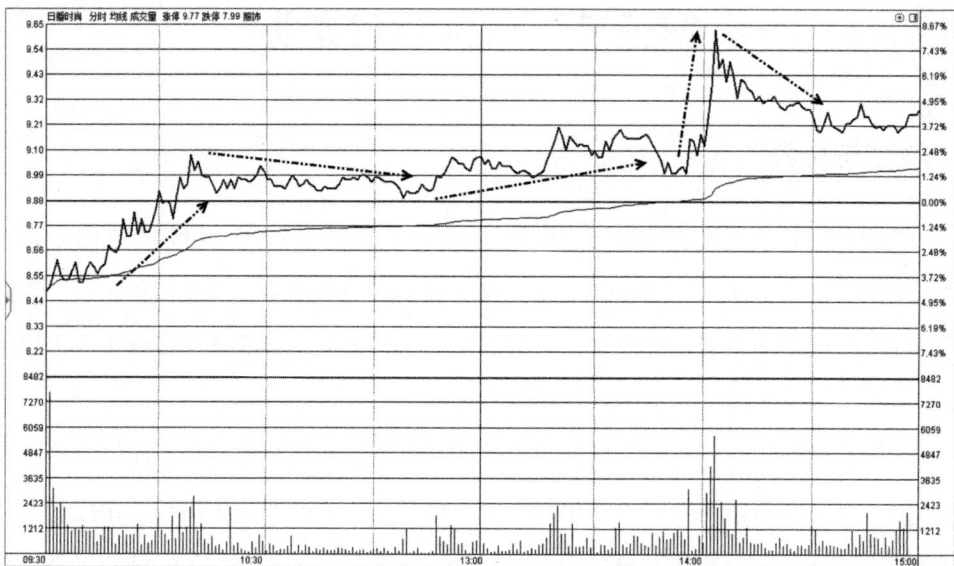

图 3-13 以多角度运行

实战中，价格曲线运行的角度变化实在太多，为了便于分析，我们将分时走势中的角度大致分为三种：30度角、45度角、60度角。

1. 30度角上涨

30度角上涨是指股价线以30度左右较小角度展开的上涨。由于上涨角度过于平缓，股价涨升强度往往不足，走势具有很大的不确定性。实战中，30度角上涨多出现在大盘股、冷门股或者一些筑底期间的个股，以及部分处于起涨之前调整期间的个股上。

30度角上涨显示多空双方处于胶着状态，股价虽然上升，但多方并不具备明显的优势地位，多是市场资金行为，或是主力资金未参与的一种行情运行模式。

这种角度的上涨一般不会持续太久，多数个股不是在之后的走势中转入下跌，就是在波动中改变原有的运行角度，如图3-12中所示。

从技术角度来说，30度角上涨是一种等待形态，多出现在个股的震荡盘整期间，是为之后股价的上升或下跌积蓄动力。主力资金会利用这种磨人的角度，故意使投资者产生疑虑，不敢在第一时间进场。当主力资金放弃掩饰、主动参与操作时，股价便会一改前貌。

2. 45度角上涨

45度角上涨是指股价线以45度左右相对适中的角度展开的上涨。

45 度角这种不急不缓的上涨，股价表现最为稳定，如果同时有成交量的配合，则更能显示多方掌控局势的稳健。

45 度角上涨在技术意义上显示多方具有主导性，但空方的反击并未停止。多空双方的博弈使行情运行于一个交易持仓成本不断垫高、具有较强支撑力度的状态中，因此股价的运行才相对稳定、明确。

无论股价上涨还是下跌，股价线保持 45 度角都是一种理想的攻击形态，其持续性及股价强度都较高。过大角度的上涨或下跌，强度虽高却很难持久；而过小角度的上涨或下跌，股价运行绵软无力，存在着过多的折返。

如图 3-14 所示，该股开盘略做震荡后，股价线便以 45 度角上涨，其间股价震荡幅度较小，基本保持着平稳上行的态势，直至封住涨停板。这种有条不紊的走势显示出多方掌控局面且有能力承接所有卖盘的气势。

图 3-14　保持 45 度角上涨

在有些个股的分时走势上，45 度角上涨保持一段时间后，会出现横向震荡或小幅度回落，这是多方一种休整或故意示弱的形态，以观察空方的反击强度。

实战中，以 45 度角启动攻势的个股在修整后再次上升时，如果角度变小、量能缩减，则要留心因涨升强度减弱而导致的股价回落。最佳的形态是横向震荡过后，股价线加大上涨角度或不小于之前的 45 度角继续呈现升势，量能上不能大幅缩减，这样才说明股价的强势状态并无改变。

如图 3-15 所示，A 段股价线以 45 度角上涨，之后股价进入修整过程中。当股价在 B 段结束修整、再次起涨时，上涨角度超过 45 度角，显示该股涨升的强度有增无减，后市继续看好涨势。

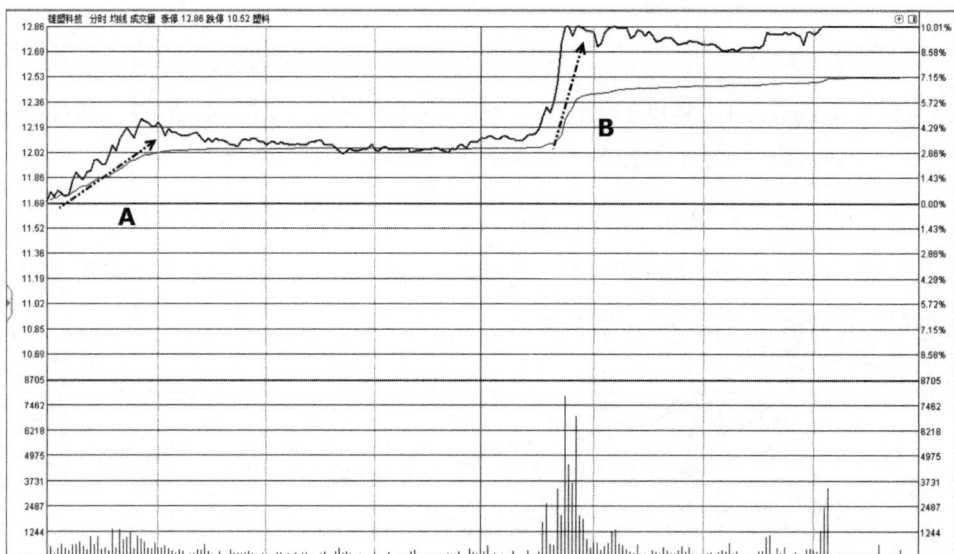

图 3-15　角度的改变

在一段升势后的震荡盘整过程中，被削弱的可能是空方，也有可能是多方。如果之前占据主导地位的多方被削弱后，涨升强度必然受到影响，再启升势时，则很难维持或提高原有的升势强度。

如图 3-16 所示，A 段股价线以 45 度角上涨后，出现回落盘整的修整状态，股价线在昨日收盘线和均价线上下盘整震荡。

在个股强势上涨过程中出现 A 段之后的这种回落盘整，并不是一个良好的修整形态，原因有两点：第一，股价线虽然最终得到支撑，但在盘整过程中还是跌破均价线和昨日收盘线，这个细节显示出股价盘中抛压较重；第二，A 段的回落幅度稍显过大。这两点对于一个强势个股来说，就是比较明显的瑕疵。

该股盘整震荡过后，于 B 点再次起涨的角度并未减小，可以支撑一波涨升。但随后又出现一个幅度不小的回落，C 点股价在均价线上短暂盘整，随后跌破均价线。

对于涨升过程中，股价回落跌破均价线或昨日收盘线支撑的现象，投资者应该高度重视，尤其是具有一定强度的涨升。倘若股价在 30 度角涨升过程中跌破支撑，反而不值得大惊小怪，因为小角度涨升中股价强度有限，发生折返很正常。

反观图 3-16 中的个股，在 45 度角涨升中，再次发生较大幅度的回落，再次跌破均价线。这个现象足以让投资者认真思考：是不是存在主力资金阶段性减仓的行为。

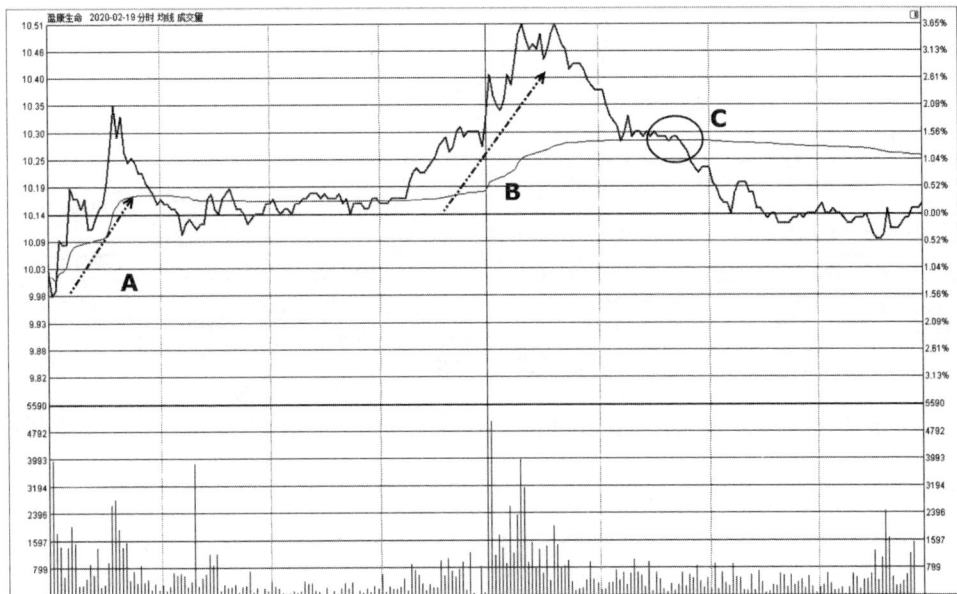

图 3-16　失败形态

3. 60 度角上涨

60 度角上涨是指股价线以 60 度左右较大角度展开的上涨。

过小角度上涨，说明股价运行强度极弱；而过大角度上涨，则说明股价运行强度极强。这两种状态下，股价都容易出现突发性转折或改变。

60 度左右大角度上涨的出现，必然是资金集中攻击的结果。这种迅猛的上涨形式多数都是由主力资金的行为所产生，或在其诱导下发生的市场资金的蜂拥效应，再或者是各路热钱"击鼓传花"式的炒作行为的结果，多发生在上市新股或概念炒作上。

如图 3-17 所示，该股开盘后即以 60 度角上涨，中间几乎没有明显的震荡盘整过程，之后股价封住涨停板。真正的强力拉升就是这样，整个过程绝不会拖泥带水，不会存在过多、过长的盘整，不会给投资者太多从容思考和再次买入的机会。

还有一种更为迅猛的大角度拉升，如图 3-17 中 B 图所示，该图是另一只股票的分时图。开盘后，股价线几乎以 90 度角上涨，短时间内直接封住涨停板。这种走势只给市场资金留想象空间，不给买入机会。

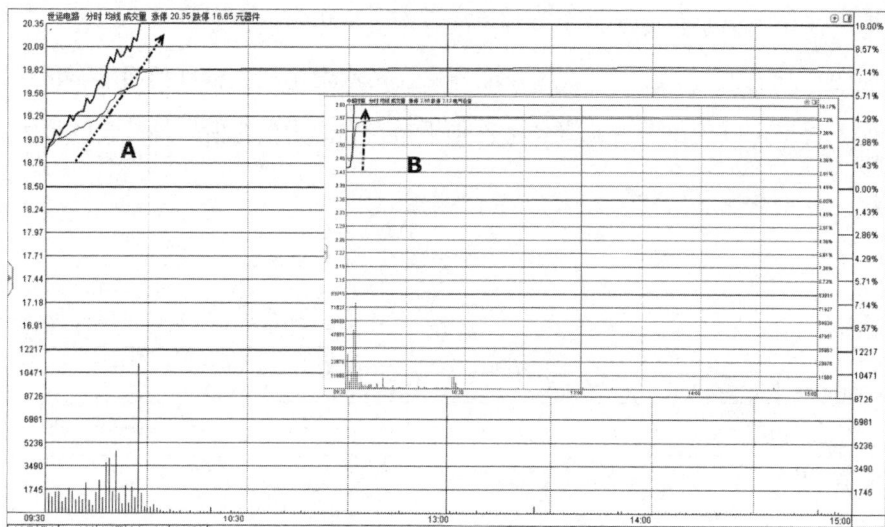

图 3-17　大角度涨停

从技术角度来说，股价线以 60 度角（或更大角度）上涨的时间段内，至少说明盘中空方失去了能够抗衡和反击的力量，否则，行情就不会处于多方全面掌控、单边运行的节奏中。但是，缺少空方的强力反击，对于股价的长久运行未必是好事。

实战中，股价线以 60 度角上涨，如果不能封住停板或不能持续得到资金支持，那么接下来的回落走势也会同样迅猛。

如图 3-18 所示，开盘后该股股价线一路下行，至 A 点时，股价线以近乎直角的陡峭角度迅猛拉升，瞬间突破均价线、昨日收盘线并抵达涨停板价位。B 点随着成交量的快速萎缩，股价线快速回落向下寻求支撑，这种态势所显示的是后续资金的难以为继。

案例中的这种急速上涨是资金驱动下的脉冲式涨升。至于拉升的原因，则因股而异，不外乎以下几种：主力资金的诱多行为、试盘、利好传闻刺激等。

当 60 度角急速上涨结束，股价回落后、止跌回升时，股价线能够回到 45 度角以上，说明股价涨升强度仍在，后市依然可以期待；如果股价线难以恢复 45 度角运行，即使股价有所上升，其强度和持续性都很难长久保持。如图 3-18 所示，股价在 C 点跌破均价线支撑，几分钟内，股价运行从极强变为极弱，从技术角度只能解释为，这是一个主力诱多的骗局。

可能不少短线投资者都有过这样的经历：看到个股大角度上涨，马上加价追高，但报价跟不上股价的涨速，急切之下高报数个价位，成交之后却发现股价就在买入价上下徘徊或随后开始回落。

不少人会怪罪自己手慢，认为追涨太迟。其实根本不是时间的问题，而是主力资金利用大单对倒拉升时，根本不会给你在低点追入的机会。如果你很轻易就追到了，那么可以肯定，不是你的运气太好，就是这个拉升为主力诱多。明白了这一点，我们就要对大角度急速上涨存有警惕之心。

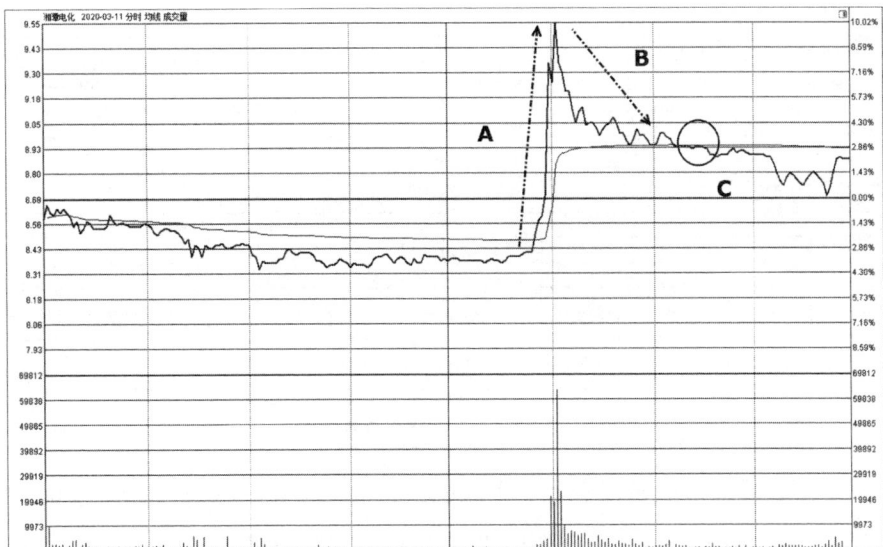

图 3-18　大度角上涨后的回落

二、角度与跌势预判

1. 30 度角下跌

30 度角下跌是指股价线以 30 度左右较小角度展开的下跌。

下跌并不可怕，可怕的是股价走势飘忽、欲跌还涨的局面。投资者时刻面临两难选择，难以果断决定去留。30 度角下跌就是这样一种让人难以决断的下跌走势。

30 度角下跌是无主力资金或主力处于蛰伏期的冷门股常规的波动形态。一些大盘个股也经常处于该波动形态。

如果某股之前走势比较活跃，忽然出现这种形态，那么至少有两种可能：一种是升势途中温和的回落调整，另一种是加速下跌前的"平静期"。

如图 3-19 所示，在该股全天走势中，股价线维持一个极其平缓的角度，在收盘线下方和均价线相互盘绕。该股刚刚经过长期大幅大跌的过程，结合分时走势的情况，我们可以认定该股至少在短期内是未被主力资金重点关注的冷门股。

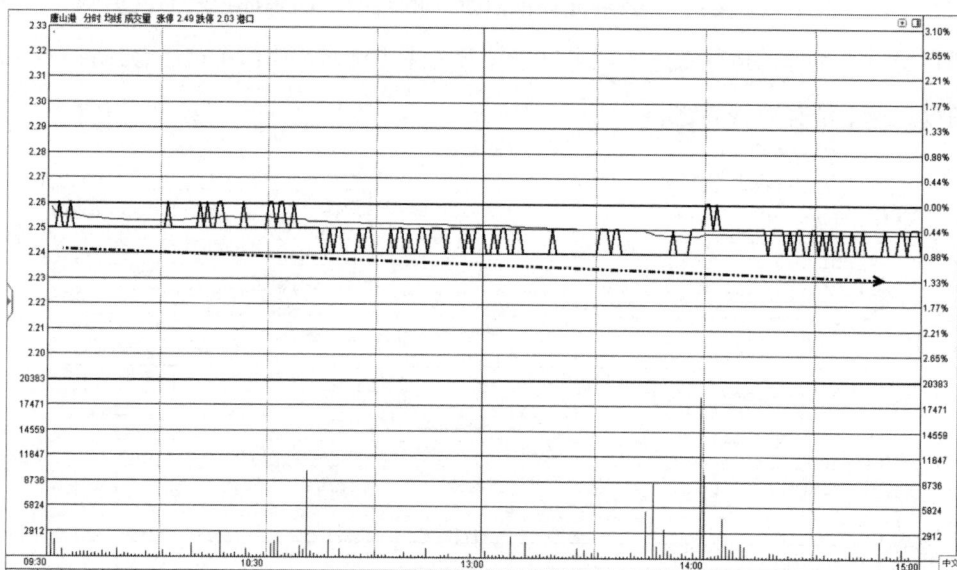

图 3-19   30 度角下跌

30 度角下跌看起来似乎很温和、下跌强度不高，但正是这种表面现象反而使人容易放松警惕。有些个股会突然改变角度出现急速上涨或下跌的情况。

如图 3-20 所示，该股开盘后 30 度角回落，A 点股价直角拉升，但是强势存在时间极为短暂，A 点过后，股价仍旧以 30 度角回落。

发生这种突发行为的原因有很多，可能是主力资金进驻之前进行了试盘，也有可能是主力资金使用了诱多手段，等等。无论是何原因，在没有详尽地分析和实盘追踪之前，对于个股盘中的突发行为，投资者最好只追踪观察，不交易。

轻易追涨冷门个股，很可能会陷入"追涨几秒钟，套牢几个月"的窘境中。如图 3-21 所示，A 点就是图 3-20 中分时走势当天形成的 K 线。

图 3-21 中 A 点 K 线那根长长的上影线就是图 3-20 中那个几秒钟冲击出来的股价高点。自 A 点之后，该股股价陷入漫漫下跌路，不知何年何月才有机会收复那个遥不可及的、只存在几秒钟的股价高点。

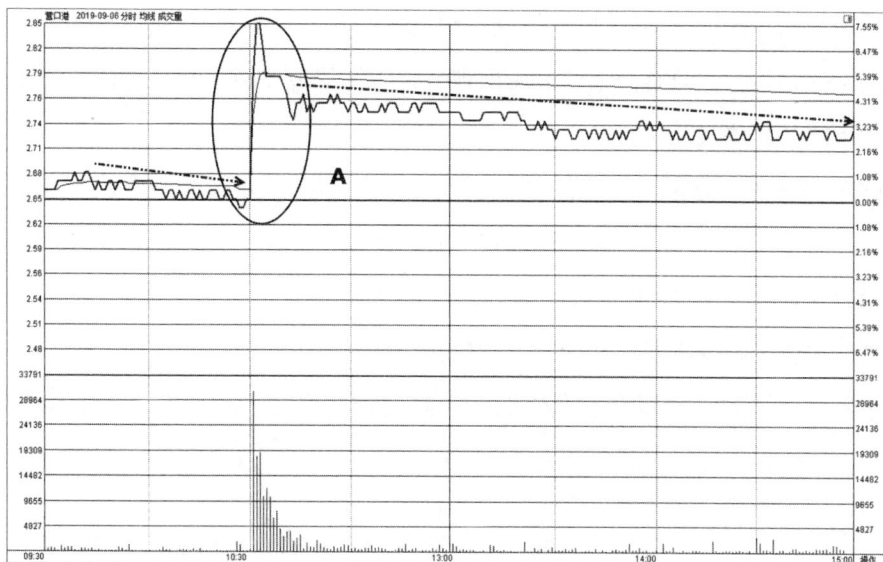

图 3-20　突然改变角度

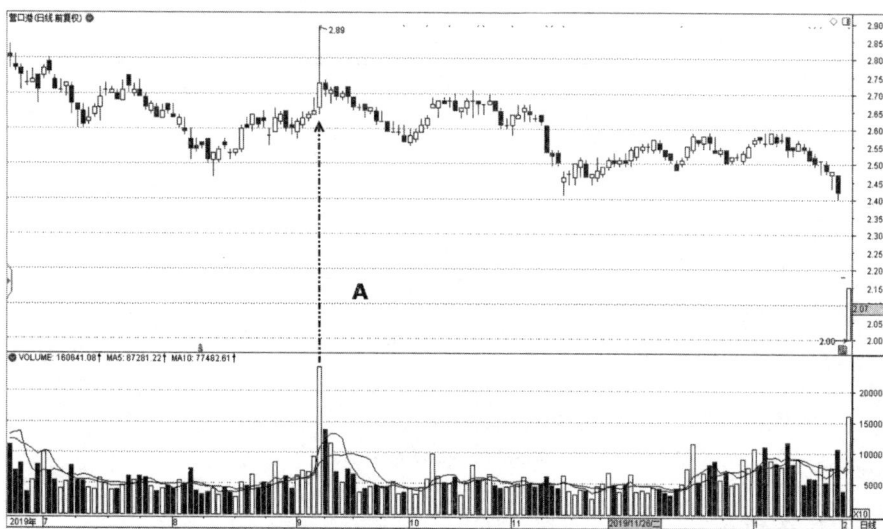

图 3-21　长上影 K 线

2. 45 度角下跌

45 度角下跌是指股价线以 45 度左右适中角度展开的下跌。这个角度的下跌是一种极具杀伤力且持续性较强的下跌角度。

45 度角不急不缓，让多方不至于完全失去信心和希望，所以会不断发起反击，而空方也正是利用多方的不断反击来逐步消耗、瓦解做多的动能。

在反击与消耗中形成的 45 度角下跌，经过多空双方在博弈中不断验证、加强循环，能够稳定并持续运行。只有当下跌节奏出现变化（加快或变缓）时，这种强度较高又极为稳定的下跌过程才会结束。

如图 3-22 所示，该股开盘股价逐渐盘落至 A 点，以 45 度角开始下跌，直至收盘。

在 A 点下跌的过程中，我们可以看到成交量相比早盘显示出不断增加的态势，说明持仓者越来越认可下跌的持续性，并加入减仓的行列中，这些都为 45 度角下跌的持续性和强度提供了源源不断的动能。

当下跌的程度达到市场普遍共识时，下跌的角度会进一步加大，速度会进一步加快，而距离股价走势反转也就更近一步。

图 3-22　45 度角下跌

3. 60 度角下跌

60 度角下跌是指股价线以 60 度左右较大角度展开的下跌。60 度角下跌的持续时间较为短暂，但下跌幅度、速度和强度却非常惊人。

如图 3-23 所示，在 A 点，股价线以 60 度角急速下跌。整个急速下跌的过程非常短暂，但跌幅却非常惊人，从涨幅 4% 以上一直跌至跌停板。

股价处于高位或下跌初期的个股，当盘中出现 60 度角急速下跌时，即使分时走势有强反弹出现，也不是适宜的介入点，更多时候反而是借机减仓的良机。

而股价经过长时间或大幅下跌之后，如果盘中出现 60 度角急速下跌，可能就是极为理想的短线买点。

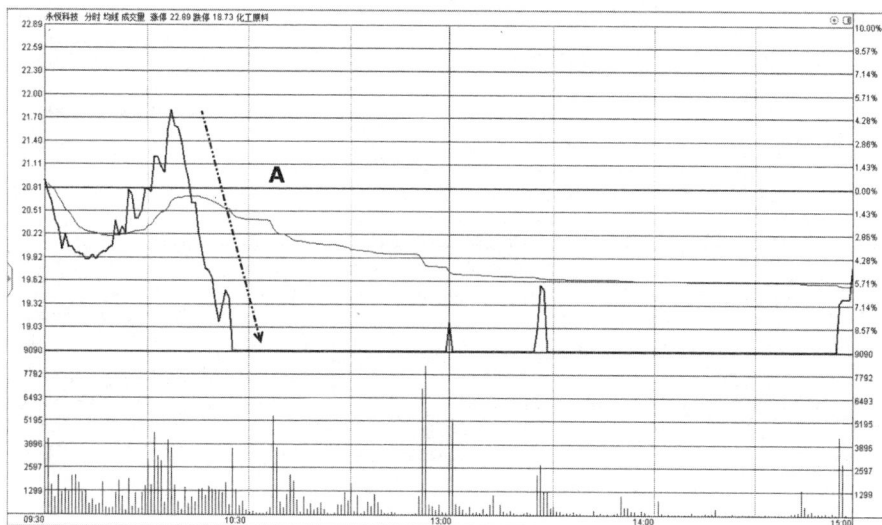

图 3-23　60 度角下跌

主力资金往往会利用 60 度角急速下跌造成的恐慌，逼迫投资者低价抛出筹码，为之后的强反弹或反转做准备。

如图 3-24 所示，该股当天开盘后不久，股价风云突变，A 点突然出现近乎直角的急速跳水走势。从 A 点成交量由小到大的聚集方式（恐慌性杀跌的重要标志）可以看出，这个突发的急速下跌让市场上的恐慌情绪迅速蔓延，抛盘正迅速增加。

当投资者尚处于惊魂未定中时，该股股价并未在低点停留，而是瞬间以同样陡直的角度急速回升。

股价回升时的成交量反而呈现萎缩状，这就说明刚把筹码抛在低点，仍处于惊恐之中的投资者没有几个敢把股票再买回来，只能眼睁睁地看着股价大幅回升到 5% 之上。

事实证明，A 点的股价低点就是该股强反弹之前的最低点。如图 3-25 中 A 点所示，那个长下影 K 线就是图 3-24 中分时走势当天形成的 K 线。

个股长期下跌或急跌过后，当某日盘中突然再出现 60 度左右大角度急速下跌时，往往就会形成一个重要的阶段性低点。投资者应保持冷静思考的态度，不要被突如其来的恐惧打乱了思绪，更不要被恐惧支配而进行交易。

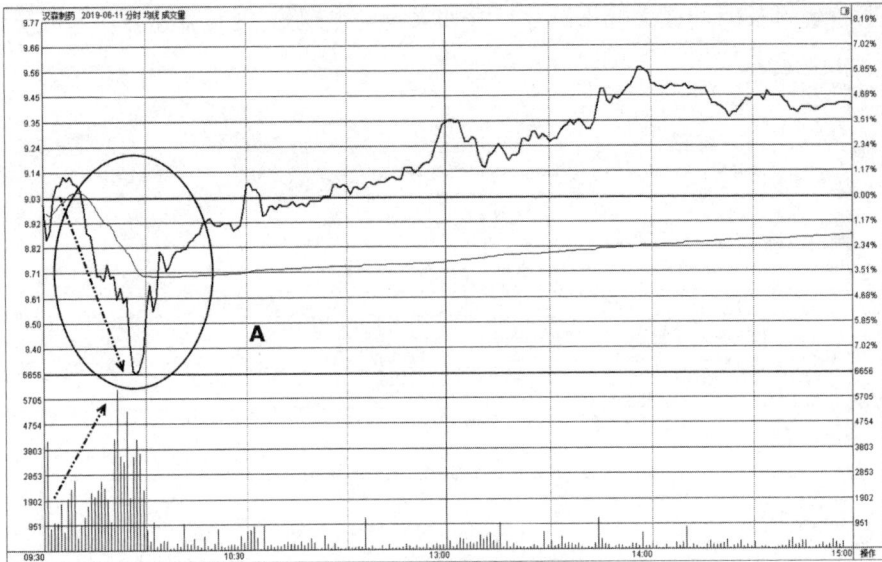

图 3-24　恐慌性杀跌

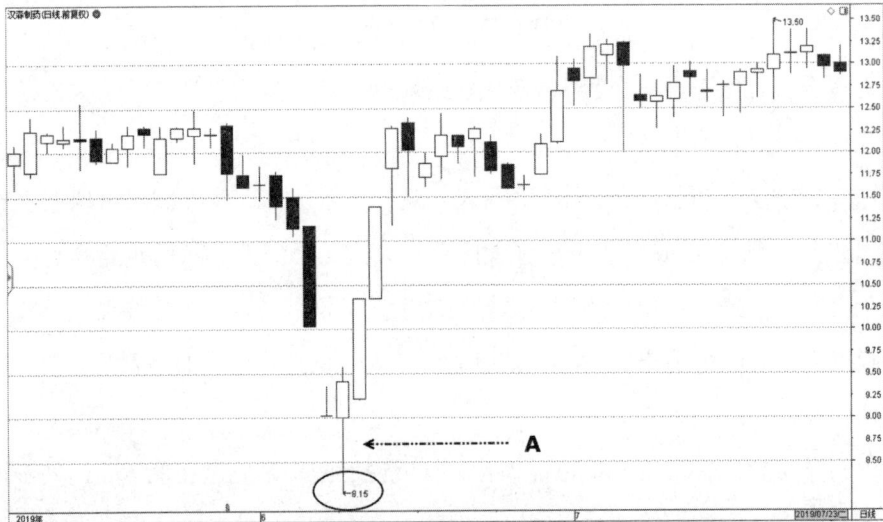

图 3-25　长下影线 K 线

📎 知识点小结

分时走势中一个极小的细节可能就蕴含着股价重大转折的信号。及时发现股价转强或转弱的信号，对于交易中选择买卖点具有重要意义。

第四节 分时实战形态分析

分时图在实战中有一些典型形态，分析这些形态有利于投资者借鉴其中的分析思路，能够尽快将学到的理论知识融入实战应用中。

一、震荡盘升

该形态是指个股依附均价线的支撑，一路震荡上涨。如果个股不是处于股价的高位区，同时成交量温和放出，那么投资者可在股价回调到均价线附近时择机买入。

如图 3-26 所示，该股于 A 点突破均价线、昨日收盘线压制，并由此得到支撑开始上涨。虽然 30 度角上涨略显强势不足，但考虑到该股不是小盘股，而且刚刚脱离下跌低点，这种走势较为稳健，也是一个测试盘口压制的过程。

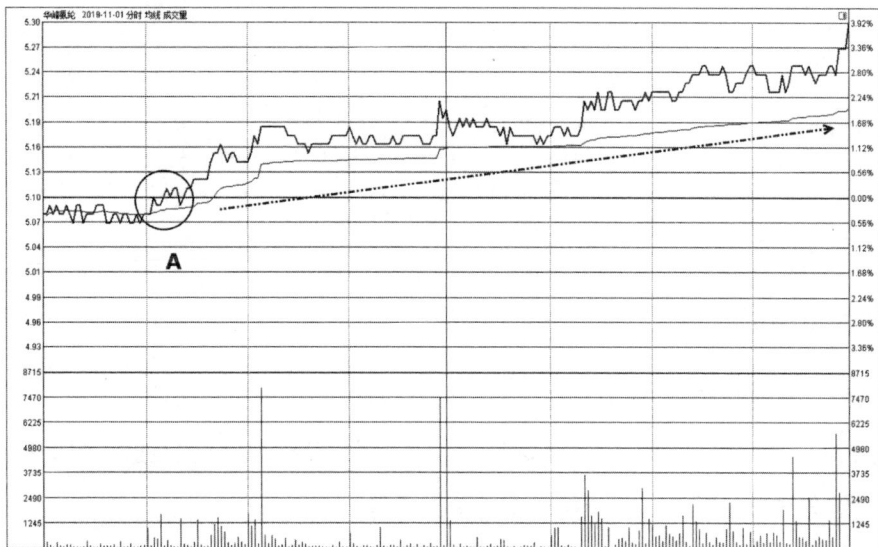

图 3-26 震荡盘升

二、横盘突破

横盘突破是指个股开盘后依附均价线或收盘线横盘运行，即使当日大盘出现跳水等不利现象，该股也并不跟随大盘的波动而改变方向。如果盘中出现较为密集的买单，那么这类股票一般会迅速上涨。

如图 3-27 所示，该股开盘上涨一定幅度后，股价便在均价线附近震荡。这是测试支撑的一种方式，也是很多强势个股上涨之前，最后的洗盘和积蓄能量阶段。股价能够在此得到有效支撑，也就意味着浮筹的压力不足以影响拉升。

当股价线逐渐展开角度拉升时，个股就会告别这段平静期，突然进入强势运行阶段。

图 3-27　横盘突破

三、急升后横盘

急升后横盘是指个股开盘急升之后，转入横盘震荡直至横盘报收，或盘中再一次拉高。如图 3-28 所示，该股开盘后迅速拉升，当天主要升幅就出现在这个时间段，而在余下的大部分交易时间里，都维持横向震荡的走势。

横盘阶段的成交量一般会呈现逐渐萎缩的状态，直至再次出现拉高，才再度放量。投资者需注意拉高的幅度和放大的成交量是否匹配，大成交量、小涨幅往往是主力减仓的表现。

个股出现这种分时走势的缘由，大致有两种情形：第一，个股所处底部低点，通过震荡进行试盘或洗盘吸筹，之后个股的走势仍会不温不火，股价折返仍较为频繁。第二，主力资金利用早盘的急速拉升吸引市场资金，并借机减仓；在之后的横盘过程中，再以挂小单或小单下打的形式，卖给看好该股的投资者。

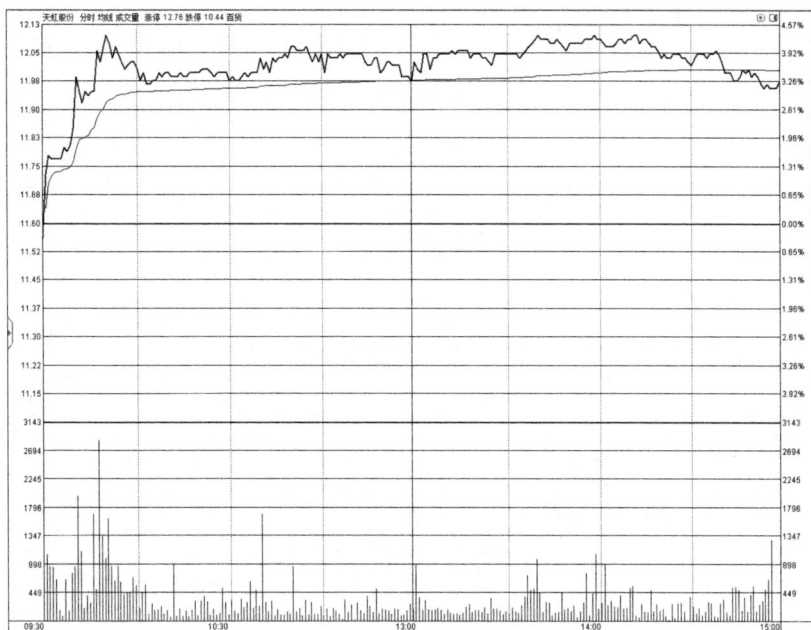

图 3-28　急升后横盘

四、单边下跌

单边下跌是指个股开盘后一路下跌。均价线在大幅下跌后出现支撑迹象，但随着股价的再度下跌，均价线再次形成压制。分时图上成交量整体呈萎缩状，每一次下跌时的成交量都比每一次反弹时的成交量大，投资者以观望为宜。

如图 3-29 所示，该股开盘后便开始下跌，但在上午交易时间段内，大部分时间处于横向震荡。在昨日收盘线和均价线的双层压制下，缩量的横盘震荡是一种等待形态，等待契机出现改变目前这种态势。

午后开盘，股价便陷入绵绵不绝的单边下跌之中。在这个过程中，股价几乎难以形成有规模、有力度的反弹。对于这种走势，投资者最好不要轻易入场抢反弹，等待下跌势头宣泄一段时间后，再具体分析和决定为好。

从成交量柱线图可以看出，午后的单边下跌，成交量逐渐增大，显示加入杀跌队伍的人正在增加，最终股价跌停板。

对于单边下跌走势的个股，如果之前刚经过长期或大幅下跌，则投资者可在股价线和均价线相互缠绕、走平，成交量缩无可缩时，主动买套等待股价即将到来的上涨。

图 3-29　单边下跌

五、低点逐步回升

个股开盘后，股价低点逐步上移，每一小波段上涨的角度并不一致，但整体上涨角度大致在 30 度左右。低点逐步回升的个股，大多是资金缓慢吸筹或试探性建仓所致，投资者可密切追踪观测。

低点逐步回升的个股，其股价能否成功反弹，投资者应主要观察股价回升时均价线和收盘线支撑的情况；同时，成交量也应保持同步活跃，但突然激增或过度冷清的成交量都可能会使股价的回升半途而废。

如图 3-30 所示，该股开盘后近 1 个小时的时间内，都在昨日收盘线和均价线上下震荡，但之后股价逐步抬升，每一次震荡的低点也逐步抬高，整体保持向上的态势。成交量在这一过程中保持着相对活跃的态势。

低点逐步回升的个股，其上涨强度大多不高，原因在于资金建仓期间不愿引人关注，带有一定的隐秘性。如果是试探性建仓的资金，其在吸筹期间发现上方压制较强，可能就会暂停吸纳，转而故意向下砸盘、制造恐慌，用来测试压力盘的性质并观测卖单的大小和密集程度，以确定持仓该股的资金是以散户为主还是另有实力资金隐藏其中。

如图 3-31 所示，A 点出现当日下探的低点，之后股价回升至 B 点尝试性突破昨日收盘线，但无功而返。随后股价到达 C 点时，震荡到均价线之上，虽然比 A 点的低点高，但此时股价线不仅处于昨日收盘线的压制之下，而且均价线的支撑也已经岌岌可危。

图 3-30　低点逐步回升

之后，股价线跌到均价线、收盘线下方，已经脱离了构筑低点逐步回升形态的可能性。接近尾盘时，股价更是出现一波 60 度角的跳水，此时成交量大幅增加，显示出恐慌盘夺路而逃的激烈程度。

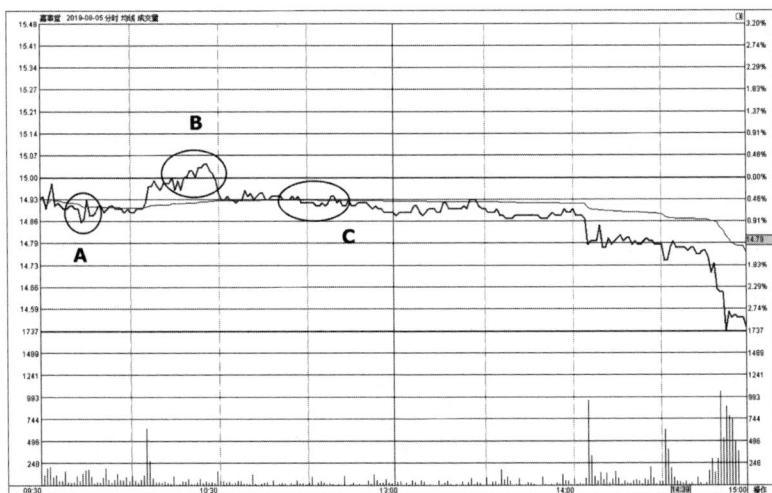

图 3-31　失败形态

✎ 知识点小结

讲形态，其实是在讲原理。投资者不需要记住这些形态，只需要清楚如何分析这些形态。

第四章

MACD 看盘技巧

第一节　MACD 看盘基础

一、MACD 的设计原理与计算公式

平滑异同移动平均线简称 MACD 指标，是由美国投资家杰拉尔德·阿佩尔（Gerald Appel）先生于 20 世纪 70 年代末提出的。

MACD 指标的设计基于均线原理，是对收盘价进行平滑处理（求出加权平均值）后的一种趋向类指标。MACD 指标利用短期（常用为 12 日）移动平均线与长期（常用为 26 日）移动平均线之间的聚合与分离状况，对买进、卖出时机做出研判。该指标由两部分组成，即正负差（DIF）、异同平均数（DEA），其中，DIF 是核心，DEA 是辅助。DIF 是快速平滑移动平均线（EMA1）和慢速平滑移动平均线（EMA2）的差。

MACD 的优点是摒弃了 MA 频繁发出买入卖出信号的缺陷，使发出信号的要求和限制得到了增加，在实战中使用起来比 MA 更稳定。MACD 的缺点同 MA 一样，在市场处于横盘或区间整理时，因指标钝化而容易出现伪信号，发出错误指示。

MACD 常用参数的一般设置如下：快速平滑移动平均线参数（DIF）是 12，慢速平滑移动平均线参数（DEA）是 26。此外，MACD 还有一个辅助指标——柱状线（BAR）。在大多数分析软件中，柱状线是有颜色的，0 轴以下是绿色，0 轴以上是红色，前者代表趋势较弱，后者代表趋势较强，如图 4-1 所示。

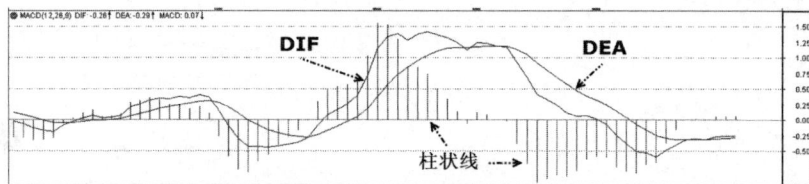

图 4-1　MACD 指标

　　MACD 在应用上，先计算出快速移动平均线（即 12 日的 EMA1）和慢速移动平均线（即 26 日的 EMA2），以这两个数值之间的差值得出 DIF，然后再得出 DIF 的 9 日平滑移动平均线 DEA，最后根据公式"MACD = 2×（DIF-DEA）"计算 MACD 的值。

　　MACD 指标的计算公式如下。

1. 计算 12 日和 26 日移动平均线 EMA1 和 EMA2

EMA（12）= 前一日 EMA（12）×11/13 + 当日收盘价 ×2/13

EMA（26）= 前一日 EMA（26）×25/27 + 当日收盘价 ×2/27

2. 计算离差值（DIF）

DIF = 当日 EMA（12）- 当日 EMA（26）

3. 计算 9 日离差平均值 DEA

当日 DEA = 前一日 DEA×8/10 + 当日 DIF×2/10

4. 计算 MACD

MACD = 2×（DIF-DEA）

5. 计算柱状线 BAR

BAR = 2×（DIF-DEA）

二、MACD 的基本实战形态

1. 基本形态的技术含义

如图 4-2 所示，基本形态的技术含义如下。

（1）MACD 指标的 DIF 由下向上交叉 DEA，一般称为金叉。A 点为 MACD 的金叉。

（2）DIF 由上向下交叉 DEA，称为死叉。D 点为 MACD 的死叉。

（3）B 为 MACD 上穿 0 轴线，F 为跌破 0 轴线。

（4）C 为 MACD 的黏合状，E 为柱状线。

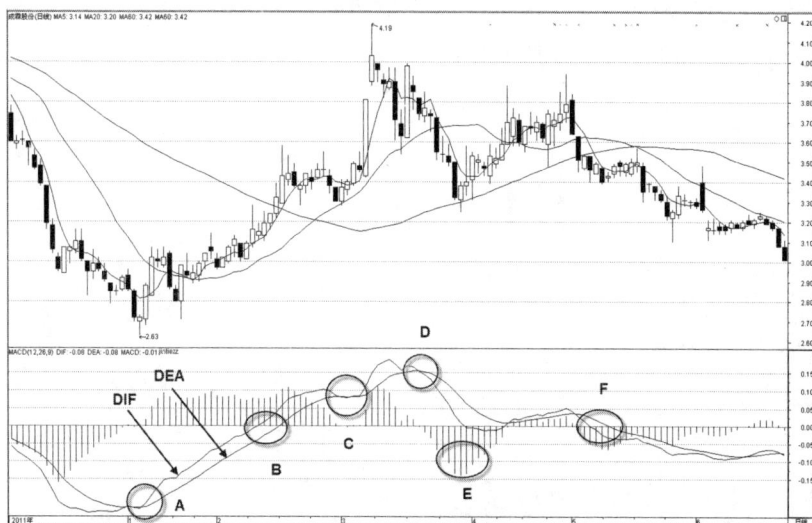

图 4-2　MACD 的基本形态

2. 背离关系

MACD 在运行过程中和股价运行节奏并不完全同步，二者之间有些时候会出现背离关系。正是这种背离关系，会给投资者提前发出重要的转向提示信号。

如图 4-3 所示，A 点股价与 MACD 同步创出新低，B 点股价继续创出新低，但 MACD 并未同步下行，而是在低点呈黏合状。这种技术形态就是背离，因案例中背离发生于股价低点底部区域，所以也称之为底背离。

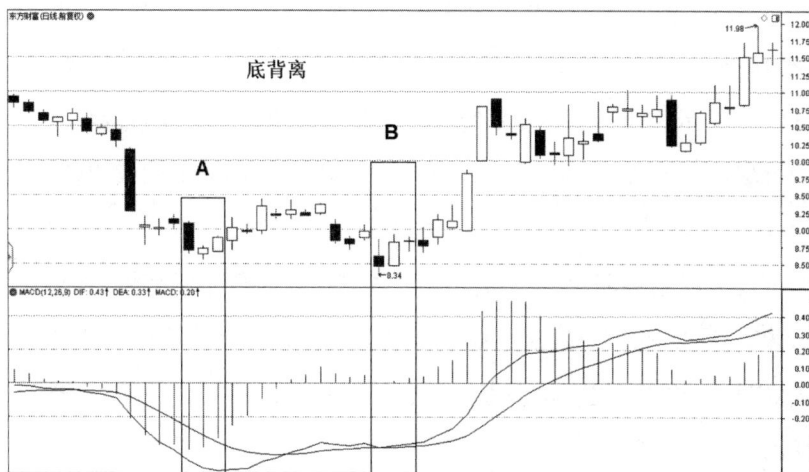

图 4-3　底背离

还有一种背离关系出现在股价高点的顶部区域，我们称之为顶背离。如图4-4所示，A点股价与MACD同步创出新高，B点股价继续上涨并创出新高，但MACD已经无力再创新高。这种技术形态就是顶背离。

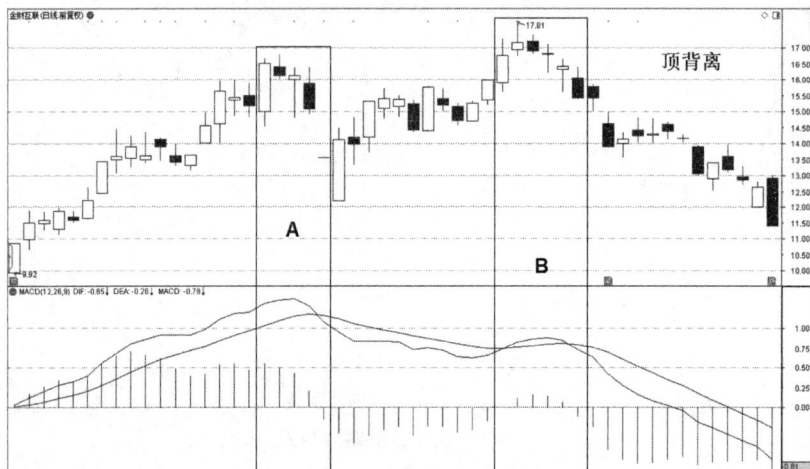

图4-4　顶背离

无论是底背离还是顶背离，MACD指标的背离信号在实战中具有相对较高的准确性，投资者对此要高度重视。

三、基本理念与重要法则

关于MACD指标的技术应用，最有话语权的应该是其发明人杰拉尔德·阿佩尔先生。我们看看杰拉尔德·阿佩尔先生本人对MACD指标及其应用是如何进行解读的。

1. 基本理念

（1）MACD表示短期指数移动平均线与长期指数移动平均线的离差。

（2）当市场趋势走强时，短期移动平均线会比长期移动平均线更快上升，MACD会向上运行。

（3）当市场上涨趋势弱化时，短期移动平均线会逐渐变得平缓；如果市场持续下跌，则短期移动平均线会向下穿过长期移动平均线，MACD线降到0线以下。

（4）MACD方向的变化反映出市场原有趋势将逐渐走弱，但是否一定发生趋势反转应配合其他指标综合考虑。

（5）在价格运动过程中，短期移动平均线会与长期移动平均线发生聚合或背离，因此，MACD 实际上就是反映移动平均线聚合或背离程度的指标。

2. 重要法则

（1）如果在最近一次卖出信号发出后，MACD 线由上而下穿过 0 线，之后发出的买入信号将更为可信。当买入信号发出时，MACD 线未必在 0 线以下，但在最近一次价格下跌过程中，MACD 线应曾位于 0 线以下。

（2）如果在最近一次买入信号发出后，MACD 线由下而上穿过 0 线，之后发出的卖出信号将更为可信。当卖出信号发出时，MACD 线未必在 0 线以上，但在最近一次价格上涨过程中，MACD 线应曾位于 0 线以上。

（3）当股市处于牛市行情，尤其是在上涨的初始和主升段时，MACD 在发出买入信号前可能未曾位于 0 线以下，但由于市场行情十分强劲，投资者可以考虑进入市场。类似的情况也适用于熊市行情，但在一般情况下，投资者在进行投资决策时应充分考虑"0 线法则"。

3. MACD 指标的黄金规则

（1）投资者应使用至少含有 2 个 MACD 指标的组合：短期 MACD 用于选择买入时机，长期 MACD 用于选择卖出时机。

（2）当市场处于大涨行情时，应当积极地买入，而慎重地卖出。投资者可以用短期（6-19）MACD 选择买入时机，用长期（19-39）MACD 选择卖出时机。

（3）当市场行情较为平稳或略有上升时，应当积极地买入，而慎重地卖出。投资者可以用中期（12-26）MACD 选择买入时机，用长期（19-39）MACD 选择卖出时机。

（4）当市场处于大跌行情时，应快速买入，快速卖出。此时，投资者应采用更为敏感的 12-26 MACD 作为买入和卖出时机的选择标准。注意，除非价格达到或低于止损点水平，否则选择卖出的先决条件为 MACD 线在上涨过程中曾向上穿过 0 线。

图 4-5 和图 4-6 是相同的 K 线图。图 4-5 中 MACD 采用的参数是 12-26，图 4-6 中 MACD 的参数是 6-19。对照这两张图我们可以发现，无论是 A 点启动位置还是 B 点和 C 点见顶回落的位置，图 4-6 中的 MACD 都要稍稍提前，这对于短线投资者是有帮助的，但是也要注意因参数修正所带来的频繁提示买卖点的缺陷。

无论是发明者还是后来的使用者，对于某一理论的认识、理解以及实战应用，都会随着时间的推移而发生变化。在股票市场的技术分析理论中，没有任何一种技术分析的应用法则是亘古不变的真理。

图 4-5 MACD 参数 12-26

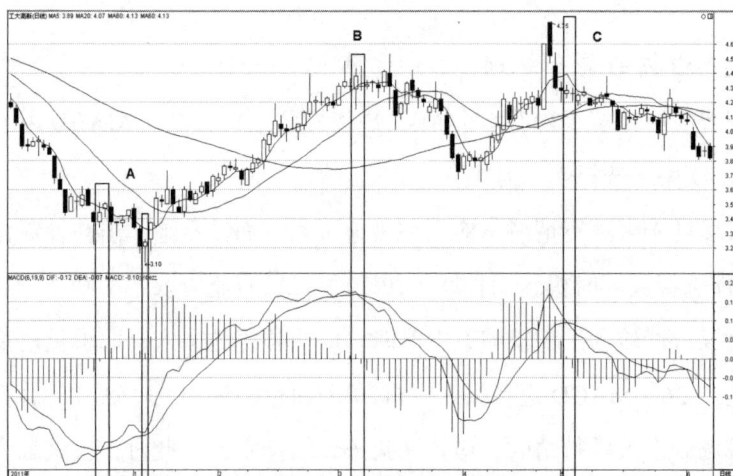

图 4-6 MACD 参数 6-19

例如，杰拉尔德·阿佩尔先生在其黄金规则（4）中提到："当市场处于大跌行情时，应快速买入，快速卖出。"

这种观点就很值得商榷，原因如下。

第一，这种观点不具有普遍适用性，因为每一位投资者的性格、认知、反应等综合能力存在较大的差异性。对于某些在交易策略、技术上有独到认识和理解的老手来说，也许大跌行情对他而言也存在一定的机会；但对于新手或者其他投资类型的投资者来说，痴信这个观点将会带来灾难。

第二，大跌行情中的某一阶段确实存在交易机会，但这种机会并非俯拾即是。

知识点小结

尽信书不如无书。会读书的人，在读书中思考、在读书中开拓思路，而不是按图索骥、刻舟求剑。

第二节　如何利用 MACD 预判行情

杰拉尔德·阿佩尔曾说："MACD 指标可以应用于不同的时间期限内，这些期限可以从 15 分钟到数年。"由此可见，MACD 指标的应用范围非常广泛，既可以用来判断中长线行情，也可以用来判断短线行情。

一、中长线行情的判断作用

在分析股价的中长期走势上，MACD 能够起到相当理想的作用。如图 4-7 所示，在 A 点，股价一波急跌后企稳反弹，MACD 随之向上金叉。股价反弹结束后继续下跌，至 B 点再次出现小幅反弹，这时的 MACD 就需要我们格外关注了。在 B 点，MACD 并没有像股价一样刷新低点，而是在高于 A 点的位置转向上升。

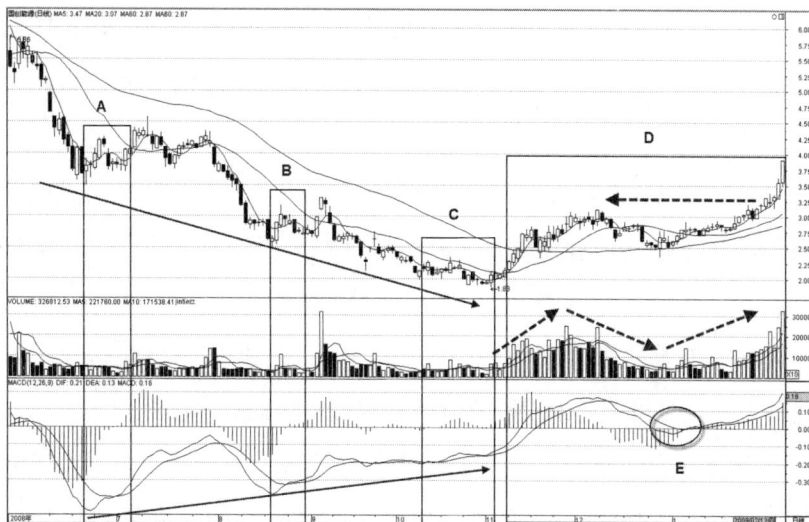

图 4-7　趋势判断

当 B 点背离关系出现时，是否意味着可以买入了呢？

有些投资者在理解 MACD 背离关系时容易进入误区，以为见到背离形态就意味着股价马上会止跌回升，于是匆忙买入，结果未获盈利，反遭亏蚀。

审视 MACD 的背离形态是一个复杂的过程，绝不是看到某一点出现背离就一定会出现股价的相应变化。如图 4-7 所示，在 B 点，MACD 虽然出现背离，但是其整体运行趋势并未呈现出强势变化，比如，B 点的 MACD 指标仍旧处于 0 轴线之下。

在实战中，MACD 出现如同 B 点的背离后，随着股价的继续下跌，再次刷新低点的案例并不少见。

同时，使用 MACD 判断中长线行情，一段时期内成交量的变化也应在考虑范畴内。

B 点之后虽然有一个短暂的放量，但这种突发性放量的过程并不具备判定行情大趋势的意义。除此之外，在 B 点前后成交量基本呈缩量的态势，结合股价的疲弱表现，MACD 在 B 点的背离值得我们重点关注，但显然不具备充分的买入条件。

上述分析说明，很多投资者使用技术分析判市之所以容易出现失误，主要原因之一就是在对技术指标分析和认定不够充分的情况下，就轻率地做出决定并付诸行动。

B 点至 C 点的股价以小阴小阳线的形式继续下跌，成交量萎靡，MACD 呈现相互缠绕、黏合的状态，整体运行趋势悄然向上。

盘面上的这种形态应该引起我们更进一步的关注，因为这通常意味着该股整体趋势运行到了一个重要关口上，一个必须做出抉择的关口。

如果说 C 点之后 MACD 向上张口尚不足以认定趋势改变的话，那么 D 点成交量持续放出，股价一改颓废之风貌，呈现卓然上行的态势，显然能够给投资者相当明确的入场提示。

对于特别谨慎的投资者来说，D 点也有足够多的介入时机：当成交量由启动时的放量到回调时的缩量，再到上升放量，尤其是股价轻松突破前期高点时，存在很多介入机会。

例如，MACD 在 E 点股价回调时一度跌破 0 轴线，但之后迅速回升，随同股价创新高，这些都是介入时机或者说投资者判断大趋势扭转的技术信号。

我们在前面分析了 MACD 在判断行情中长期趋势上的部分作用，实战中行情的变化五花八门，并不仅限于上文提及的那种形式，而 MACD 的应用也应随之改变。

二、短线行情的判断作用

如图 4-8 所示，某股在一轮跌势过后，MACD 出现底背离，股价上涨，在 60 日均线上股价开始回落，至 A 点收出一个带上下影的小阳线。在这个位置上，股价究竟会结束回调继续上升，还是略作休憩然后回归下跌趋势？

如图 4-8 所示，A 点股价得到 20 日均线的支撑，暂时止跌，股价正处于 60 日均线的压制和 20 日均线的支撑这个狭小的空间内。就均线系统来说，60 日均线处于下行，20 日均线处于走平态势，它们都不具备明确的、方向性的提示作用。

我们再来看看成交量的情况，在最近的这一波股价上升的过程中，成交量出现了一定程度的不规则放大，至股价回调时成交量逐步缩小，A 点单日的成交量情况和股价在前期低点时相仿。通常来说，这种量价关系告诉我们，A 点的止跌不是因为有资金主动性买入带来的，而是因为没有多少人愿意在这个价位上卖出。

但是，该股量价关系上的一个细节还是给了我们一些信心，即 A 点缩量止跌的位置远高于前期低点。也就是说，从前期低点放量进入的这部分资金，至少在 A 点时已经不愿意卖出了，这是量价关系告诉我们的一个积极信号，但是仅仅依据量价关系这一细节上的孤证就决定了交易行为未免有失稳健。

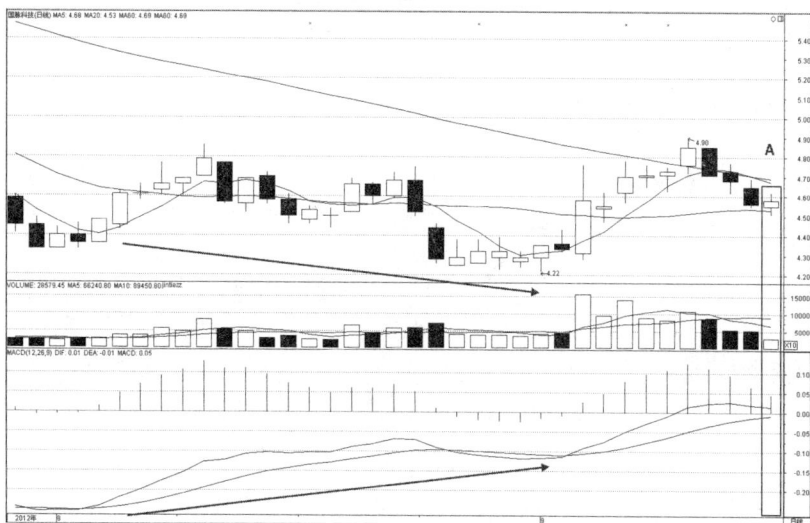

图 4-8　短线行情的判断

我们再来分析一下 MACD 指标，如图 4-8 所示，MACD 在 A 点时正处于 0 轴线附近，介于强弱分水岭之间，缺失判断意义，这时我们就需要借助更短的时间周期内的分析图来观察和分析 MACD 的变化情况。

图 4-9 和图 4-10 是该股本次高点回调至今的 5 分钟和 15 分钟 K 线图。在这两张图上，MACD 基本处于"回落—背离—回升"的状态。在这两张图中的 A 点上，出现了我们很熟悉的买入 K 线组合——早晨之星，这个技术特点印证了我们的看涨分析。

但是，所有的技术分析和判断结论是否正确都需要一个确认的过程，而这个过程通过关注该股次日开盘的前 30~60 分钟的表现，就可以得出定论。

图 4-9　5 分钟 K 线图

图 4-10　15 分钟 K 线图

如图 4-11 所示，标示为 1 的 K 线为该股次日开盘后第一个 5 分钟的股价表现，我们可以看到，该股次日高开后小幅回落。

开盘后第二个 5 分钟，股价回补了当天的跳空缺口后转升，同时 MACD 开始穿越 0 轴线，初步确立了强势形态。

开盘后第三个 5 分钟，股价放量冲高后小幅回落，之后标示为 4、5、6 的 3 个 5 分钟 K 线显示股价缓慢回落的过程。这个过程很关键，它决定了该股是继续走强，抑或是虚晃一枪，转而掉头下跌。

开盘后第七个 5 分钟，K 线的下影线显示出支撑力量的存在。

开盘后第八个 5 分钟，虽然量能仍处于萎缩状态，但 K 线实体远超之前多个 K 线，这说明多方微弱的进攻便可收复大片失地，股价此时遭遇的抛压已经微乎其微。

MACD 从第三个 5 分钟开始，在股价回调过程中一直保持较强的蓄势状态，这一切都告诉短线投资者：第八个 5 分钟结束之际，就是最佳的介入时机！第九个 5 分钟到来时，该股的盘面上已经强势毕现，没必要多说什么了。

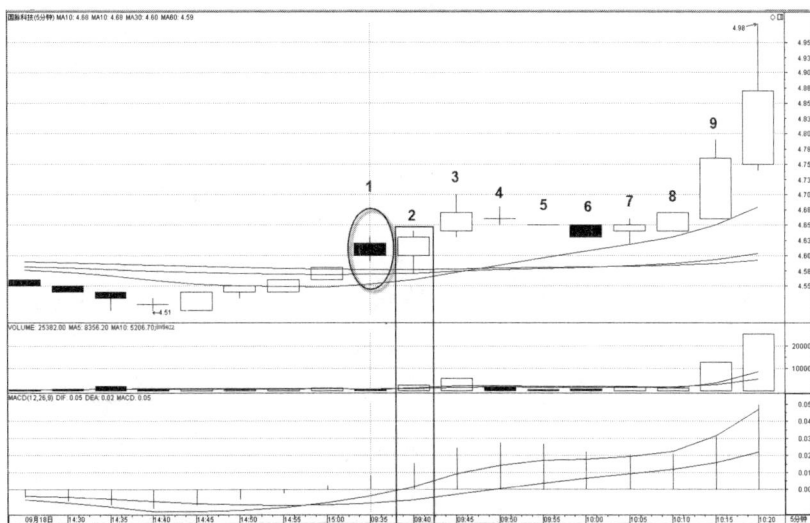

图 4-11 5 分钟 K 线图

如图 4-12 所示，A 点是该股开盘之后 3 根 15 分钟 K 线，这 3 根 K 线已经收复了股价回调以来的大部分失地。MACD 已经从前一交易日蓄势启动的状态一跃而起，盘面上的强势毋庸置疑。因为买点在 5 分钟 K 线图中已有详尽的讲述，所以我们就不对 15 分钟 K 线图做分析了。

该股的强势还是很出人意料的，如图 4-13 所示，该股当天以涨停板报收，股价放量越过前期高点。MACD 从 0 轴线附近介于强弱分水岭的含混状态中，似乎突然苏醒，开始向上发散，这意味着一个至少短期内的强势形态仍将继续保持。

图 4-12　15 分钟 K 线图

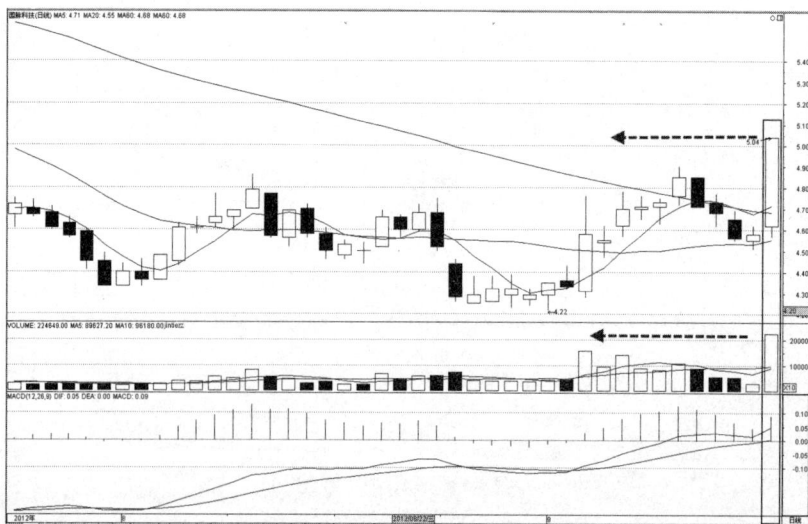

图 4-13　日线图

知识点小结

预判不同级别的行情，需要不同的分析方法。

第三节　MACD 买点提示信号

一、金叉的买点

当 DIF 和 DEA 为负值，且运行于 0 轴线之下，说明个股整体趋势处于下跌行情阶段。如果 DIF 向上金叉 DEA，受限于 0 轴线下的弱势，有可能出现上涨机会，但需要谨慎验证。

如图 4-14 所示，在 A 点 0 轴线之下 DIF 向上金叉 DEA 之后，股价反而开始小幅回落。

MACD 处于 0 轴线之下，说明行情整体仍处于弱势。当 DIF 向上金叉 DEA 时，既有可能是短暂微弱的反弹行情，也有可能是一波大涨行情的起点。

投资者应该如何界定这个金叉的性质？第一，分析该股之前的历史走势，如果该股刚经历过长期或大幅下跌，那么金叉至少会带来一波较强的反弹；第二，既然股价处于弱势中，那么金叉出现后，观察是否有转强的迹象。

B 点股价回落，MACD 并未再次向下死叉，而是处于收敛状态，体现出一定强度的支撑。当 MACD 向上发散时，至少已经出现一个短线机会。

图 4-14　金叉的买点

当 DIF 和 DEA 为正值，且运行于 0 轴线之上时，说明个股整体趋势处于上涨行情阶段。如果 DIF 向上金叉 DEA 时，则是波段行情的买入信号。

在 0 轴线之上，DIF 向上金叉 DEA，说明股价可能已经结束强势行情中的回落调整，即将展开又一波上涨行情。如图 4-14 中 C 点所示，DIF 向上金叉 DEA 之后，股价开始了一个波段性的上升行情。

但是，对于 0 轴线之上发生的金叉，投资者也不可一概而论。

一般来说，当 DIF 和 DEA 为正值，且运行于 0 轴线之上时，说明上涨行情已经运行了一段时间。如果这时股价处于上涨高位，那么投资者就不能有过高的获利预期，反而要谨慎对待。

二、背离的买点

股价多次创出新低，但如果 MACD 并没有随之创出新低，则行情可能即将企稳反弹。如图 4-15 所示，在 A 点，股价创出新低，MACD 同步创出新低；在 B 点，股价再次创出新低，MACD 并没有刷新低点，反而比 A 点股价略高，二者形成背离关系，投资者可寻机介入。

图 4-15　背离的买点

关于背离的注意事项，我们在前面的案例中已经讲过，这里不再赘述。实战中，当发生背离时，如果 MACD 仍保持着黏合或收敛的状态，那么其蕴含的强势程度要高于 B 点的死叉，如图 4-15 所示。

三、双金叉

在 0 轴线之下数值大致相仿的区域，DIF 第二次向上金叉 DEA，行情可能即将上涨，投资者可择机买入。MACD 双金叉应发生在数值大致相仿的区域，第二次金叉的位置不能过高，否则就是背离关系；第二次金叉的位置如果过低，则是单纯的金叉形态。

如图 4-16 所示，当 A 点第一次出现 DIF 金叉 DEA 时，股价出现一个短暂的反弹后就继续下跌；当股价到达 B 点时，DIF 再次金叉 DEA，股价经过震荡后开始一波上升行情。

实战中，发生在 0 轴线之上的双金叉，股价上涨的概率不如 0 轴线之下；在 0 轴线上下盘绕中发生的双金叉，多半会形成股价的震荡盘整，方向上更难以确定。

图 4-16　双金叉的买点

四、向上平稳持仓

当 MACD 平稳向上运行时，意味着上涨行情正处于快速发展阶段，投资者可稳定持仓。如图 4-17 所示，MACD 稳定向上运行，DIF 和 DEA 保持着持续向上发散的态势，投资者可稳定持有仓位。

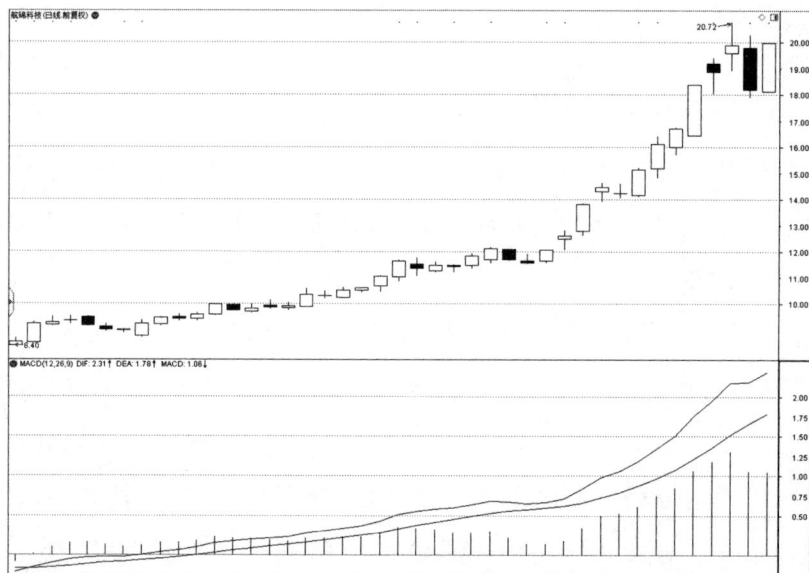

图 4-17　向上平稳运行

知识点小结

> 所有技术指标发出的提示信号，都需要你最终确认。

第四节　MACD 卖点提示信号

一、死叉的卖点

如果 MACD 在 0 轴线之上，说明个股整体趋势处于上涨行情阶段；如果 DIF 向下死叉 DEA，则股价至少会出现一个短暂的回落，此时，短线投资者可以短线减仓，但是对于在股价高位出现的 MACD 死叉，投资者要保持高度警惕，因为股价可能会迎来趋势转折。

当然，实战中 MACD 在 0 轴线之上出现死叉，大多数时候仅仅是一个股价的回调过程，并不必然都是行情的拐点。投资者需要分析和研判个股的历史涨幅、量能等情况，不能仅仅依据 MACD 的死叉就断定跌势拐点的到来。

如图 4-18 所示，A 点 DIF 和 DEA 形成死叉，股价随即开始一波回落。在这个回落的过程中，股价跌速和下跌角度都相对平稳，MACD 尚未触及 0 轴线就开始回升。通过对这些技术细节以及该股历史涨幅不大等因素进行综合分析，投资者可以判断出，A 点死叉带来的只是股价的一个正常回调。

图 4-18　死叉的卖点

当行情运行到 B 点时，股价已经出现了较大的升幅，这时 MACD 再一次出现死叉，就需要投资者高度警惕并及时减仓了。

在个股下跌趋势运行期间，当 MACD 在 0 轴线之下时，投资者要重点关注 MACD 死叉出现的位置。如果离 0 轴线很近，那么应当及时减仓；如果这个死叉和 0 轴线有一段距离，同时股价也经过了长期大幅度的下跌，那么接下来投资者可能面对的是股价转为升势之前的最后一跌。

如图 4-19 所示，该股在下跌过程中出现一波小反弹，之后再次下跌，A 点 MACD 形成死叉，位置在 0 轴线附近。之后，股价继续下跌，MACD 向下发散并下行较大的距离后，才渐渐收敛。

MACD 刚从 0 轴线上方下行而来，只是随着股价的反弹出现小幅上行并接近 0 轴线，这就意味着 MACD 不具有上穿 0 轴线的强度。弱势之下，A 点再次出现死叉，只能增大弱势的程度，而不可能反之。实战中如果出现类似 A 点的死叉，多数情况下都是继续减仓的信号。

图 4-19　0 轴线之下的死叉

二、背离的卖点

股价创出新高，但 MACD 并未配合创出新高，则行情可能出现回落。如图 4-20 所示，股价在 A 点创出新高，而 MACD 指标不但未能创出新高，还呈现出下降的态势。对于这种情况，投资者首先应该提高戒备之心，小心跌势的到来，同时可综合均线等指标确定股价升势转折的位置。

三、双死叉的卖点

在 0 轴线之上，DIF 连续两次向下死叉 DEA，如果个股股价处于大幅上涨的高位，极有可能是行情扭转的信号，投资者应当逢高卖出。

如图 4-21 所示，在 A 点，MACD 出现第一次死叉，股价回档后继续上升并创出新高，而 MACD 保持着横向移动的态势。此时，投资者必须高度警惕，一旦股价出现上涨乏力的迹象，就是坚决清仓之时。在 B 点，MACD 出现第二次死叉，股价开始迅速回落，并由此构筑了顶部区域。

图 4-20　背离的卖点

图 4-21　双死叉的卖点

四、向下平稳运行

当 MACD 平稳向下运行时，意味着下跌行情正处于快速发展阶段，投资者应空仓观望，不要入场抢反弹。

如图 4-22 所示，DIF 和 DEA 保持着向下发散的态势，MACD 一直保持着顺畅的下跌态势，说明整体下跌趋势方兴未艾。尽管跌势中途股价一度出现横向盘整或反弹，但是 MACD 在这种态势下，投资者最好选择空仓观望。

图 4-22　向下平稳运行

知识点小结

在实战中，对技术指标的不同研究深度会产生不同的结果：有人用它赚了钱，有人却亏了钱。

第五章

K 线看盘技巧

第一节　K 线看盘基础

K 线是由日本德川幕府时代的米市商人本间宗久发明的，最初是用来记录米市行情与分析价格波动的一种方法，而后被引入股市及期货市场。

1990 年，美国人史蒂夫·尼森（Steve Nison）以《日本蜡烛图技术》（*Japanese Candlestick Charting Techniques*）一书向西方金融界展示了蜡烛图、三线反转图、砖块图、折线图等日本证券技术分析手段，在西方金融界引起了轰动，史蒂夫·尼森也因此被西方金融界誉为"K 线分析之父"。

一、K 线构成

如第一章所介绍的，K 线包括四个部分：开盘价、收盘价、最高价、最低价。我们通常用长方形的实体来标示开盘价和收盘价，用一根向上和向下的细线（即上影线和下影线）来标示最高价和最低价。

实战中，K 线形态的变化较多，既有不带上下影线、只有实体部分的 K 线，也有上下影线极长而实体极小的 K 线，等等。

二、K 线分类

如果以收盘价格涨跌进行划分，那么 K 线可以分为三大类，即阳 K 线、阴 K 线、平线。收盘价高于开盘价的 K 线为阳 K 线，收盘价低于开盘价的 K 线为阴 K 线，收盘价与开盘价一致的 K 线为平线。

如果以 K 线数量进行划分，那么 K 线分析方法可以分为单 K 线分析、K 线组合分析、K 线形态分析，这三种 K 线分析类别在实战中应用最为广泛，也最具代表性。

1. 单 K 线

单根 K 线是 K 线技术分析的基本元素，有了单根 K 线才能谈到 K 线组合、K 线形态。

依据 K 线不同的构成形态，我们可以将其分为光头光脚阳线、光头光脚阴线、带影线的阳线、带影线的阴线、十字星、T 字线、倒 T 字线、锤头线、倒锤头线、一字线、螺旋桨等。

上述列举的是一些典型、常见的单 K 线，实战中 K 线形态的变化极为复杂，但它们多半是从这些典型的 K 线变形而来的，其技术含义较为接近。

例如，一些上下影线较长且具有极小实体的 K 线和十字线的技术含义并无太大区别。投资者学 K 线学的是技术含义，而不是形态上的细微差异。

投资者在分析单根 K 线本身变化的同时，也应该分析该 K 线出现的趋势，因为同样的 K 线形态在不同的趋势中所蕴含的技术意义可能截然不同。

2. K 线组合

由两根或多根 K 线进行组合，即构成 K 线组合。K 线组合的形式较多，在弥补投资者使用单根 K 线分析行情变化容易出现误判的缺陷上，K 线组合能够起到良好的作用。

单根 K 线的优点是反应灵敏，缺点是稳定性欠佳。K 线组合则是单根 K 线的必要补充形式。实战中，投资者应以单根 K 线确定分析方向，而以 K 线组合验证方向的正确性。

3. K 线形态

K 线形态是较长时间内由单根 K 线、K 线组合汇聚而成的，能够显示出价格长时间运行趋势的一种 K 线分析类别。

K 线形态在对行情反应的灵敏度上远远不及单根 K 线和 K 线组合，但是其在稳定性上的优势则不是上述二者所能比拟的。K 线形态可以用来判断行情趋势，K 线形态一旦形成趋势方向，往往短时间内难以发生改变。

✏️ **知识点小结**

K 线是股票看盘最重要的内容之一。

第二节 引发股价震荡的单 K 线

一、光头光脚阳线

光头光脚阳线的开盘价即是最低价，收盘价即是最高价。其按实体大小可分为大阳线、中阳线、小阳线等，如图 5-1 所示。

大阳线 中阳线 小阳线

图 5-1 光头光脚阳线

光头光脚阳线的最强表现形式是涨停板大阳线或涨停板一字线。

涨停板光头光脚大阳线是指个股的开盘价是当日最低价，而收盘价就是当日最高价，从而形成了一根光头光脚大阳线形态。如图 5-2 所示，该股开盘价即为当日最低价，收盘价也就是当日最高价——涨停板。

即使光头光脚大阳线未达到涨停板涨幅，也显示出多方的强势。多数情况下，当这种大阳线出现时，都会有相应的较大成交量的配合。但是，如果成交量过度放大（达到历史高量值），则要注意防范股价回落的风险。

当光头光脚大阳线出现在股价大幅上涨后的高位时，投资者需要注意股价接下来可能会发生逆转走势。当光头光脚大阳线出现在股价大幅或长期下跌的低点区域时，即使不是趋势启动点，也是股价震荡筑底的标志。

实战中，光头光脚的中阳线和小阳线相对较为少见，多数中小 K 线会带有幅度不等的影线。在技术意义上，这些 K 线并无太大差别。

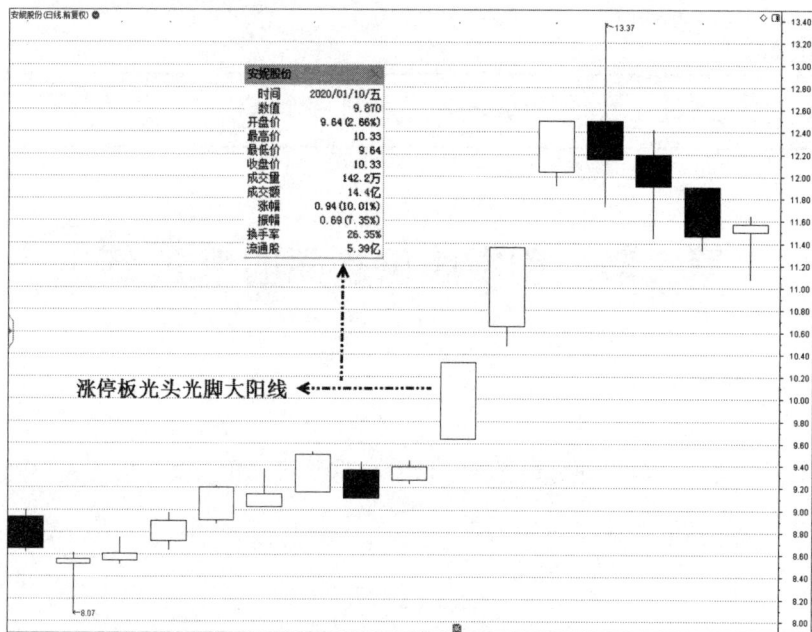

图 5-2　涨停板大阳线

二、光头光脚阴线

光头光脚阴线的开盘价即是最高价，收盘价即是最低价。其按 K 线实体大小可分为大阴线、中阴线、小阴线等，如图 5-3 所示。

大阴线　　　中阴线　　　小阴线

图 5-3　光头光脚阴线

这种 K 线最弱的表现形式是跌停板大阴线或跌停板一字线。

跌停板光头光脚大阴线是指个股的开盘价是当日最高价，而收盘价就是当日最低价，从而形成了一根光头光脚大阴线形态。如图 5-4 所示，该股开盘价即为当日最高价，收盘价也就是当日最低价——跌停板。

即使光头光脚大阴线未达到跌停板跌幅,也显示出了空方的强势。与大阳线不同的是,当这种大阴线出现时,未必会有较大的成交量。倘若成交量达到历史高值时,说明有大量的恐慌盘参与其中,后续股价未必会出现连续大跌,反而可能走出反弹走势。

当光头光脚大阴线出现在股价大幅上涨后的高位时,投资者需要注意控制仓位,防范股价可能发生转折。当光头光脚大阴线出现在股价大幅或长期下跌的低位时,投资者应注意不要跟风杀跌,股价可能迎来至少一波有力度的反弹行情。

实战中,光头光脚的中阴线和小阴线也相对较为少见,多数中小K线会带有幅度不等的影线。在技术意义上,这些K线并无太大差别。

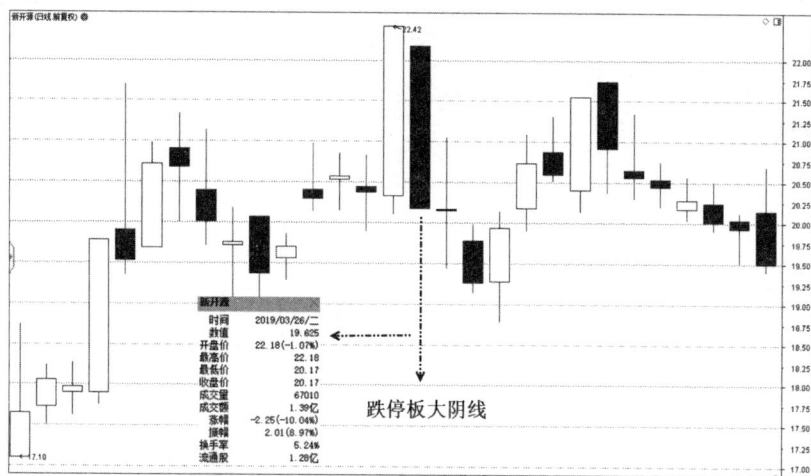

图 5-4 跌停板大阴线

三、带影线的阳线和阴线

影线是指上影线和下影线。

当股价当日的最高价不是开盘价或收盘价时,就会产生上影线,我们通常用一根向上的线柱来表示。

当股价当日的最低价不是开盘价或收盘价时,就会产生下影线,我们通常用一根向下的线柱来表示。

实战中,大部分K线或多或少都会带有上影线或下影线,而光头光脚的K线则相对较少。

带影线的阳线是指收盘价高于开盘价,K线实体部分为阳K线,但当日的最高价或最低价在 K 线实体之外。其按实体大小和上下影线的长短可分为多种类型，比如长上影阳线、长下影阳线等。

带影线的阴线是指收盘价低于开盘价，K 线实体部分为阴 K 线，但当日的最高价或最低价在 K 线实体之外。其按实体大小和上下影线的长短可分为多种类型，比如长上影阴线、长下影阴线等。

通过带影线的阳线或阴线的实体部分的大小，投资者可以确定多方或空方所占优势的大小，而影线的存在可以显示出买卖双方争夺的激烈程度。

如图 5-5 所示，A 点收出一根上影线较长、下影线较短的阳线。图 5-5 中左侧显示的是这根 K 线当日的分时走势图，该股在当日交易时间内一直处于跌势的震荡过程中，当接近尾盘阶段时，股价突然一跃而起。

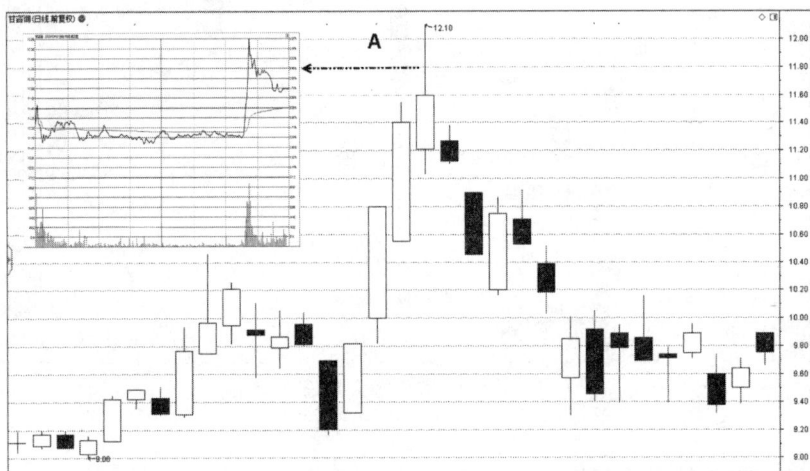

图 5-5 带影线的阳线

股价的突然拉升和随后的冲高回落形成了下影线和长长的上影线。看上去很平常的一根 K 线，其实隐藏着盘中的跌宕起伏。

带影线的阳线或阴线，其实体部分只是最终的交易结果，而影线藏有股价真实的"路线图"。投资者不要漠视这些影线，因为有时这些影线当中就藏着主力资金的秘密。

四、十字线

十字线是指盘中分别出现过一定幅度的上涨和下跌，但在交易结束时，收盘价回到开盘价的价位上。十字线意味着多空双方盘中有过博弈的过程，但最终双方都未能扩展自己的优势，多空局面更趋于平衡。

　　实战中，还有一种技术形态与十字线很接近，其技术研判意义也大致相同，这就是十字星。十字星与十字线的区别在于，前者的收盘价与开盘价并不一致，存在极小的实体，如图 5-6 所示。

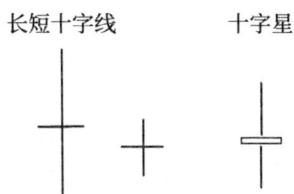

图 5-6　十字线与十字星

　　十字线在实战中具有重要的分析意义，虽然收盘价与开盘价一致，看上去股价似乎波澜不惊，但十字线具有上影线和下影线，也就意味着多空双方盘中必然有一番厮杀，影线越长，双方的争夺也就越激烈。

　　如图 5-7 所示，A 点报收一根上下影线都极长的十字线，该图左侧是这根十字线当天的分时走势。该股开盘后下跌超过 4%，而之后反弹上涨也接近 4%，这种震荡幅度不可谓不大，虽然最终收盘价回到开盘价价位上，但如此大幅折返，势必会对持仓者带来不利的影响。

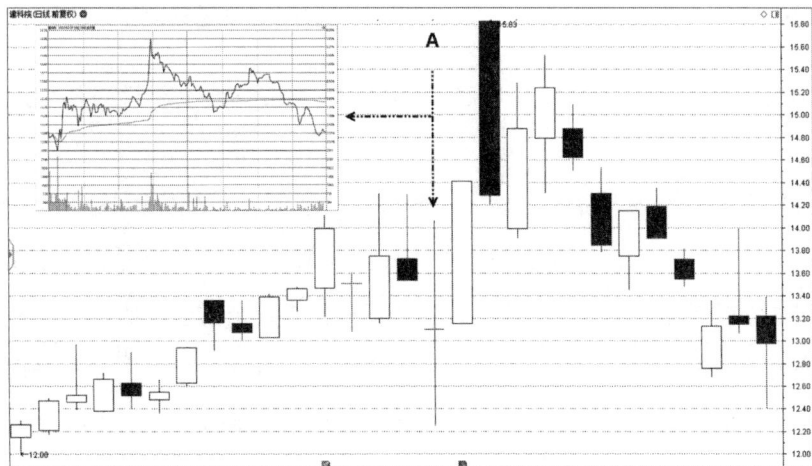

图 5-7　十字线案例分析

　　十字线和十字星最根本的形态含义就是盘中震荡。投资者在对这两种 K 线形态进行分析时，首先要看十字线出现的位置。例如，股价高位出现十字线，其震荡的本义说明一直做多的资金出现分化，导致多空分歧增大，否则不会出现十字线这种形态，此时投资者就要小心主力减仓。股价低位出现十字线，说明一直隐藏的买入资金不甘寂寞，终于开始"登台演出"，股价的趋势可能由此改变。

五、T字线

T字线是指盘中空方有打压动作，但收盘前多方收复失地，收盘价回到开盘价的价位，如图5-8所示。

股价大幅下跌或大幅上涨后出现T字线，预示着将要面临趋势转折。如图5-9所示，该股连续上涨后，A点报收一根T字线。当日该股以涨停板价开盘，盘中涨停板被打开，出现了近3%的回落。虽然收盘时该股股价仍然涨停，但T字线下影线的存在说明盘中多方筹码已经出现松动迹象，持仓的投资者应做好减仓的准备。

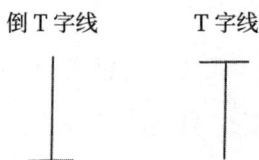

图 5-8　T字线与倒 T 字线

六、倒 T 字线

倒 T 字线是指盘中多方发起过上攻，但收盘前又被空方重新打回开盘位置，如图5-9所示。

股价大幅下跌或大幅上涨后出现倒 T 字线，可能面临着趋势转折。如图5-9所示，该股出现急速下跌后，于 B 点开盘跌停，但随后出现超过3%的反弹。虽然收盘前股价又被打回到跌停板价位，但上影线的存在说明盘中做多资金已经开始组织反击。

在跌势中，倒 T 字线发出的止跌信号，其准确性不如 T 字线。甚至有些时候，倒 T 字线的出现仅仅是一个下跌中继形态，投资者需要借助其他技术分析手段综合研判。

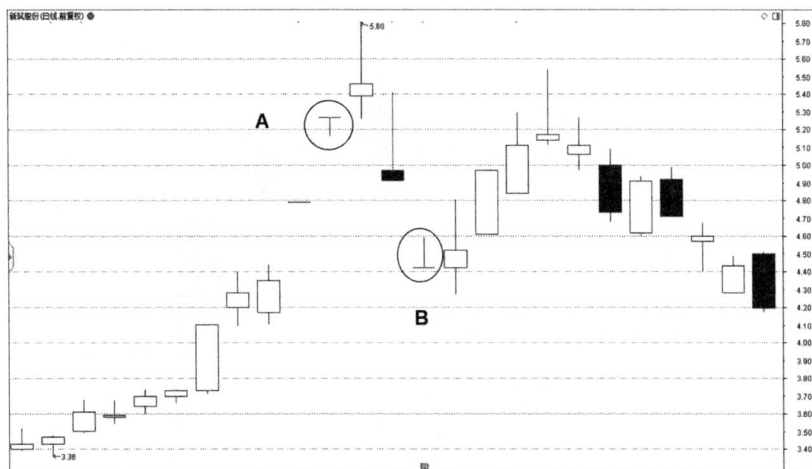

图 5-9　T 字线与倒 T 字线案例

七、锤头线

锤头线是指开盘价和收盘价相差不大，所以 K 线实体很小，但是有极长的下影线的 K 线。实战中，锤头线的变形形态会有极短的上影线，因其技术研判意义与锤头线相同，所以也可以归为锤头线形态。如图 5-10 所示，锤头线的实体如果是阳线，则为阳锤头线；锤头线的实体如果是阴线，则为阴锤头线。这两种形态的技术意义相差不大，阳锤头线的见底信号略强于阴锤头线。

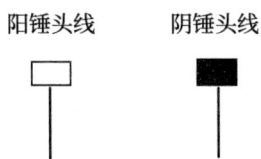

图 5-10　锤头线

锤头线形态的出现说明盘中有过大幅下跌，多方反攻收复失地，但锤头线极小的实体显示多方并不具有超强的能量。锤头线如果出现在大涨之后，多为见顶信号，如图 5-11 所示，该股连续上涨后于 A 点出现锤头线，之后股价冲高后转入跌势。

如果锤头线出现在大跌之后，则多是反弹信号。个股如果某日大幅跳空高开后，出现阴锤头线，则称之为吊颈线，见顶的可能性较高。

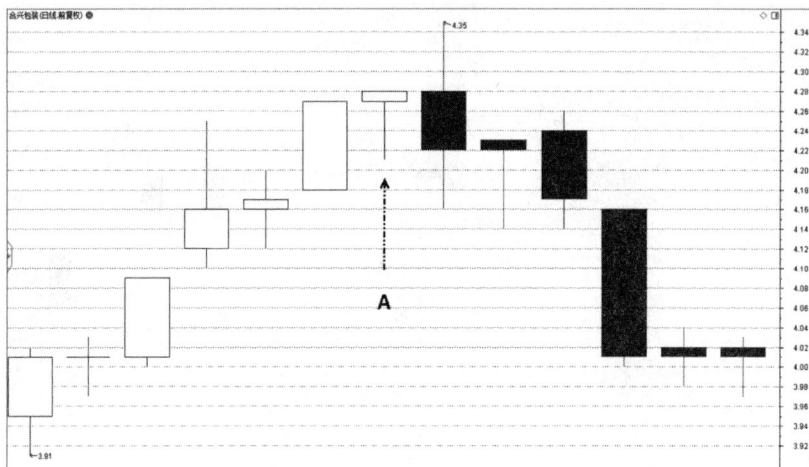

图 5-11　锤头线案例

八、倒锤头线

倒锤头线是指开盘价和收盘价相差不大，K 线实体很小，但有极长的上影线的 K 线形态，如图 5-12 所示。

倒锤头线出现在股价高位，为见顶信号。当日高开形成的倒锤头线被称为射击之星。倒锤头线如果出现在底部区域，则有见底的可能，但见底信号会弱于锤头线。

如图 5-12 所示，该股一波下跌后，股价低位开始震荡探底，A 点报收一根倒锤头线，之后股价开始反弹。这种类型的倒锤头线带有上涨试盘的含义，或为主力资金在拉升前最后洗盘的行为。

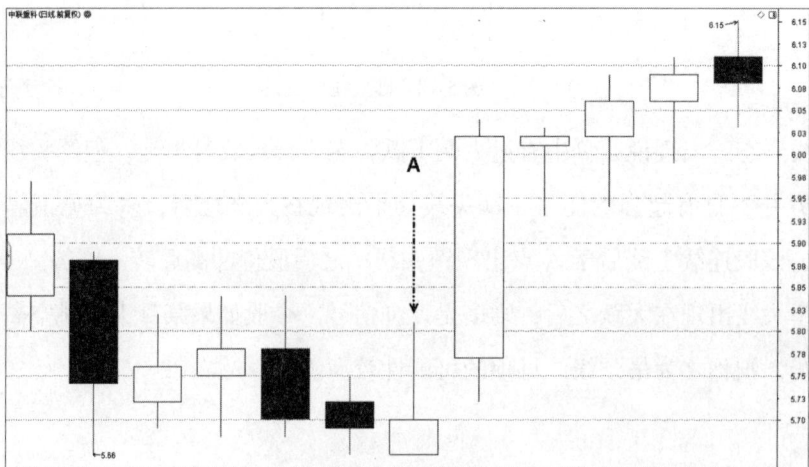

图 5-12　倒锤头线案例

九、一字线

一字线是指开盘即涨停或开盘即跌停所形成的K线形态。全天交易只在一个价格上，是个股的一种极端走势。

一字线的方向性极其明确，在缩量的情况下能够持续一段时间。当成交量出现放大时，一字线会被打破，股价就此开始大幅震荡的可能性很大。

如图5-13所示，在A点，该股连续出现四根一字线涨停板，至B点时，成交量放大，虽然股价最终依然收在涨停板，但随着一字线的消失，股价开始进入震荡走势。

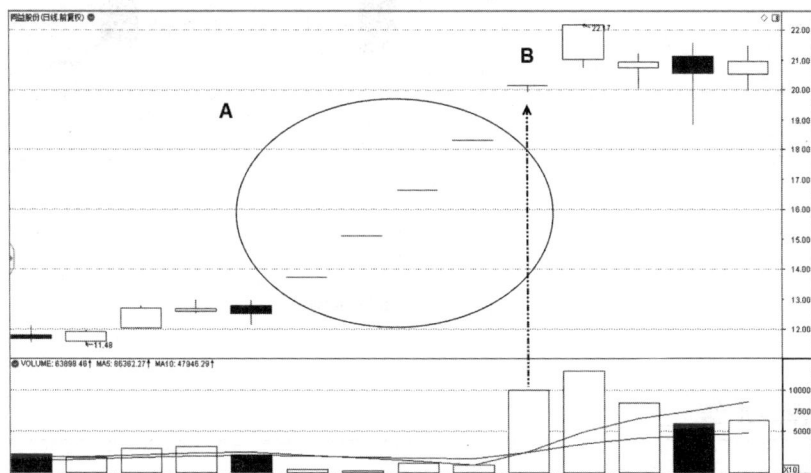

图 5-13　一字线

十、螺旋桨

螺旋桨是指实体部分很小，却同时拥有较长上下影线的一种K线形态，如图5-14所示。这种形态的出现往往喻示着原有的趋势可能发生方向性的改变。

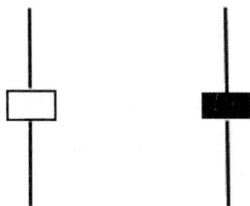

图 5-14　螺旋桨

如图 5-15 所示，在股价涨升的高位，A 点出现阴螺旋桨形态，随后股价发生震荡下跌。螺旋桨形态的出现意味着股价可能将要告别单向运行，进入大幅震荡或趋向转折阶段。当投资者看到这种 K 线时，就应明白股价原有的运行节奏将要被打破，投资者可以提前做好相应的准备。

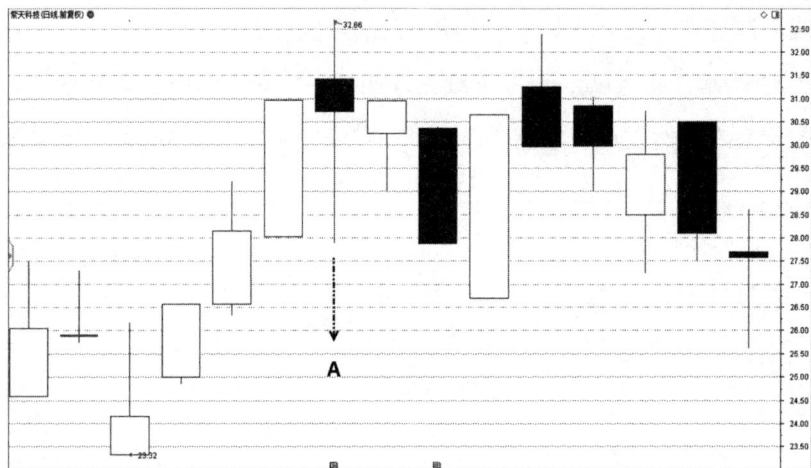

图 5-15　螺旋桨案例

✎ **知识点小结**

一根 K 线，有时可能会预示大势的转变。

第三节　促发交易的 K 线组合

一、看涨 K 线组合

1. 早晨之星

如图 5-16 所示，早晨之星由三根 K 线组合而成，第一根 K 线是中阴线或大阴线，第二根 K 线是小阳线或小阴线，第三根是中阳线或大阳线。第三根 K 线的阳线实体切入第一根阴线的实体之中，切入的幅度越大，信号越明确。在一轮大跌之后，如果出现早晨之星，则见底反弹的概率极高。

早晨之星的实战判断要点如下。

- 在一根大阴线或中阴线出现之后，第二根小阳线、小阴线或十字星具有跌势停歇的意义。
- 通常来说，第二根 K 线具有较长影线更佳。
- 第三根 K 线的阳线实体切入或吞没第一根阴线的实体，显示出强烈的逆转性。
- 在大幅下跌之后出现早晨之星，其见底的技术含义更为可信。

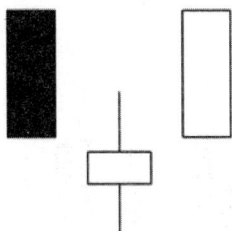

图 5-16　早晨之星

如图 5-17 所示，某股在一波下跌趋势中，A 点的第一根大阴线无疑会给市场带来恐慌，一部分持仓者会不计成本地抛售手中的筹码。

第二根十字线显示恐慌性抛售仍在延续，但随着抛售程度的降低，以及有资金开始吸纳，股价最终止住跌势，以平盘报收。这根 K 线的下影线越长，预示着多方反攻的力度越强。

第三根大阳线的出现，一改之前的股价颓势，给予投资者股价趋势可能发生转折的希望。

早晨之星 K 线组合的技术要义，其实就是观测股价惯性下跌过程中，有无发生转折的可能性。如图 5-17 所示，A 点第二根小阳线不再延续下跌，而第三根 K 线向上发起攻击，这种逆转性是很明显的。

但是投资者在实战中也要防备主力制造的多头陷阱，以免被哄骗入场。比较容易出现骗线的就在第三根 K 线上，我们要着重关注这根 K 线是否温和放量。换句话说，就是量能不能出现骤增的情况，当然也不能过于萎缩，至少相比第一根或第二根 K 线有相应的增加。

在实战中，早晨之星出现的频率非常高，但是多数和经典图谱有所差异。投资者不必按图索骥，只要掌握了早晨之星的具体含义，便可具体分析、分别对待。

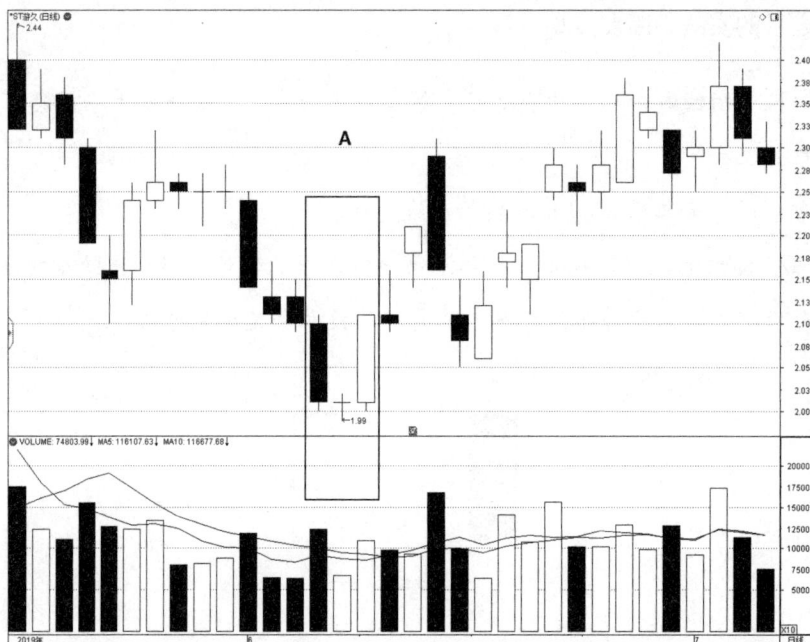

图 5-17 早晨之星案例

2. 多头吞噬

如图 5-18 所示，多头吞噬由两根 K 线构成，第一根 K 线为阴线，第二根 K 线为较大的阳线，后一根阳 K 线完全将前一根阴 K 线包容在自己的实体之内，显示出多方强劲的反攻势头。

多头吞噬的实战判断要点如下。

- 在一根中小阴线之后，第二根较大的阳线低价开盘、高价收盘，将第一根阴线实体、影线完全包容。
- 第二根较大的阳线具有多方强势反攻的意义。
- 经过大幅下跌过程之后，出现多头吞噬 K 线组合，具有趋势逆转的含义。

图 5-18 多头吞噬

吞噬或包容的幅度越大，显示多方的攻势就越强烈。如果当天的阳线实体能够吞噬前面好几天的 K 线实体，那么就表明反转的信号更加强烈；同时，第二根阳线的开盘价距离前一根 K 线的收盘价越远，则发生反转的可能性就越大。

如图 5-19 所示，在一波下跌过程中，A 点第一根阴线似乎预示着下跌仍将继续，其萎缩的成交量显示出几乎无人交易的市场的悲凉与冷清。

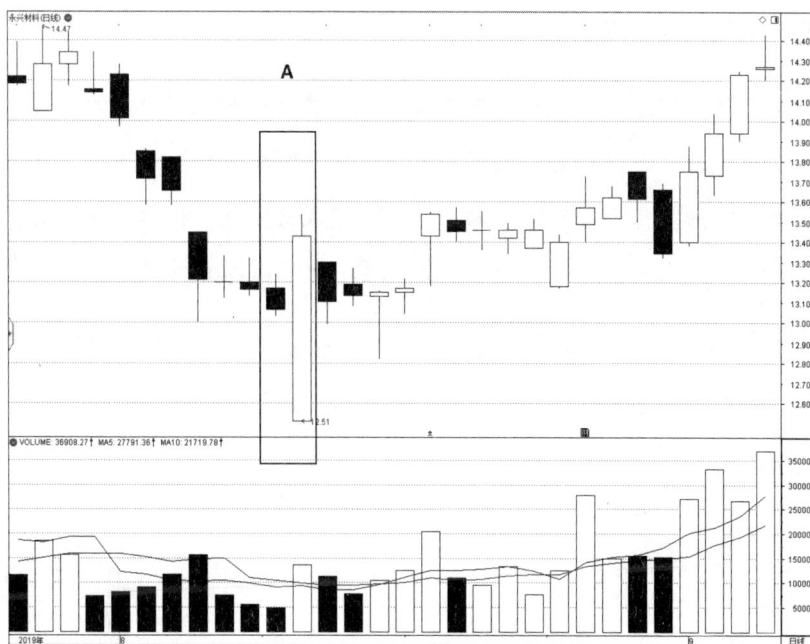

图 5-19　多头吞噬案例

但是第二天股价顺势大幅低开后，却突然强势收涨一根巨大阳线，将多日的 K 线完全包容。随后，股价经过震荡后开始反弹。

多头吞噬具有一定的突然性，不会有太多的市场资金积极参与，所以，只要有多头吞噬出现，当天的成交量一般不会很大。如果多头吞噬出现当天就放出较大的成交量，则后面调整的概率就会比较大。

3. 红三兵

如图 5-20 所示，红三兵由三根小阳线构成。如果红三兵出现在个股底部区域或升势中的盘整区域，并有相应成交量的配合，则往往是上涨行情启动的先兆。

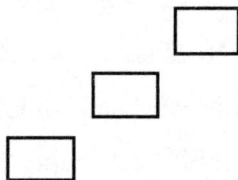

图 5-20　红三兵

红三兵的实战判断要点如下。

- 红三兵形态出现在个股完成底部构筑之后，其提示起涨的可信度较高，而在下跌过程中出现时，则往往会成为下跌中继形态，即反弹后继续下跌。
- 红三兵形态的三根小阳线依次向上，下方的成交量也应同步依次放大。在之后的行情运行中，成交量应表现为回调时缩量、上涨时增量的良性持续发展。

如图 5-21 所示，在一波下跌过程中，A 点在出现三根小阳线的红三兵图形后，股价略有调整，由此摆脱了下跌趋势，进入上涨趋势的运行之中。

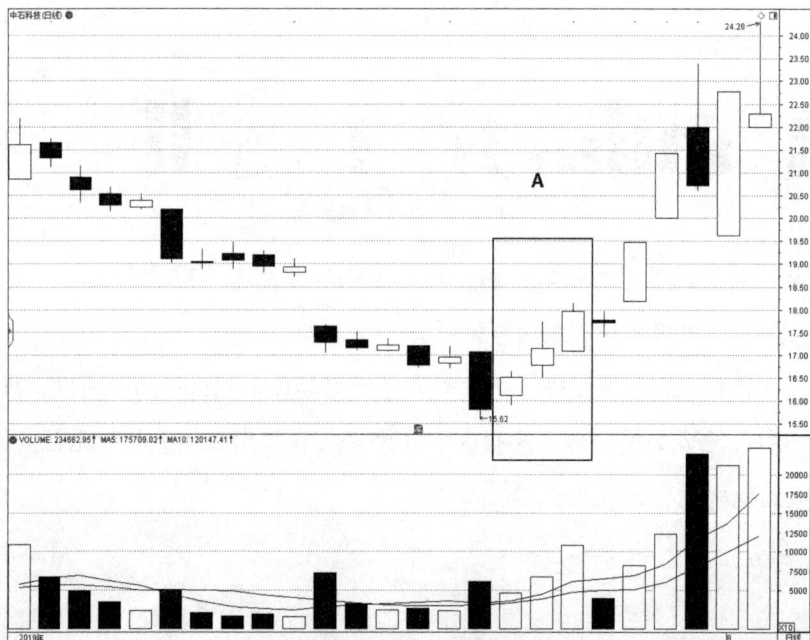

图 5-21　红三兵案例

在个股的底部区域或盘整阶段出现红三兵，意味着蛰伏的多方已有启动迹象。同时，投资者可以观察，在股价下跌过程和红三兵出现后，成交量是否存在一个由缩减到逐步放大的现象。如果存在这种现象，那么随着股价继续延续升势、量能渐次增大，趋势的扭转就会逐渐显现出来。

红三兵K线组合是多方进行全面攻击前的试探性上涨。在实战中，如果这个形态出现在长期大幅下跌之后，往往会成为一轮上涨趋势的启动点。

二、看跌K线组合

1. 射击之星

如图5-22所示，射击之星有时候会被认为是一种单根K线的分析形式，但是结合实战中的案例来看，其作为一种K线组合形式似乎更为恰当。在股价运行的高位，如果在一根中阳线或大阳线之后，出现实体极小的长上影K线，则往往是极为强烈的看空信号。

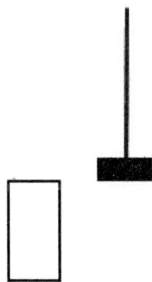

图5-22　射击之星

射击之星的实战判断要点如下。

- 上影线长度为实体长度的两倍以上，上影线越长，则发生反转的可能性就越大。
- K线实体部分很小，或为十字线。
- 阴K线或阳K线皆可。
- 没有下影线或者下影线很短。

射击之星当天的成交量越大，则行情见顶的概率就越大。

如图5-23中A点所示，该股在出现一根大阳线过后，于A点报收射击之星，之后股价转入下跌。

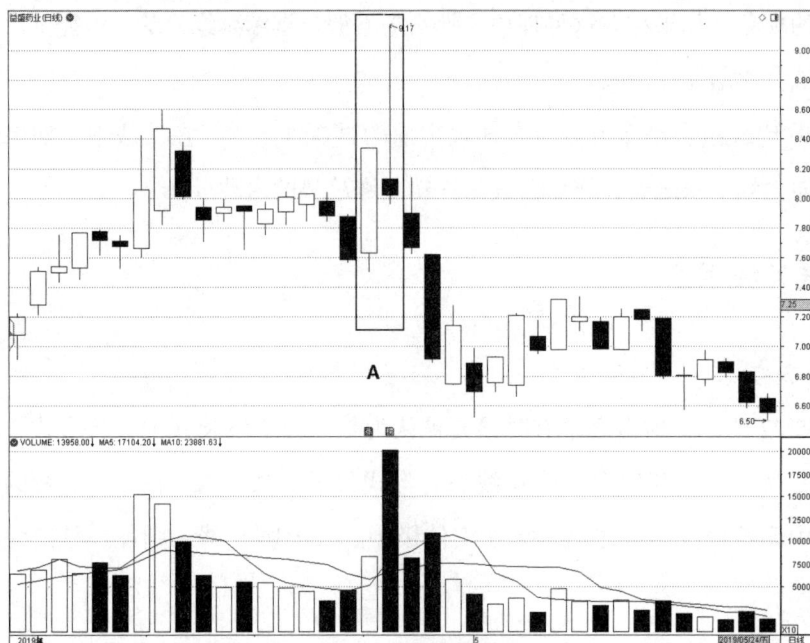

图 5-23　射击之星案例

射击之星的盘中含义就在于升势的停顿和突然性转折。如果射击之星出现在长期大幅上涨的股价高位，则极有可能转入行情重要的顶部区域。

一般而言，随着射击之星的出现，即便不是股价顶部区域，股价由此出现较大回调幅度的可能性也非常大。

2. 穿头破脚

如图 5-24 所示，穿头破脚是指第一根 K 线为中大阳线，次日，一根高开的大阴线将前一天阳线的实体部分完全包容在大阴线的实体之内。

图 5-24　穿头破脚

穿头破脚的实战判断要点如下：

- 上涨趋势已维持较长时间；
- 前一根阳线出现在上涨的高位区域；
- 后一根阴线的开盘价和收盘价完全覆盖前一根阳线的开盘价与收盘价；
- 后一根阴线的实体越大，则上涨趋势发生转折的信号就越强烈。

如图 5-25 中 A 点所示，在股价经过一波连续大幅涨升后，出现穿头破脚的 K 线组合，股价也随之展开了一波下跌过程。

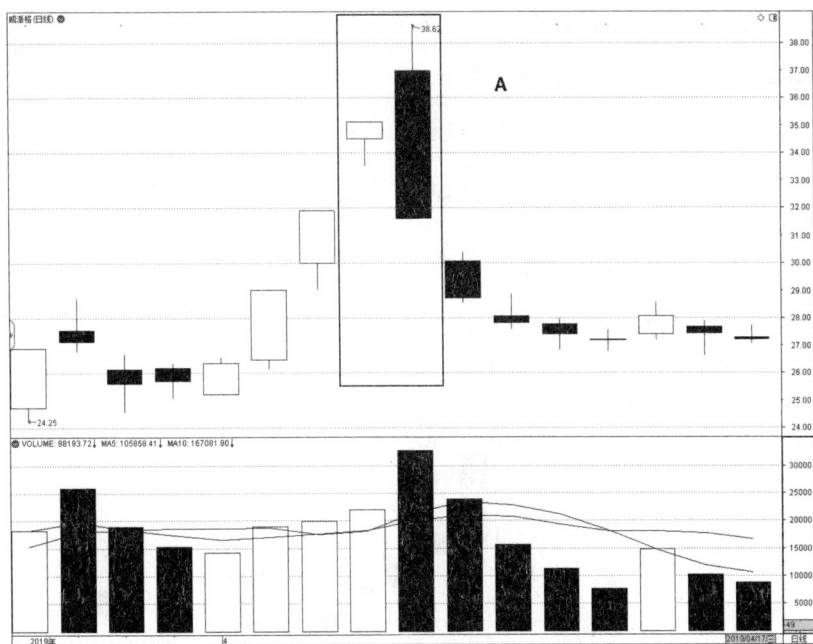

图 5-25　穿头破脚案例

实战中，如果穿头破脚当天的成交量巨大，则投资者见到重要顶部的可能性就会大增。这种形态若在股价低价区和中价区出现，则有主力骗线的可能；但若在高价区出现，则代表资金不计成本、大肆流出。

3. 乌云盖顶

如图 5-26 所示，乌云盖顶的形态构成：第一根 K 线为大阳线或中阳线，是对原上涨趋势的扩展；第二根 K 线的开盘价远高于前一根 K 线的最高价，但收盘价却跌入前一根 K 线实体中。第二根 K 线收盘价的位置越低，则上涨趋势发生转折的信号越强。

图 5-26　乌云盖顶

乌云盖顶的实战判断要点如下：

- 上涨趋势持续，已有较大升幅或上涨较长时间；
- 第一根较大阳线出现在股价上涨的高位区域；
- 第二根 K 线的收盘价所处的位置深入一根较大阳线的实体中；
- 第二根阴线的开盘价越高，则出现拐点的概率越高；
- 第一根阳线和第二根阴线的实体越大，则市场趋势产生拐点的信号越强烈。

如图 5-27 中 A 点所示，在一根大阳线出现的次日，该股股价高开低走并最终报收一根中大阴线，收盘价和最低价深入前一根阳线实体之中。这种 K 线组合所体现的是一种反转形态，对于多方具有致命的打击。

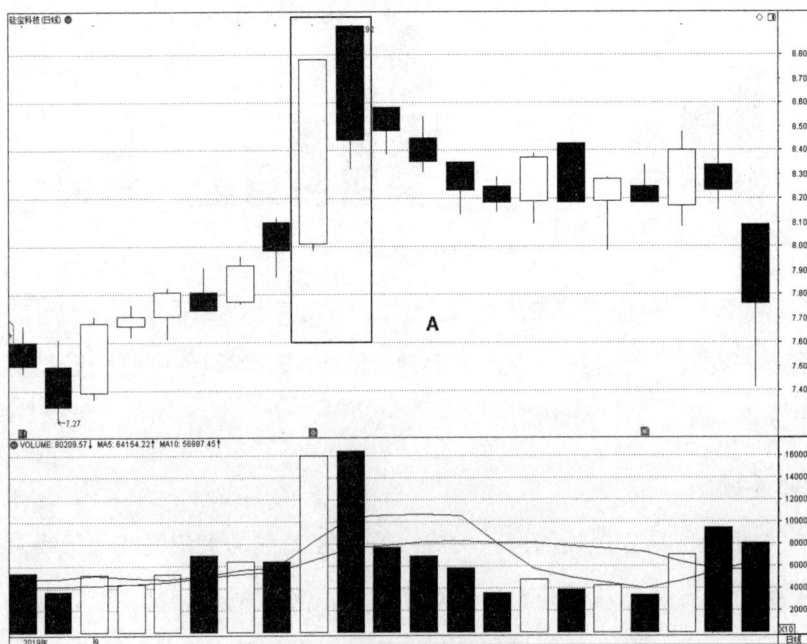

图 5-27　乌云盖顶案例

乌云盖顶这种K线组合多出现在重要的高点区域，具有极大的杀伤力。通常来说，如果投资者在多数情况下见到这种K线组合后及时出局，往往就能够回避一段较大幅度的下跌。

在图5-27中，乌云盖顶出现后股价下跌，但很快又出现一个横向盘整，这是一种典型的诱多走势，也是主力资金套杀散户的一种常见手法。

✎ 知识点小结

> K线组合的稳定性优于单根K线，灵敏性优于K线形态。

第四节　K线形态的顶底辨别

一、底部买入形态

1.尖底

尖底是指股价以极为陡峭的角度快速下跌，价格达到某一低点时，随着恐慌盘的大量涌出，空方的力量得到了较大程度的释放，同时个股估值的优势得以显现，从而吸引多方入场抢筹，于是股价转而快速上涨。因为股价的快速下跌和快速上升，其形态很像英文字母V，故也称V形底。

尖底的理论升幅，即从下跌起点（尖底的颈线位）到尖底最低点之间的距离，也就是尖底突破颈线位后，未来可能会达到的上涨幅度，如图5-28所示。

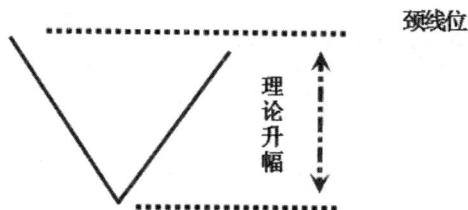

图5-28　尖底

如图5-29所示，该股出现一波快速下跌、成交量极度萎缩的状况。在出现一根大阴线之后，股价迅速转入升势，并在突破颈线位后，迎来了一波上涨行情。尖底是股价的一次快速探底过程，时间大多极为短促，中间几乎没有盘整过程。但当股价突破颈线位时，有些股价会出现反复确认的过程。

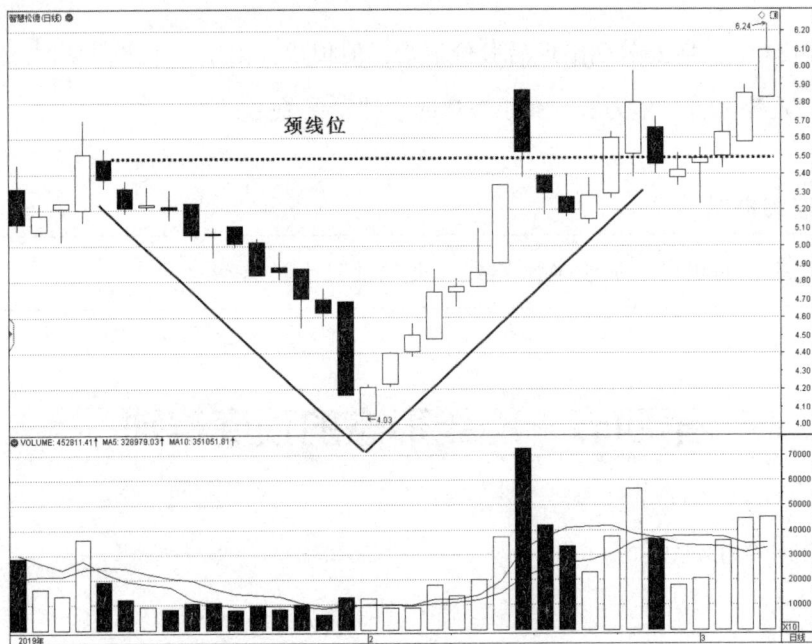

图 5-29　尖底案例

投资者买入尖底形态的股票，就意味着高收益和高风险共存。因为尖底形成的时间极为短暂，投资者想要获得最高收益，需要有相应的看盘技术和勇气，并能够及时做出决断。

2. 双底

如图 5-30 所示，双底也称为 W 底，是指在下降趋势中，股价跌到某一低点后开始反弹，反弹到相对高位时，股价遭到空头打压而下跌，股价在前低点附近企稳，随后股价再度开始反弹。在反弹过程中，如果上涨突破最近高点水平线位置（即颈线位），并得到支撑、确认突破有效，则双底成立（有些个股的股价突破后没有回抽）。

图 5-30　双底

双底的理论升幅，即从下跌的低点到最近高点（尖底的颈线位）之间的距离，也就是双底突破颈线位后，未来可能会达到的上涨幅度。

双底是传统理论中经典的见底信号。在双底形成过程中，成交量一般不会有较明显的变化，通常表现为在上涨时温和放量，下跌时稍有萎缩。

如图 5-31 所示，股价在经过大幅下跌创出低点后反弹，在反弹途中随即遭到空头打压后再次下跌。但是空头经过前期较长时间的下跌，做空力量基本消耗殆尽，下跌已是强弩之末，而这时积蓄已久的多头力量终于爆发。

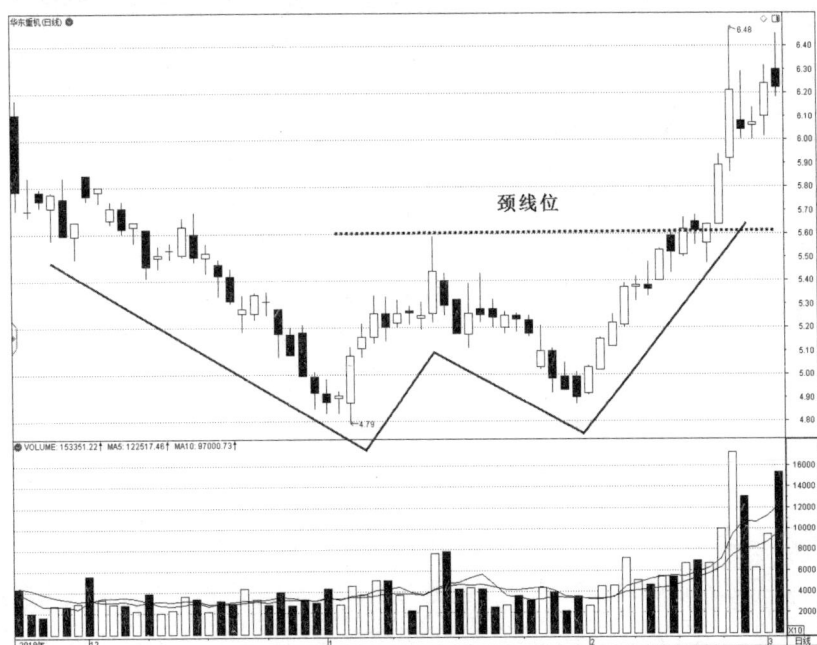

图 5-31 双底案例

股价第二次探底回升并突破最近高点（颈线位）后，随着成交量的进一步放大，一轮上涨行情已势不可当。

实战中，双底的两个低点都在相近的价位上。通常来说，右侧低点（第二底）高于左侧低点（第一底）比较能够显示多方占优的情况。投资者可以尝试建仓，第二次较为理想的买点应是股价在颈线位附近盘整并得到支撑之后。

3. 头肩底

头肩底是指在下跌趋势中股价下跌至某一价位时，受到买入资金的支撑，从而迎来了一次超跌反弹，这里将形成头肩底形态中的"左肩"。

随着反弹的结束，股价再次大跌，跌破前期低点并创出下跌以来的新低，随着股价刷新低点，抛盘得到了很大程度的释放，同时股价的估值优势得以渐渐显现，于是反弹应运而生。

当股价回升到左肩的反弹高点附近时，还处于恐慌中的持股者纷纷逢高出逃，股价出现第三次回落，很多持仓者认为股价仍将创出新低，于是不计成本开始抛售。当股价跌至左肩低点附近时，一波强劲的反弹突然爆发，于是形成了头肩底形态中的"右肩"。

当此波上涨突破了左肩和右肩高点之间的颈线位时，整个头肩底形态由此确立。头肩底形态一旦确立，其理论上的升幅就是最低点至颈线位之间的距离，如图 5-32 所示。

图 5-32　头肩底

如图 5-33 所示，该股出现了三次探底，形成了头肩底形态，之后股价进入上涨趋势中。

头肩底形态是对信心不足的持股者严酷的考验。不少投资者在股价长期下跌过程中一直持仓，但是就在股票构筑头肩底形态的过程中，却被股价的再三下跌所迷惑，认为股价还将面临另一个大幅下跌的过程，于是在大升势即将到来前卖出廉价筹码。

头肩底颈线位的突破必须有相应成交量的配合，否则可能是假的突破，但如果在突破后成交量逐渐放大亦可。

对于技术能力较强的投资者来说，当右肩低点上股价受到支撑，且成交量明显区别于前期下跌阶段时，也是一个较佳的买点。头肩底形态确定后，对于稳健型投资者来说是一个买入信号。虽然股价和最低点相比已有一定的升幅，但相对整个反转形态确立后的上升趋势来说，这里只是一个开端。

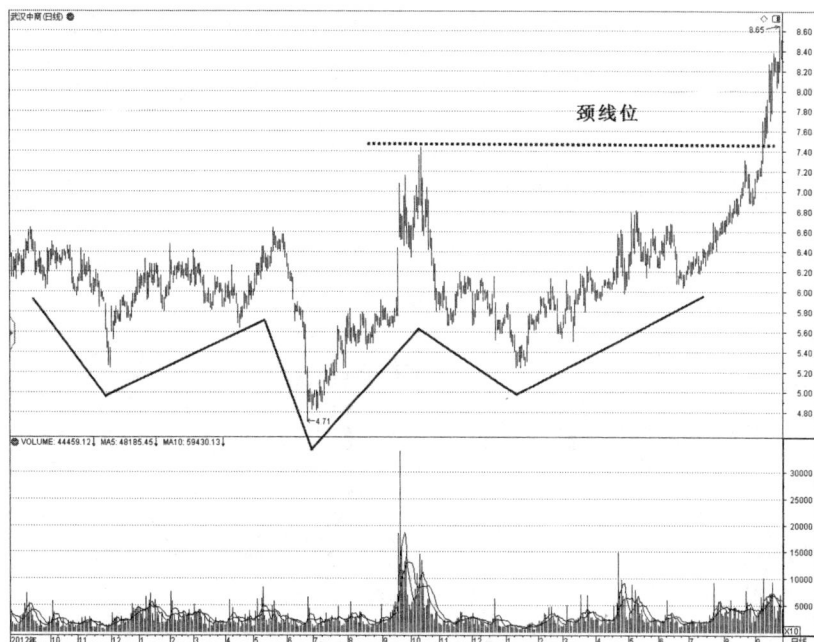

图 5-33　头肩底案例

二、顶部卖出形态

1. 尖顶

尖顶是指股价以极为陡峭的角度向上快速涨升，当价格达到某一高点时，又突然以同样陡峭的角度向下快速跌落。

因股价的快速上升和快速下跌，其形态很像倒置的英文字母 V，故也称为倒 V 形顶，如图 5-34 所示。

图 5-34　尖顶

尖顶成立后的理论跌幅为尖顶起涨点（颈线位）到股价最高点之间的距离。

尖顶是股价从暴涨到暴跌的过程，行情转换时间极为短促，投资者对尖顶应当保持足够的警惕。因为尖顶形态转化时间极为迅猛，所以存在很大的交易风险，投资者不可轻易抢这类股票的反弹。

如图 5-35 所示，股价迅速上升，在高点的位置上并未过多停留，便迅速转入下跌阶段，整个下跌过程不但极为迅疾且下跌幅度也很惊人。

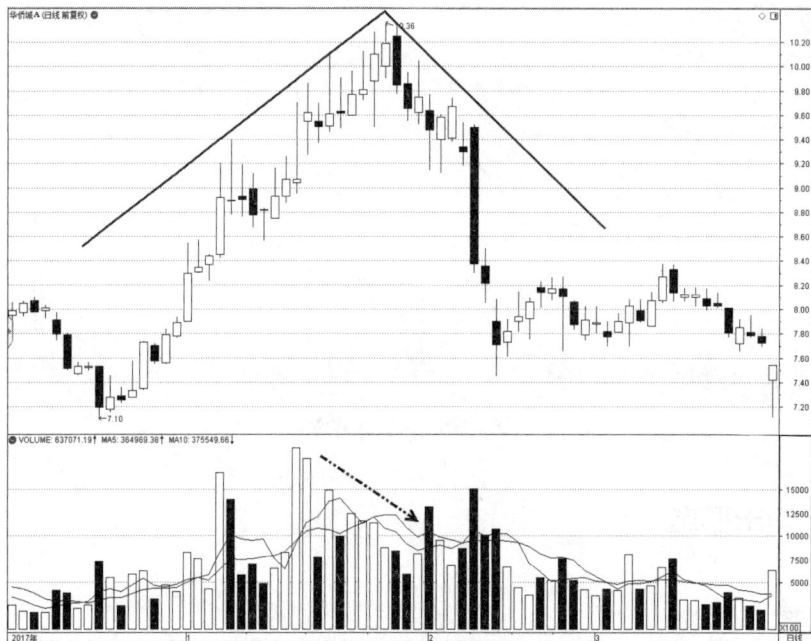

图 5-35　尖顶案例

尖顶在实战中非常常见，尤其是反弹行情中也常以此种形态结束反弹。投资者可以观察，在股价快速反弹一段时间后，一旦股价出现放量滞涨或者量价背离，就应及时出局。

2. 双顶

双顶是指股价上升达到某一高点后出现回落，当回落到相对低位时，股价得到支撑再度开始上涨。但这次股价上升到前一高点附近时，多方难以抵抗空方的打压，并且随着成交量快速萎缩，多方渐渐无力维系股价，于是股价开始了又一轮回落。在回落的过程中，股价如果跌破前低点水平线的位置（即颈线位），经回抽无望收复颈线位，则双顶成立。实战中有些个股跌破颈线位后没有回抽。

如图 5-36 所示，双顶的理论跌幅一般是最近低点到最近高点之间的距离。

图 5-36　双顶

双顶是较为常见的卖出形态，形成之后对多头的杀伤力度和其形成的时间跨度有较大的影响：短期（5~10 天）的"M 头"形成后，多数中短期股票价格下跌；较长期间形成的双顶，则往往代表着趋势的逆转。

如图 5-37 所示，在该股所构筑的双顶形态中，左侧高点的总成交量明显大于右侧高点的总成交量。多头聚集力量创出新高后却未能固守高点，在股价回落后多头再度发力冲击新高。在股价第二次上涨过程中，右侧高点的成交量已明显比左侧少很多，显示出多头状态疲乏、攻击力不足，预示着下跌即将到来。

在双顶形态中，第二个高点是否创出新高并无太多的技术含义。通常来说，在左侧顶部构筑过程中，主力已经基本完成较大部分的出货任务，右侧的顶部代表主力最后的胜利大逃亡，所以很少会有足够的动力去刷新股价高点，如图 5-37 所示。

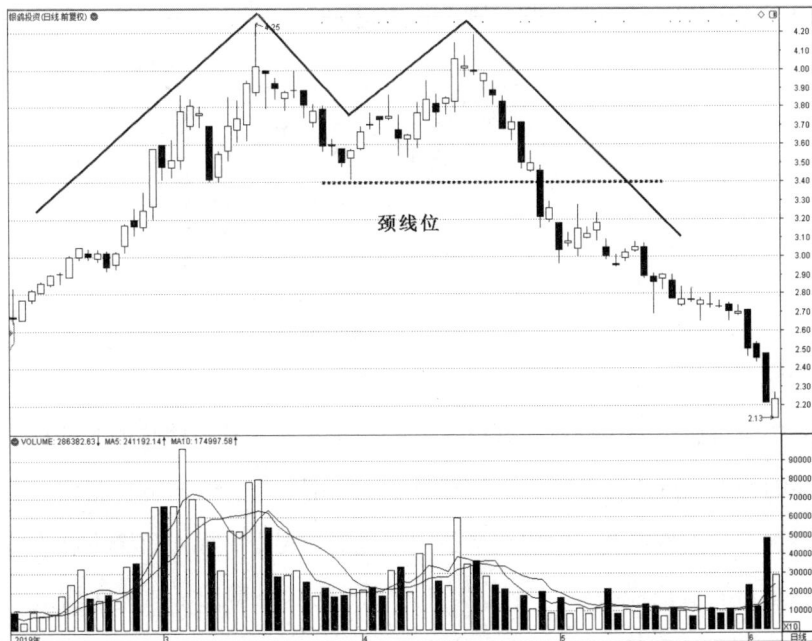

图 5-37　双顶案例

部分主力为了更完美地完成出货任务，有时也会在右侧高点上刷出价格新高，这样就会吸引较多的短线跟风追涨资金的注意和买入。主力在其中借机出货，不但能够使其盈利幅度得到一定的提升，而且也能够从容地除掉多余的仓位。

如果投资者发觉股价在第二次上升时，成交量难以达到第一次上升时的水平，就要警惕可能形成双顶，一旦股价出现长上影线等情况，投资者就应及时减仓。当股价回落跌破双顶的颈线位时，应是投资者第二卖点。

3. 头肩顶

股价在一轮快速上涨过后转入回落调整，整个上涨和回落过程中成交量巨大，这里形成图形的左肩，如图 5-38 所示。

随着股价企稳、回调结束，股价又出现一波创出新高的上涨，之后股价再度发生回落并跌至本次上涨起点附近，这里形成图形的头部。

回调完毕后股价开始第三次上涨，但这时交易量明显低于前面左肩与头部的成交量。当股价上涨到和左肩相仿的高度时，再一次开始下跌，这里形成图形的右肩。

股价的这次下跌，如果跌破最近两次的回调低点（即颈线位），则头肩顶成立。

头肩顶形成后的理论跌幅为头部最高点到两次回调低点之间的距离。实战中，头肩顶构筑的时间越长，一旦破位下跌，则杀伤力越大。

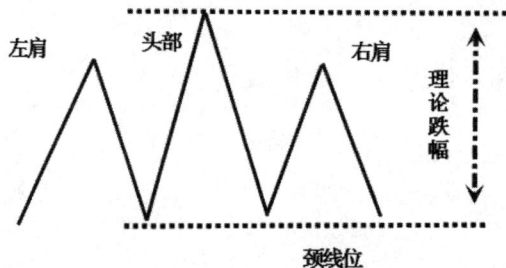

图 5-38 头肩顶

在个股构筑头肩顶的过程中，其成交量的分布往往具有一些鲜明的特点。投资者可以根据量能的特殊表现进行分析，以便尽早发现顶部形态，及时减掉仓位，回避风险。

通常情况下，头肩顶左肩的成交量最大，也最为集中，而股价至头部阶段时成交量相对减少，最后右肩形成时成交量又少于头部。图 5-39 展示了该股在构筑头肩顶的过程中，成交量的分布情况。

通过分析量能分布，能让投资者在极佳的价位上卖出，但如果投资者未能在构筑过程中及时减仓，那么当股价跌破颈线位时，将会是另一个卖点，如图 5-39 所示。

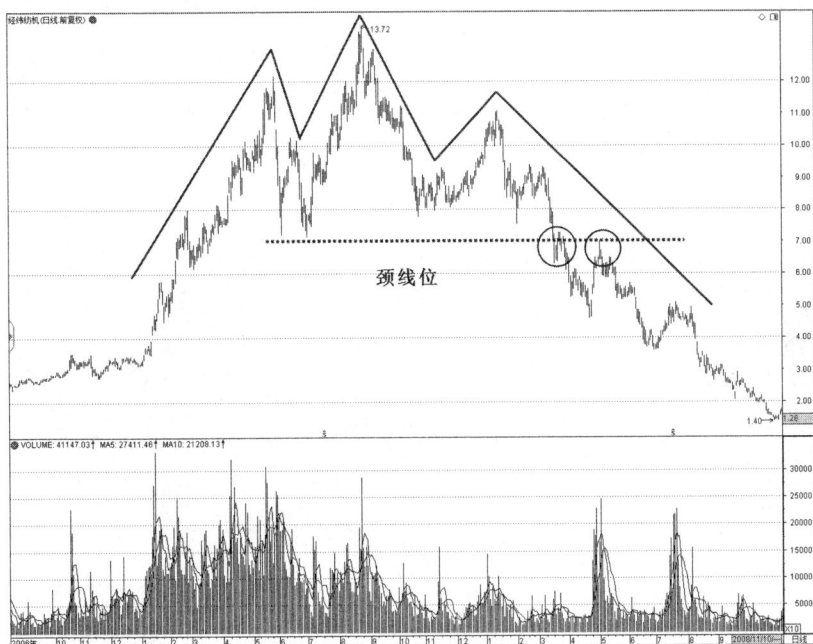

图 5-39 头肩顶案例

实战中，股价跌破颈线位后，有些股价会出现一个反抽颈线位的动作，这是多方不甘于束手就擒的反击，也是主力利用投资者抢反弹的心理制造多头陷阱，诱使投资者入场的手段，如图 5-39 所示。

当股价跌破颈线位时，投资者应保持足够的警惕，在市场前景不明朗的情况下，宁愿相信头肩顶形态可能带来巨大风险，也不要自作聪明地认为这是主力为了洗盘而刻意制造的疑兵之计。

知识点小结

将 K 线形态和趋势分析相结合，在实战应用中效果更佳。

第六章

量价看盘技巧

第一节　成交量与换手率的关系

一、成交量概论

成交量是指市场买卖双方在某个单位时间内交易股票的数量。

成交量的计算单位为"股"和"手"，1 手等于 100 股。

对于投资者来说，分析成交量的目的是辨别买卖（多空）双方于不同阶段的主动性买入量、主动性卖出量，并结合股价运行趋势进行研判，从而判断出行情未来运行趋势和主力的多空倾向。

成交量的放大与缩小并不能决定价格的涨与跌，但能够起到关键性的催化作用。投资者对于这一点必须有一个明确的认知，这也是正确认识和分析成交量的技术基础。

技术分析中，我们主要通过 K 线图、分时图以及成交金额、量比、换手率等来观测成交量的变化。

1. 成交量柱状图

在最为常用的 K 线图、分时图上，通常以成交量柱状图来表示成交量及其变化的情况。

在 K 线图的下方，一般设置为成交量柱状图。在柱状图中，还有一个显示不同时间段量能变化情况的指标，即均量线。如图 6-1 所示，在量柱间上下波动的曲线就是均量线。

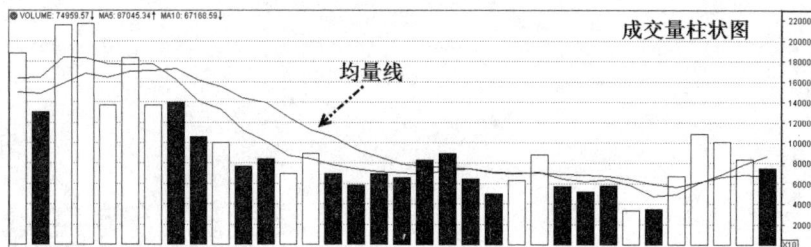

图 6-1　成交量柱状图

均量线是指在一定时期内市场的平均成交量在成交量柱状图中形成的曲线。均量线参数可以设为 5 日、10 日等，其中 5 日均量线代表短期量能态势，10 日均量线则代表中长期量能态势。

一般来说，均量线连续走高，显示市场资金不断回归的过程。当升势进入狂热阶段时，均量线已走平或回落，与升势形成背离，说明入场资金已经处于顶端并开始逃逸，投资者需要提防价格高点的出现。

均量线持续下跌，显示市场资金不断逃逸的过程。当跌势进入末期阶段时，均量线已走平或回升，与价格跌势形成背离，说明资金已经开始回归，此时不应跟风杀跌，而应寻机介入潜伏。

分时图中同样以成交量柱状图的形式来显示成交量变化的情况，不过分时图中的成交量柱相对较细，更像一条线，所以通常也称之为成交量柱线图，参见第三章分时图看盘技巧的相关图例。

2. 成交金额

成交金额是指在某个交易时间段内所发生的交易总金额，通常以元为计算单位。

在谈及大盘指数的成交时，我们习惯说成交金额，比如，某天沪市或深市成交多少亿元；而说到个股时，我们习惯说成交量，或者换手率等，比如，某股日成交量是多少手或多少股，抑或是当日换手的百分比是多少。

实战中，成交金额的分析方法和成交量很相似，而成交金额在资金流动分析上，能直观地反映出某一时间段内，市场有多少真金白银在流进或流出。

另外，在个股的盘口数据中，还有和成交量相关的量比、总量、现量等数据。对于这些数据的详细讲解，请参见后面的章节。

二、换手率

换手率是指在一定时间内股票转手买卖的频率，是反映股票流通性强弱的指标之一。其计算公式如下：

$$换手率 = 成交量 \div 流通股数 \times 100\%$$

换手率是成交量分析中最为核心的一种分析形式。相对于成交量来说，换手率在个股活跃度、强弱度的研判上具有明显的优势。

我们可以通过柱状图简单、直观地分析一段时期的成交量变化，但是量柱的高低起伏对于不同股本的股票来说，并不能真正反映出真实的流动性，而换手率却可以弥补这种缺憾。

换手率直接反映个股当前的成交量占其全部流通股本的比例，从而揭示出该股的活跃度和是否受到资金的青睐与关注。

股票的换手率高一般意味着股票流通性好、交投活跃、投资者购买的意愿强烈，说明其属于热门股；反之，股票的换手率低，则表明该只股票无人问津，属于冷门股。

我们可以将换手率分析看成是成交量的细节分析和个性化分析，不同股本个股的换手率所蕴含的技术意义有较大的区别。

实战中，投资者所关注的应该是换手率过高和过低两种极端表现。但投资者必须知道，所谓换手率过高和过低只是一个相对的概念，不要拘泥于其数值。投资者在分析换手率时，必须考虑目标个股的股本情况。

比如，如图 6-2 所示，中国石油某日换手率达到 0.19%。这个换手率已经是几年以来最高的，并触发股价出现短期高点。而股本较小的股票，即使换手率超过 1%，可能也仅属于历史较低换手率的范畴。

综上所述，投资者分析个股换手率是高是低，应该就该股的股本和历史数据进行分析，而不能仅限于某一个具体数值本身。

实战中，个股换手率过低或过高，可能会成为个股趋势转换的信号。

短线投资者多以换手率高的个股为交易对象，也就是交易活跃、变现性能优越的个股，只有这些个股才有可能出现幅度较大的差价，短线投资者才有机可乘。但必须注意，当个股换手率达到其历史高值区域时，股价可能发生折返，投资者对此要有所防备。

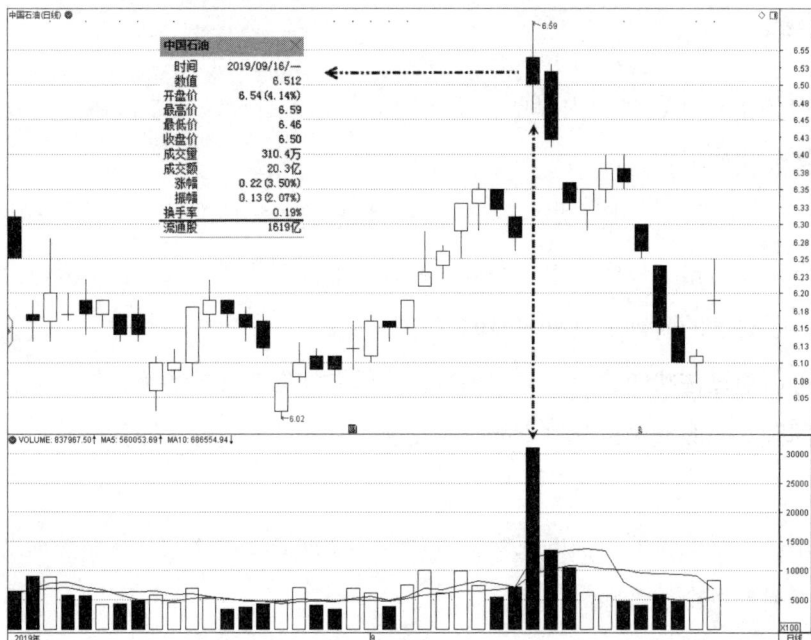

图 6-2　换手率

如图 6-3 A 点所示，该股当日换手率达到 23.80%，这个数值达到该股历史最高值。虽然股价没有由此见顶，但涨势并未能持续太长时间，股价便于 B 点发生趋势性转折。

图 6-3　换手率与股价转折

当个股换手率接近或超过历史最高值时，如果之后换手率逐步降低，股价涨势迟缓，那么投资者需要警惕股价发生趋势转折。

过低的换手率一般出现在下跌趋势、盘整震荡的个股中，或者主力控盘的个股上。所谓换手率过低，是就个股历史数值而言的，并非具体的某个数值。投资者在分析换手率时，需要注意这一点。

多数低换手率的个股并不适合短线投资者进行交易，比较适合中长线投资者在个股处于价值洼地时，寻找介入点。

三、实战中的量能辨析

不少投资者希望个股"放量上涨"，但往往会发现放量上涨的个股大多涨不了太多，甚至有些个股不放量还好，一旦放量很快就会转涨为跌。追涨者往往会被套在放量最猛的股价高点，原因何在？

大成交量就好像是交易中的一剂猛药，但凡主力需要这剂猛药，说明其控盘程度并不理想，或者主力正在减仓、出货。

主力控盘的个股，大部分时间成交量表现得都很"低迷"。但成交量低迷的个股并不都是由主力控盘。

第一种成交量低迷的个股是指缺少大资金关注，也就是通常所说的没有主力资金介入的个股。个股无主力关照，多半是由于上市公司存在这样或那样的问题，使其股价随波逐流。

第二种成交量低迷的个股是大盘股，这种个股成交量低迷其实是一种假象，是相对大股本而言。换手率大多数时候不会太高，这也是大盘股的一种常态。大概没有资金想要去控盘一家流通股本超百亿的个股，虽然这个想法很疯狂，但也许会出现，因为总有一些人会在顺境中变得疯狂。

主力高度控盘的个股，K线图上有明显的特征：股价形成上涨趋势，密集成交区的最大放量点，换手率往往也只有个位数，一般不会超过5%。对于这种个股，选择震荡低点介入后，最好坚定持有，不要试图高点卖、低点买。和主力斗心眼的结果，多半是把你震出局。

实战中，我们遇到的大部分个股，其成交量多呈大起大落之势，说明主力控盘程度并不理想，或者为游资集中炒作的个股。

这些个股之所以会出现大成交量，原因大致如下。

1. 主力资金实力一般，只能以对倒的手法拉升股价。边拉边打，不断通过上涨 / 下跌的股价在折返中降低成本，这种类型的个股，其典型的走势就是折返非常频繁，投资者坐电梯是常事。

2. 主力控盘程度不足。大成交量出现后，多数股价会开始回落调整，通常回落幅度会比较大，这样才能满足主力逐步增加控盘程度的目的。

3. 资金对赌，即击鼓传花游戏，也就是游资间传递炒作，一旦游资被套或者顺利逃生，那么随着成交量的快速萎缩，股价必然暴跌。

当我们在实战中遇到这些个股时，可以使用初步的筛选方法，这个方法对于八成以上的个股都有借鉴意义，对于短线交易者有重要的参考作用。

个股换手率如果超过 10%，就要开始警惕了。部分前期成交低迷的个股如果出现这个换手率，就相当于是短线减仓的信号。

如果换手率超过 15%，投资者需要高度警惕。半数以上个股如果达到这个换手率，即使不立即连续大跌，至少也会开始大幅震荡。

换手率一旦超过 20%，投资者就要随时准备卖出。

如果上述某个级别的换手率处于该股历史最高值区域，那么股价基本会在当日或接下来的几日见高回落。

📋 知识点小结

> 成交量是体现股市人气聚散的一面镜子，也是引起价格变化的重要因素之一。在熊市中交易，必须关注成交量的变化情况，就像一个人的着装必须考虑季节及冷暖的因素一样。如果冬天穿短袖衫、夏天穿皮袄，那么不但有违常规，也无益于健康。

第二节　只要放量上涨，就可以追涨吗

成交量与股价之间有一个助涨原则，即股价上涨，成交量逐步放大，是确认升势继续的信号。但是，这个原则具有一定的适用性，并不是只要出现成交放量，股价就会上涨。

助涨原则的适用条件为：成交量逐步放大，股价稳定上升。

如图 6-4 所示，股价整体保持上升趋势，成交量也在同步放大，这种情况说明股价上涨正处于稳步运行中，这种涨势不会在短时间内就宣告结束，投资者可稳定持有仓位，除非出现量能与股价的突变。

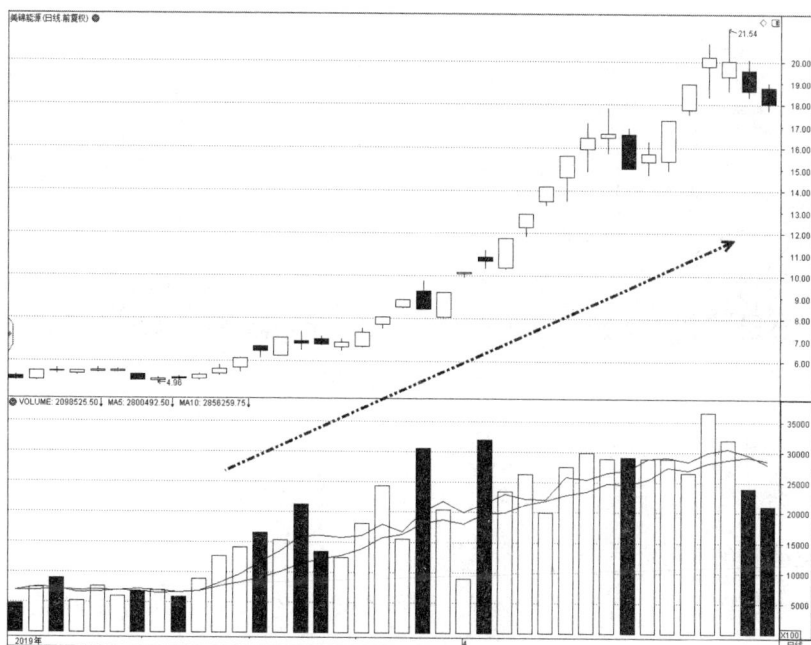

图 6-4　成交量逐步放大，股价稳定上升

助涨原则不适用于个股的突发性放量。

突发性放量的主要特征就是这个放量过程很短暂，往往只有几个交易日，随后成交量迅速恢复到缩量的状态，而股价转为下跌或盘整。

正如鳄鱼在突然攻击猎物得手后，迅速沉入水底，水面上恢复平静，似乎什么也没发生过。这个比喻用来形容突发性放量的市场含义非常贴切。在股价风平浪静之际，骤然间股价携巨量暴升，随后量能迅速消亡，股价重回原地或继续下跌。这是一些主力为引起市场关注、吸引跟风盘以借机减仓的常用手段。

图 6-5 所示的是该股在下跌过程中，出现的突发性放量的情形。该股的突发性放量所显示出来的就是主力匆忙出逃的身影。

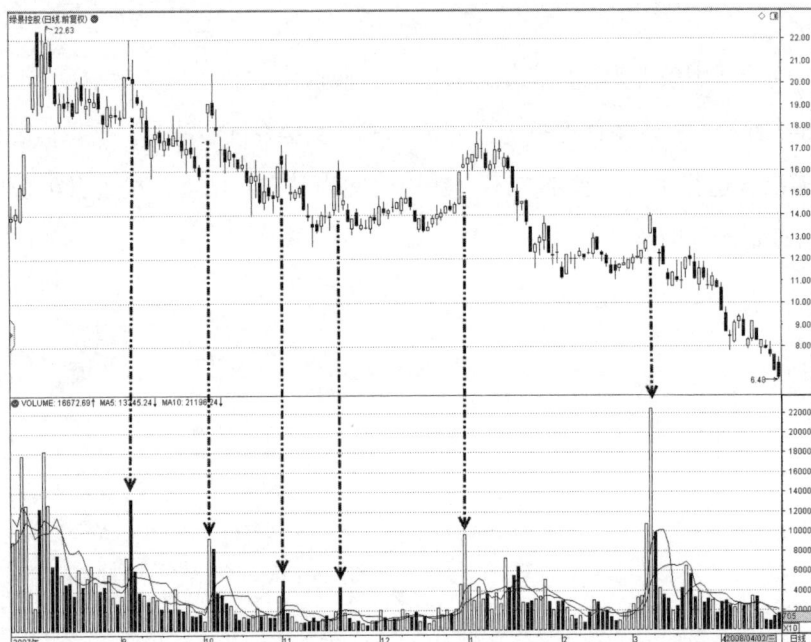

图 6-5 突发性放量

突发性放量具备一定的迷惑性，投资者往往会将这种突发性的放量上涨误认为是一波行情的开始，而匆忙加入追涨的队伍中去。主力想要的就是这种效果，当一批蜂拥而来的跟风追涨者全力买进时，主力则借机减仓。

突发性放量在上涨趋势运行中出现，则可能会由此形成中期调整的高点；而在长期大幅上涨后出现，则会就此构筑股价顶部。

上涨趋势的中期调整结束后，当股价继续上涨时，成交量仍会再度放大，这个放大的成交量高于或低于中期调整头部的量能，是一种正常现象，但增加的量能需要具有一定的持续性。

长期大幅上涨过后，成交量在最近一段时间内忽然开始大幅增加，同时价格波动巨大。这时增加的成交量不一定就是上涨趋势形成以来最大的量能，但仍是一个高危成交量信号。当这种情况出现时，投资者应警惕市场可能就此构筑价格顶部。

✎ 知识点小结

成交量稳定在某一数值附近时，大多数时候代表趋势或趋向的延续，当成交量出现异于常态的明显增减时，则预示着价格趋势或趋向可能出现重要的变化。

第三节　只要放量下跌，就必须卖出吗

当股价由涨转跌时，转折点上成交量会有放大的现象。但随着股价的进一步下跌，成交量会呈现逐步萎缩消散的态势，这是市场资金对于后市的看法从巨大分歧到逐渐统一的过程。

分歧是因为股价刚刚转跌时，对于后市仍有资金看多做多，所以对于此时的放量下跌，虽然应当卖出，但能做到卖出的投资者并不多。很多持仓者也由此失去了在第一时间减仓离场的时机。

统一是因为股价下跌形成趋势，做多资金亏损严重，一部分投资者挥泪斩马谡，另一部分投资者不忍割肉离场，只能原地卧倒，保持静默。这就是下跌过程中，成交量逐步减少的原因。

在跌势维持一段时间后，虽然股价仍在下滑甚至加速下滑，但成交量开始增加，此时出现放量下跌，投资者决不可跟风卖出。大幅下跌后的成交增量，说明这个价位有资金开始进场维护，有望发生反弹行情。

如图 6-6 所示，A 点的放量下跌是产生分歧之处，而到了 B 点，则是持仓者认可跌势将继续并进行恐慌性抛售的时点。

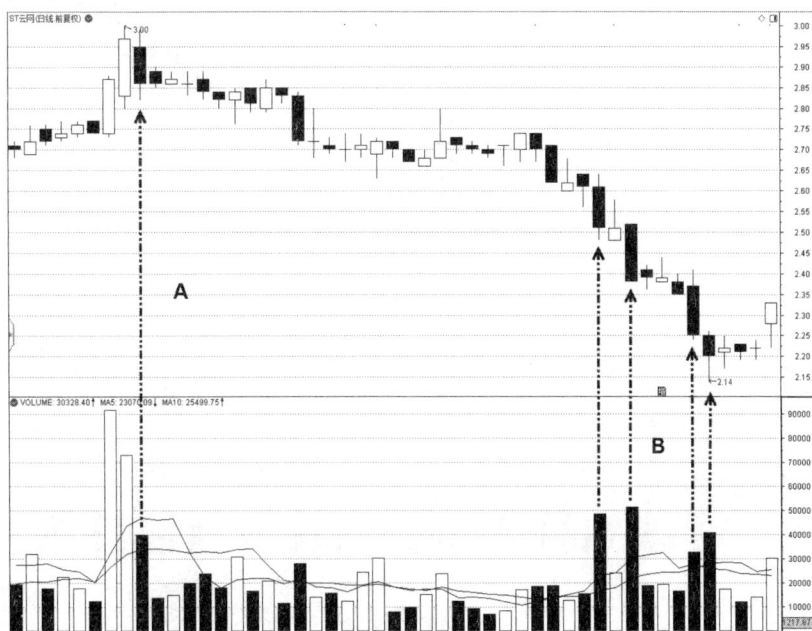

图 6-6　放量下跌

多数的放量下跌并不可怕，因为常规行情下放量下跌难以持久，通常反弹就在不远处，可怕的是让人难以搞清现状的绵绵不绝的阴跌。

知识点小结

对于短线玩家来说，放量下跌意味着短线机会即将出现。当恐慌盘集中杀跌时，正是短线交易的大好买点。

第四节　缩量上涨，不可持续吗

缩量上涨是一种相对的说法，即此前必有放量的过程。但缩量不见得就是非常低的成交量或换手率，这个要因股而异。我们在前文谈到的控盘庄股，在大多数交易时间里就是采用缩量上涨这种形式。

如图 6-7 所示，该股在 A 点有一个放量上涨的过程，而在 B 点股价调整后继续上涨的过程中，成交量并未超过 A 点，这就是缩量上涨，股价上涨的持续性相当好。

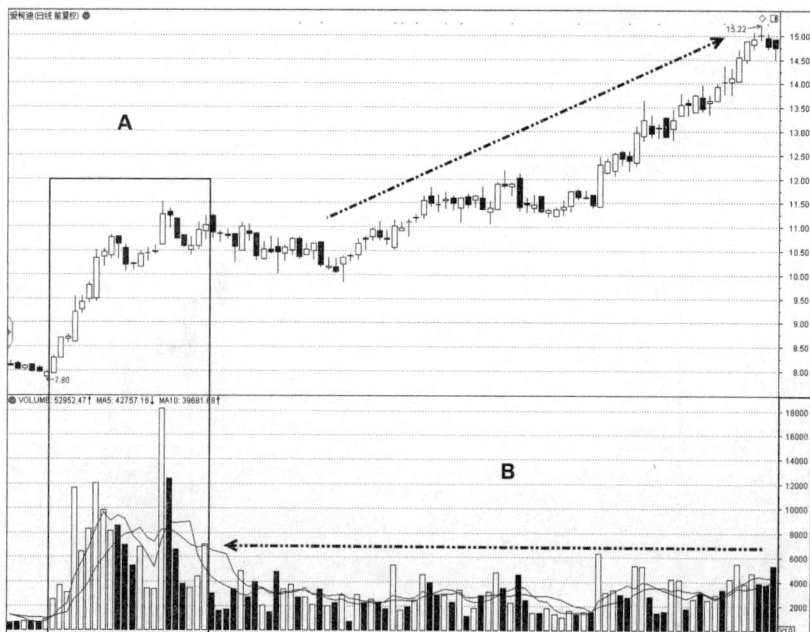

图 6-7　缩量上涨

这个缩量上涨的案例为我们清晰地勾画出了主力完成建仓和锁定筹码的最后区域。

A 点之后成交缩量，但股价上涨趋势非常稳健，这就说明该股大部分流通筹码已被锁定。结合 A 点的放量分析，投资者就可以大致推断出，主力初步建仓成本大致就在 A 点区域。但需要注意一点，随着后市股价的震荡，主力的持仓成本会进一步降低。

实战中，不是控盘庄股的个股也会出现缩量上涨的情况，但是这种缩量上涨，大多难以持续。

一些无主力的冷门股或主力意在减仓的个股，就会借用缩量上涨来诱多。

如图 6-8 所示，A 点股价反弹，成交量不但没有形成逐步放量，反而比之前下跌的量能少。之后出现单日突然放量的情况，但股价在接近前一高点时便畏缩不前，这就是利用缩量上涨和单日放量上涨来进行诱多的案例。对于类似案例中的缩量上涨，投资者最好保持观望。

图 6-8 缩量上涨与诱多

知识点小结

主力资金可以对倒增量，却不能制造缩量。

第五节 缩量下跌，可以抢反弹吗

当个股处于缩量下跌时，投资者通常会认为，成交量这么小，主力也出不了多少货，这里应该是故意诱空。

这种猜测完全低估了主力操作的复杂性。出货艰难的主力会不惜碾压利润空间、打压股价下跌，当股价跌到足以吸引市场资金买入时，才会借机完成出货。

因为成交量较小，个股缩量下跌很容易被人忽视。但是，缩量下跌所蕴含的最基本的技术含义却是市场各方对当前的下跌没有较大的分歧。

如果市场各方对当前的下跌有较大的分歧，就不太可能出现缩量。只有相对统一的观点，才会导致持续的缩量下跌，随之而来的是股价底部遥遥无期。当成交量出现异动，意味着当前股价运行趋势出现了分歧，有分歧，才会有股价的变化。

如图 6-9 所示，该股在下跌过程中，成交量一直处于缩量态势，股价则进入绵绵无期的下跌之中。

图 6-9 缩量下跌

📝 **知识点小结**

当门庭冷清、无人光顾时，投资者也该歇歇了。

第六节 九种量价关系与实战分析

一、量增价平

量增价平是指成交量明显增加，但股价却处于波动中，不能保持明显的涨升幅度。

在长期或大幅上涨之后的股价高位，如果个股成交量突然出现激增，但价格却未能同步大幅上涨，或仅仅微幅上涨，上涨后即转折下跌，那么说明主力资金正借机减仓，而这时市场买入者多数为中小投资者。市场买卖双方资金的平衡被打破，行情随时可能发生回调或反转下跌。

图 6-10 中所标示的两根 K 线都放出巨量，但是股价涨升力度并不能与之匹配，显示出资金逃逸的性质。

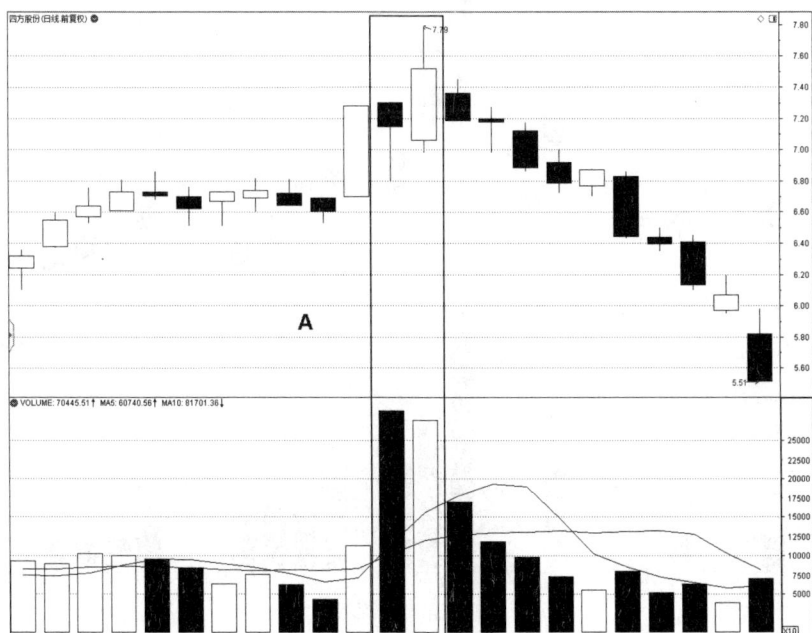

图 6-10 量增价平

如果量增价平出现在一段升势后，则说明多方的持续上涨遭到了空方反扑，可能会形成相互对峙的盘整局面。在技术形态未遭破坏的情况下，盘整过后市场还会继续升势。

跌势中出现的量增价平，多数情况下都是主力的骗线，即便随后出现上涨也只是昙花一现。但是，长期或大幅下跌后出现量增价平，说明有资金悄然在底部区域收集筹码，但是这部分资金并不想过早地被市场觉察自己在吸筹，同时也想尽可能地收集低价筹码，所以股价波动很小。

二、量增价跌

量增价跌是指成交量明显增加，而股价处于下跌态势。

如果在股价长期或大幅上涨的高位出现量增价跌，其技术含义必然是有资金大幅减仓，投资者应抛弃幻想，出局观望。如图 6-11 所示，该股连续上涨，于 A 点冲高回落收长上影阴线，当日成交量远大于之前数日，资金借机出逃的迹象非常明显。

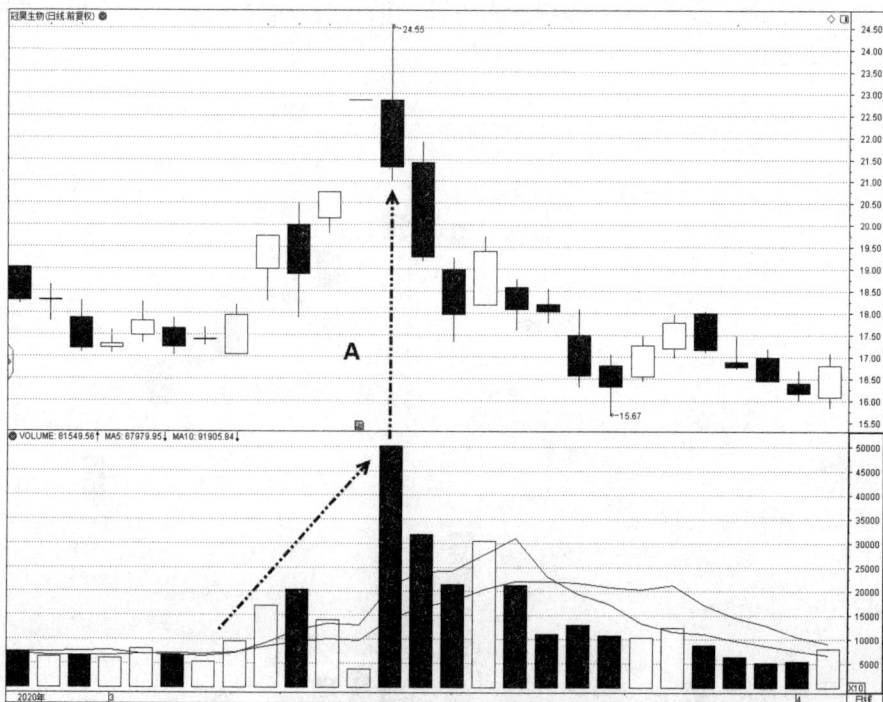

图 6-11　量增价跌

跌势中出现的量增价跌，一种可能是这个价位对市场资金具有一定的吸引力，有望形成阶段性低点；另一种可能是主力资金的诱多陷阱，弱弹后仍会继续跌势，但多数股票不适合非专业投资者参与交易。

在长期或大幅下跌后出现量增价跌，多是主力资金借助恐慌氛围趁机吸筹的结果，投资者应保持观望的态度。若股价跌幅已经很大，投资者更不可从众杀跌，而是要耐心地静待趋势的变化。

三、量增价涨

量增价涨是指成交量出现明显增加，股价也相应保持着一定的涨升幅度。这是量价配合良好的一种关系和形态。

量增价涨是一种看起来很完美的量价关系，往往预示着后市向好。但也需要投资者鉴别其中量与价的配合程度，以及形态所处的行情阶段。

股价长期或连续上涨后，当量与价同步出现激增、暴涨时，说明行情进入最为火爆的阶段。但投资者必须明白，这种极端强势的量价状态不可能长时间存在，行情随时可能发生回调或反转下跌。

跌势中的量增价涨一般出现在反弹过程中，只要成交量不是过度放大，未出现天量等巨额换手率，投资者仍旧可以继续持仓。但是当量增价涨出现极端强势或量与价不匹配时，可能意味着反弹的终结。

股价长期或连续下跌后，如果持续性出现量增价涨的态势，投资者应该审视大趋势转化的一些特征是否已经出现，不能仅凭单个交易日的表现，而要观察其之前和之后的运行情况，以及 K 线上是否具有合理的逻辑关系，然后及时调整相应的交易策略。

如图 6-12 所示，股价经过长期大幅下跌后，于 A 点启动上涨，出现量增价涨形态，之后股价开始震荡盘整，调整的低点远高于起涨的低点，说明进仓资金绝非短线操作，而是意在长远。B 点股价再启升势，量增价涨形态再次出现，也显示出了进仓资金再次拉升吸筹的形态特征。

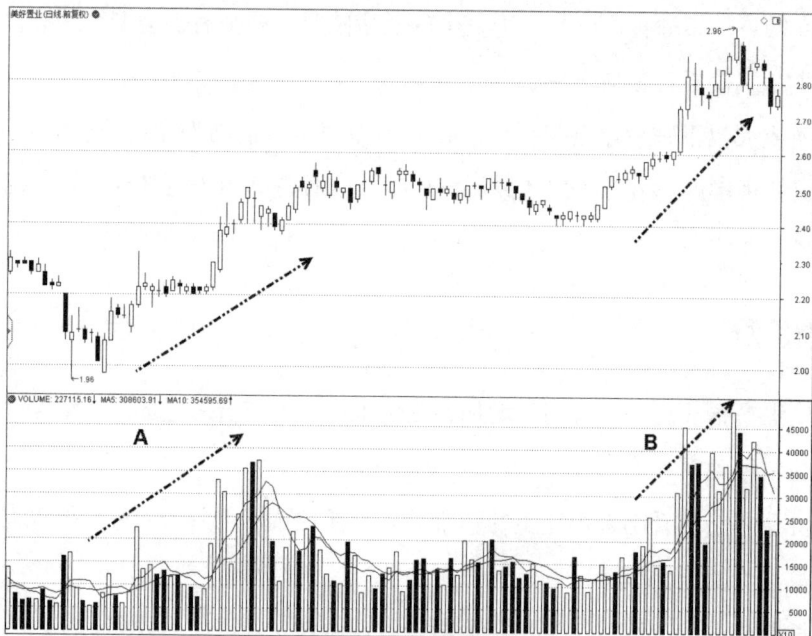

图 6-12   量增价涨

四、量缩价平

量缩价平是指成交量明显缩减，股价处于盘整态势中。

量缩价平出现在一段上涨后，往往是主力测试支撑和洗筹的表现，后市当这种量价关系形态出现量增价涨的改变时，股价应仍有涨升空间，参见图 6-13 中的股价调整阶段。

如果量缩价平出现在个股长期大幅上涨之后，股价横向整理而成交量逐步减少，投资者应将其视为顶部警戒信号。如果某日突放巨量、拉长阴线，那么投资者应果断出局，以回避此后的暴跌。

如图 6-13 所示，该股经过大幅上涨后，于股价高位连续出现量缩价平的形态，最终股价还是进入跌势行情中。这种形态具有一定的欺骗性，让持仓者觉得股价似乎正酝酿着另一波向上的涨势，而持股待涨的投资者更不会选择减仓操作。

股价长期或连续下跌后出现量缩价平，多处于筑底阶段，而个股筑底时间通常较为漫长，甚至一些个股还酝酿着最后一跌，以便彻底粉碎持仓者的信心，让恐慌盘尽情出逃。当投资者遇到量缩价平形态并处于筑底阶段时，最忌追高买入。

当跌势中出现量缩价平时，投资者不可轻易介入。在空方能量未完全消耗殆尽之前，量缩价平只是股价暂时的平静期，说明当前股价对多方资金并没有太大的吸引力，资金不愿意在这个价位上大举介入。一般来说，量缩价平维持一段时间后，股价再度下跌的可能性远大于开始反弹。

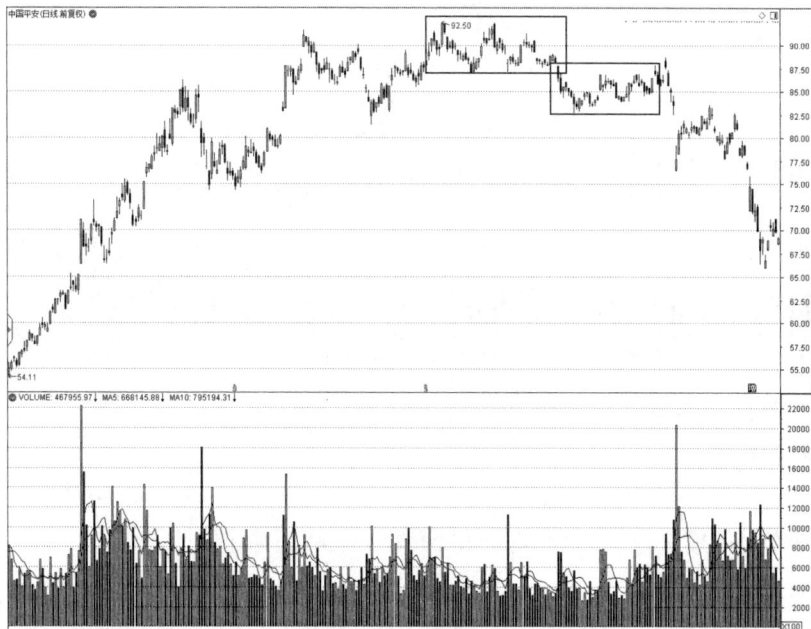

图 6-13　量缩价平

五、量缩价跌

量缩价跌是指成交量明显缩减，股价处于下跌态势中。

在长期或大幅上涨后，个股出现量缩价跌，说明市场对目前价位的下跌并无太大的分歧，下跌的态势将会继续维持。一般来说，在个股主力提前出逃后，当市场资金惯性买入促使个股上涨到高位时，缺乏后续资金维护，量缩价跌就是此时的一种表现形式，投资者理应减仓应对。

在下跌趋势中，个股出现量缩价跌，是一种常规态势。这时，个股发生的折返走势极为频繁。对于投资者来说，短线交易极难把握，可静候量价出现变化，再做出选择。

在长期或大幅下跌后，个股出现量缩价跌，尤其是以暴跌、急跌的方式展开，那么往往意味着底部低点的临近。如图 6-14 所示，该股在熊市末期出现的一波急速下跌中，成交量相比下跌之前出现较大的萎缩，之后不久股价就开始见底回升。

图 6-14　量缩价跌

六、量缩价涨

量缩价涨是指成交量明显缩减，而股价处于上涨态势中。

在长期或大幅上涨后，个股出现量缩价涨，说明各方资金对股价逐渐产生谨慎之心，不愿意积极跟进或全力做多，投资者此时应随时准备撤离。

在涨势中，如果个股出现量缩价涨，而同期大盘在下跌，则是主力护盘的反映。随着调整结束，如果成交量出现明显放大，那么个股多会迅速转入上涨阶段。

在跌势中出现量缩价涨，大多属于反弹性质的上涨，在幅度和持续时间上难有理想的表现。如图 6-15 所示，这种量缩价涨所代表的就是一种下跌途中的短暂休整，投资者应采取回避的态度。

长期或大幅下跌后，个股出现量缩价涨，原因大多是无资金关注个股，或者是个股正处于筑底阶段。在多数情况下，短期内都难以改变现状，所以投资者可以追踪目标个股，但不宜采取追高买入等较为激进的操作方式。

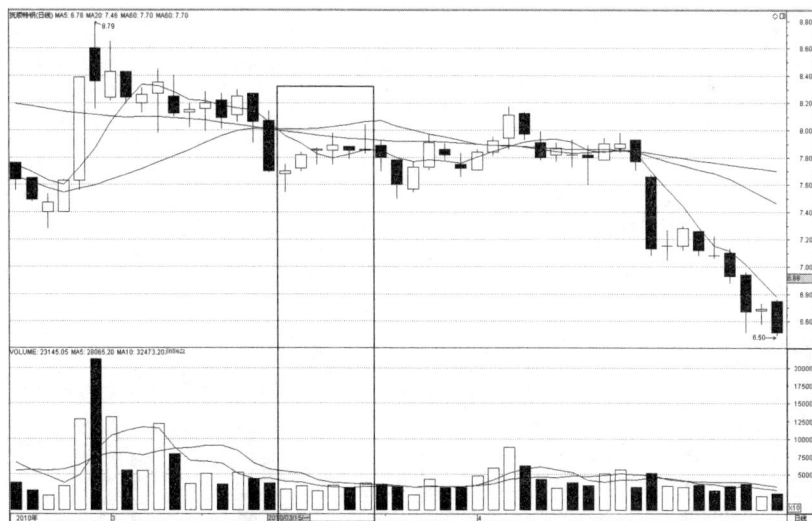

图 6-15　量缩价涨

七、量平价平

量平价平是指相邻几日的量能很接近、无明显缩放，同时开盘价和收盘价很接近，反映到 K 线图上，则是实体相仿的 K 线形态。

股价在长期或大幅上涨后出现这个现象，意味着股价正在进行选择，技术上是一种等待形态。一旦出现突发性放量上涨或暴跌，则可能发生趋势转折。量平价平的出现，说明之前的上涨耗掉了多方不少能量，股价再次持续大涨的可能性较小，极有可能就此展开横向盘整或转向回落。

当量平价平在跌势中出现时，大多数只是股价在下跌途中的短暂盘整，之后还将继续跌势。

在股价大幅下跌之后出现量平价平，说明之前的下跌耗掉了空方不少能量，股价短期内继续大跌的可能性较小，极有可能就此展开震荡盘整或反弹。股价经过反弹或盘整后，如未能确立升势，那么很可能将进入跌势结束前的最后一跌中。

如图 6-16 所示，该股经过长期大幅下跌后，A 点出现量平价平的状态，经过小幅震荡盘整，股价进入恐慌性的最后一跌中，而一轮上涨行情也由此开启。

148

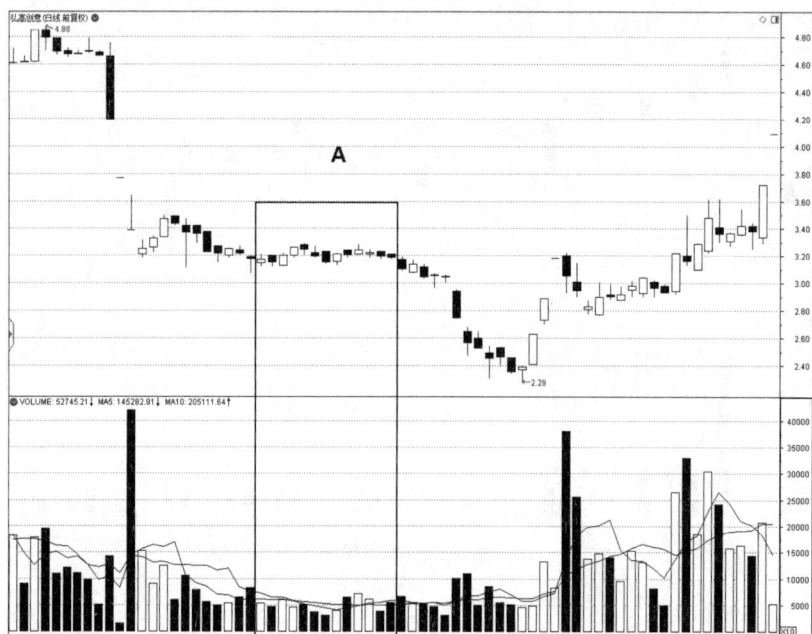

图 6-16　量平价平

八、量平价跌

量平价跌是指相邻的量能很接近、无集中性放大或缩小，但股价却发生了显著下跌。

股价涨势中出现量平价跌，多为短线获利盘卖出或恐慌性散单抛售，当之后量能逐步增加时，股价仍将恢复到上涨趋势中。

在股价长期或大幅上升之后出现量平价跌，多为主力资金阶段性减仓所致。投资者应注意控制风险。由于成交量并无明显变化，而且下跌幅度不大，速度也较为缓慢，容易给人带来主力正在震荡洗盘的错觉。之后随着主力仓位逐步减少，其出货力度和速度会明显加快，从而使股价下跌的幅度和速度大幅增加。

个股在跌势中出现量平价跌，说明当前股价对大资金并无吸引力，可能只是中小资金在投机交易，股价见底遥遥无期。

在股价长期或大幅下跌之后出现量平价跌，一是无主力资金关注的个股对于这种个股投资者可予以回避；二是主力处于潜伏缓慢吸筹阶段，这种个股如果在之后加速暴跌，或是随着成交量的增加改变了量平价跌的形态，就会引发不同幅度的反弹或反转。如图 6-17 所示，该股在下跌过程中，成交量一直处于大致相同的水平，直至股价加速，才迎来反弹行情。

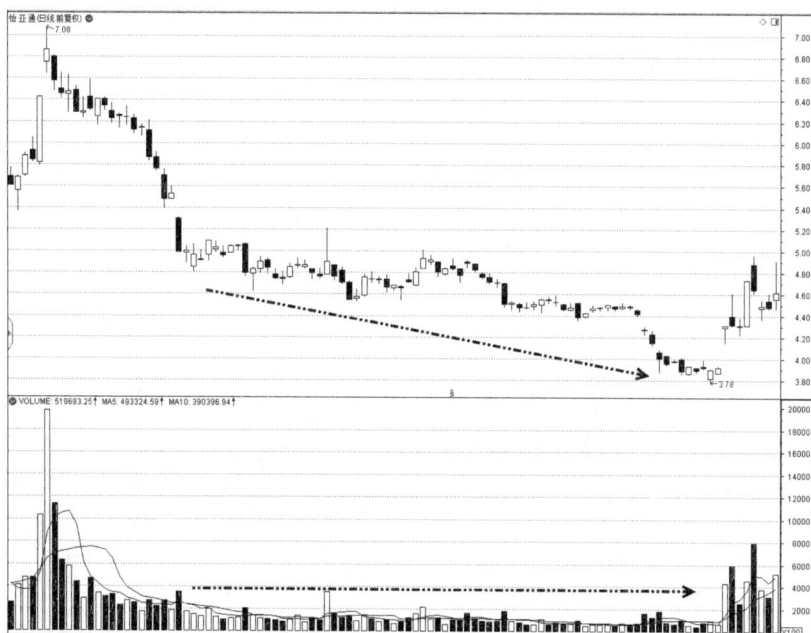

图 6-17　量平价跌

九、量平价涨

量平价涨是指虽然相邻量能很接近、无集中性缩放，但是股价却出现了明显的上涨。

主力控盘程度较高的个股多呈现出这种形态。升势中大部分时间保持量平价涨，说明场外流通筹码不集中，通常控盘个股后市都有可观的涨幅。

如果股价在大幅或长期上涨后出现量平价涨，则说明股价上涨渐渐不被大资金认同，股价可能已经接近阶段性高点。一旦成交量有进一步萎缩或者单日急剧放量的现象，往往意味着下跌的开始。

从供求关系上分析，当股价达到一定高度之后，愿意继续大笔买进的人会越来越少。虽然持仓者仍期望以更高的价位卖出，但是主力资金却开始分批、逐步减仓。当卖出量逐步增加，而买入量不断减少时，个股将结束量平价涨的局面，进入下跌周期。

如图 6-18 所示，该股大幅上涨后，在盘整过程中，虽然 A 点股价明显上涨，但成交量不能持续配合放大，量能整体上维持大致相同的水平，之后股价结束反弹进入下跌阶段。

跌势中出现量平价涨，说明股价的上涨没有得到资金的高度认同，量价之间产生背离，反弹行情可能很快就会结束。

在大幅或长期下跌后出现量平价涨，说明空方的下跌动能已所剩无几，任何细微的利多倾向都可以让股价出现止跌反弹。股价大跌后，所处区域既远离套牢盘，又没有太多的获利盘，所以股价并不需要过大的成交量即可维持反弹走势。但这个阶段的场外资金仍在观望，跟进做多的力量不大，股价仍有反复的可能，投资者即使介入，也应控制仓位。

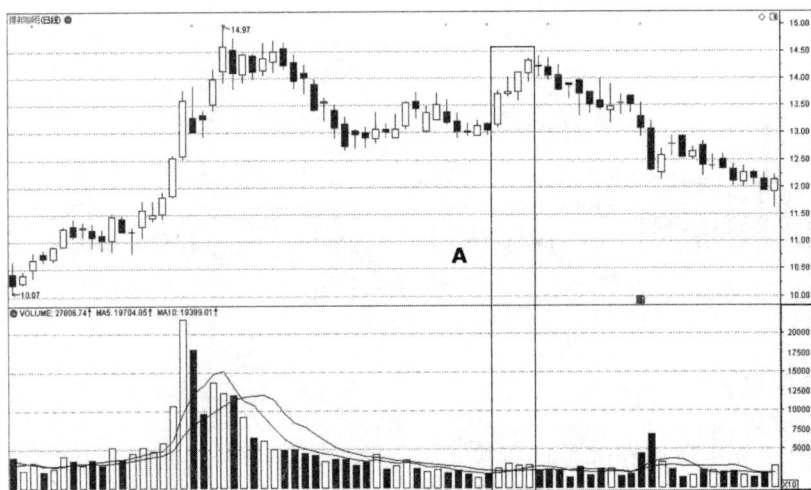

图 6-18　量平价涨

知识点小结

分析量价关系就是分析量价配合的合理性与必要性。当不合理、不必要的形态出现时，就说明其中必有问题。

第七章
看盘与交易心理分析

第一节　孤独的投资者

在与大众潮流相逆而行的时候，你需要极大的毅力。孤独的前行者时刻都会被眼前变幻的景象所迷惑。如果你确定自己要做一个成功的投资者，那么要先学会忍受孤独，然后让自己拥有一颗坚强的心。

成功的投资者必然是孤独的。只有摆脱从众的心理，才有可能回避股市上狂虐"洪峰"的侵袭。

当股票市场出现了剧烈波动而显得变幻莫测时，投资者面对的是非常混乱、复杂的局面，坚持自己的独立见解必将颇受煎熬。

当看到身边其他人都在卖出时，"是否发生了我还不知道的事情"等诸如此类的疑惑困扰着投资者，使其产生被封闭、孤立而又无助的糟糕情绪。随着股票价格的继续下降，这种情绪可能会彻底吞噬投资者正确分析和判断的能力，于是大多数投资者都会选择放弃自己的独立见解，转而跟随其他人一起行动。

股市中最令人遗憾的是刚刚割肉抛出后，卖出的股票即出现暴涨。投资者的受挫感和错误操作后的悔恨交织在一起，其痛苦难以言表。图 7-1 展示出了该股在上涨途中的一次回调整理。放量的大阴线、中阴线造成了持股者的恐慌出逃，而股价却在众人的恐慌中转跌回升、迅速走高。

如果投资者完全被大众的观点和行动束缚住了手脚，选择"跟大家在一起才是安全的"行为方式，那么就不可避免地掉入投资的心理陷阱中，难以获得超常规收益，也难以规避随之而来的亏损。

实战中，在一些重要的顶部和底部区域，大众投资者常常会形成较统一的看法，比如，大盘见顶常在市场一片浓厚的看多做多氛围中形成，而大盘的底部往往是在市场普遍悲观的气氛中形成。

个股方面，当市场看好某个板块的股票并形成共识时，该类股票即便出现短暂冲高，也会很快回落。这时投资者应以逆势思维进行操作，持有该股的投资者应在其上涨过程中派发；不持有该类股票的投资者决不可跟风买进。统一的思路、集体的行动是交易中的禁忌。

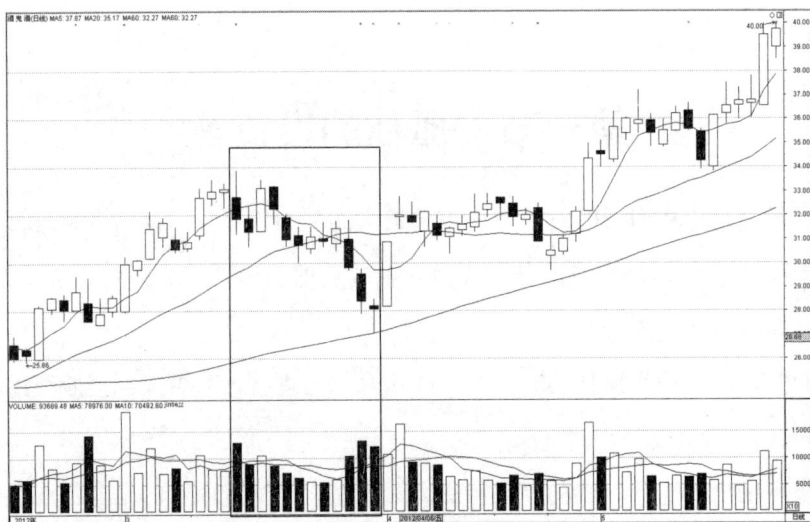

图 7-1 恐慌性抛售

📖 知识点小结

当危机或机遇来临时，你必须坚定地迎着溃不成军或狂热不已的人群反向前进。这时，无数的焦虑、疑团以及"这次和以前不一样"之类的问题会折磨着孤独前行的你。只要你有一丝犹豫，必然就会被人群的洪流裹挟而去。倘若坚守到终点，你必会看到众人看不到的璀璨星空。

第二节　不能接受亏损

亏损和盈利都是股票交易的组成部分，很多投资者不能正确面对股票交易带来的亏损，一旦发生亏损，心理上极易陷入悲观、失望、无助、自卑的沼泽。心理上的失衡极易导致操作上的连续失误，很多人因此产生巨亏。

当个股出现趋势上的重大转折时，投资者即使亏损也要勇于止损，不能止损的代价将会非常昂贵。但是在实战中，趋势的重大转折并不常见，最为常见的是股价的折返。当股价出现折返时，不能接受亏损的心理误区反而会让投资者在亏损的沼泽中备受折磨。

如图 7-2 所示，该股在上涨趋势运行中反复出现较大折返。在交易心理上不能保持稳定的投资者，如果在股价折返中踏错节奏，那么随之而来的将是"两记耳光"。一旦股价回落，投资者因为不能接受亏损而选择卖出，之后随着股价急速回升，投资者要么不敢买入，要么买在相对高点，其结果不是放跑了个股，就是在个股又一次回落时再次卖出。

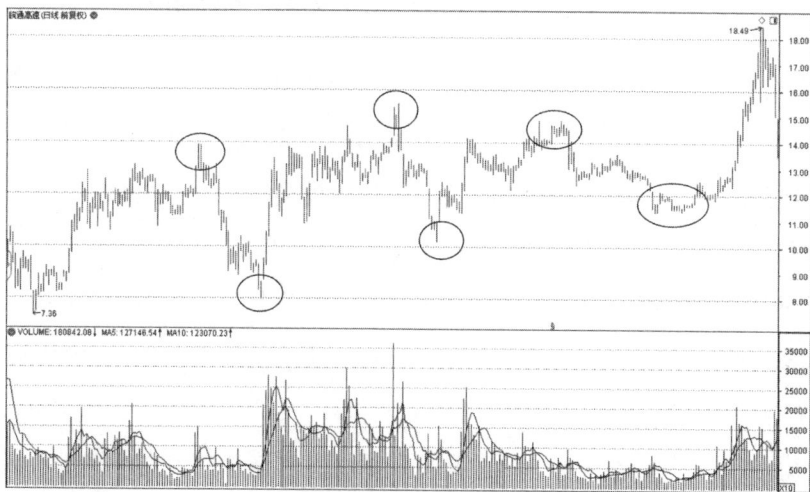

图 7-2　股价的频繁折返

不能亏损是交易中常见心理误区。一些有经验的投资者也普遍存在这样的问题。部分自认为技术高超的人，一旦犯错发生亏损，也很难承认错误，因为承认亏损的事实就等于否定了其千辛万苦建立起来的交易体系，就意味着一切都需要从头开始。这也是很多股市老手出现重大失误后便一蹶不振的缘故。

股市上没有常胜将军，而股票市场又是一个风险巨大的地方。投资者的交易之道，应将胜败视为兵家常事，更应将一时的亏损当作成本。未品尝过亏损滋味的人不会懂得盈利之道的珍贵。

曾在美国的期货比赛中获得 9 届冠军的马丁·舒华兹说："我在一年的 200 多个交易日中，有 4/5 的交易时间小亏小盈，1/5 的交易时间大盈。"如果马丁·舒华兹不能接受一丁点亏损的话，肯定不会取得如此骄人的成绩。

在亏损和错误中及时汲取经验教训，继而不断完善和更新自己的交易体系，则是取得优良交易成绩的关键因素。

🎨 知识点小结

> 对于投资者来说，不怕亏损、不怕犯错、不怕交易体系被推倒重来，视亏损为交易中必然存在的成本，则是盈利必经的心路历程。

第三节　没有想象中那么聪明

总有那么一部分人，认为自己天赋异禀，自带"财神"光芒。而这部分自认为聪明不凡的投资者往往耐不住心痒和手痒，空仓的时间永远不会超过一个交易日，哪怕手中持有的股票都在上涨，仍然不能抑制其卖出然后再度换股买入的冲动。

在股票交易过程中，追求资金的快速增值本无可非议，但如果不能保持良好的操作心态，极易形成频繁操作、频繁亏损；追涨杀跌的结果是追上的不涨，杀掉的不跌。这种情况将极大地影响投资者的心理，使其陷入屡买屡亏的怪圈。以盲动性为出发点的频繁操作并不等同于短线交易。

如图 7-3 所示，该股在下跌途中出现弱反弹，这种反弹形式几乎很难有盈利的空间和机会。如果投资者不放过任何买入机会的话，那么必然会失去盈利的机会。

股票交易的盈与亏和交易次数的多与寡还是存在某些方面的联系的。过于频繁的交易所产生的大笔交易税费会在不知不觉间侵蚀投资者的本金和利润，很多人从来没有认真统计过自己每年支出的交易税费究竟有多少。

一个频繁操作的人一年累积下来的交易税费也是一个不小的数字。同时，股票价格的变化受到多种因素的影响，判断股价运行的趋势变化需要较为深厚和扎实的看盘分析能力。坦白地说，大多数投资者并不适合频繁地进行短线交易。

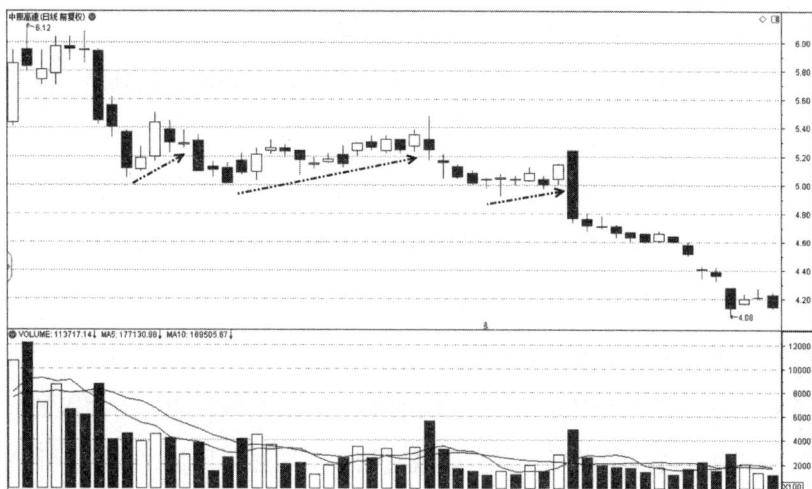

图 7-3　频繁交易

投资者在资金、信息、技术等方面都处于弱势的情况下，不妨把眼光放长远一点，不要贪图眼前的蝇头小利，多学习一些投资大师的操作风格。世界上各位投资大师，无论是巴菲特还是索罗斯，他们都有一个鲜明的特点，用八个字来形容就是"静如处子，动如脱兔"。大师们的交易从不盲动，只有不盲动，才能发现和抓住光怪陆离的股票市场上的机会，才能一击而中。

知识点小结

不要高估自己，不要低估他人。成熟的投资者从不认为自己是股票市场上最聪明的那个人。稳定获利的投资者绝对不会认为自己最聪明，因为市场远比自己聪明！只要踏踏实实地摆正心态，沉下心来做研究、做分析，寻找稳健的交易机会，投资者就完全可以获得不菲的收益。

第四节　两种极端情绪

在股票市场上，受到极端情绪的影响，投资者总是在股价暴涨、远高于公司实际价值时疯狂追买；在股价暴跌、远低于公司实际价值时恐慌性抛售。

"在别人沮丧地卖出时趁机买进，在别人疯狂买进时趁机卖出，这需要极大的毅力，但收获也颇丰。"这是逆向投资大师邓普顿对于逆向投资理论的经典总结，也是在告诫投资者如何应对恐惧与贪婪这两种极端情绪的困扰。

恐惧常会使投资者发挥失常，甚至放弃自己本来正确和理性的判断，并最终被恐惧征服，加入任人宰杀的羊群中去。

当股价发生暴跌时，人们的恐惧情绪会达到极点，曾经惨痛的亏损经历和对行情前景的绝望情绪糅合在一起，投资者往往会不由自主地选择割肉离场。恐惧心态源于投资者对股价运行趋势没有足够的信心，以及对相关上市公司缺乏详尽的了解，而这些都是投资者介入股票前必须进行的准备工作。

克服恐惧心态的唯一途径是对自己的操作行为有理性的认识，对介入的股票有足够的分析研究。即便行情一时出现"黑云压城城欲摧"的恐怖局势，那些心中有数的投资者也会有闲庭信步般的淡定。

投资大师邓普顿说，在股市暴跌的时候，如果投资者没有在股市疯狂上涨阶段卖掉股票，那么在暴跌时跟随人们一齐抛售，无疑不是一个最佳选择。投资者这时应该做的是检查自己的投资，并问自己一个问题：如果现在没拥有这些股票，我是否会在危机过后买进它们？如果答案是肯定的，你就应该丢掉恐惧的情绪，继续持有你看好的股票。

卖掉股票的唯一理由是你发现了另外更有吸引力的股票。如果你没有发现，那么就继续保留你手中的股票吧！

贪婪者，不肯见好就收。他们总想在最低点买进，在最高点卖出，因此错过了一次又一次卖出或买进的良机；或者本来某只股票已经盈利，却因为想赚得更多一点而贻误了交易时机，造成亏损。

如图 7-4 所示，该股连续涨升后，A 点成交量接近该股历史上的"天量"，最大日换手率是本次起涨之前的 10 倍。这种极度异常的成交量反映出该股当时交易的狂热，可以说，A 点就是主力为贪婪的追涨者构筑的陷阱。

贪婪和恐惧总是如影随形、相伴相生。当股市上涨时，贪婪者往往会对股市下跌产生恐惧；恐惧者经常会在黎明前的黑暗中丧失信心而清仓出局，结果卖的往往是"地板价"。

如果你想独享宝藏，那么就要在别人恐慌卖出时，敢于买进；在别人贪婪追买时，果断卖出。这需要投资者具备极强的毅力和坚定的心理素质，如果你具备这两点，就可以得到最大的报酬。很多时候，人们自认为能够做到这一切，但是当市场上几乎每个人都在抛售股票，看起来更糟糕的市场情况还在后面，专家们集体沉默或悲观地告诉你还有很大的下跌空间时，你却要买进！你确实能做到吗？

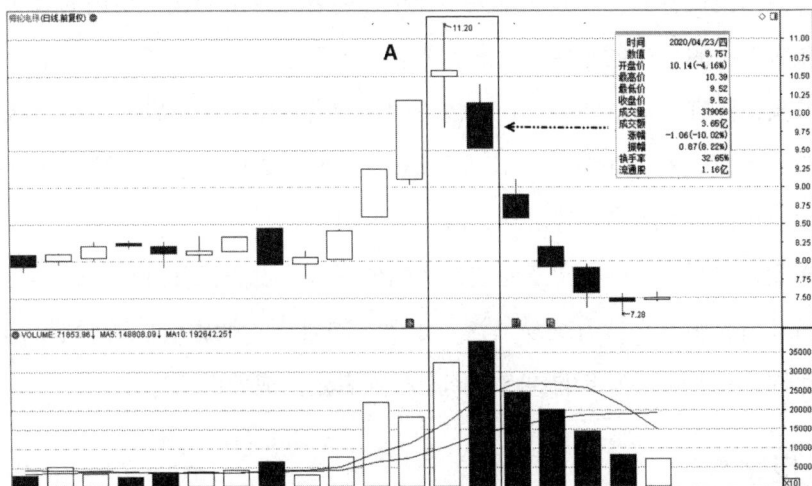

图 7-4　极端情绪

实战中，当众人追涨时，投资者可逐步地分批卖出，不要等市场下跌引起恐慌时加入抛售大军；当众人都想出场时，在恐慌性抛售下，具有投资价值的股票可能出现被大幅打折的价格，这时才是投资者开始买入的时候。

第五节　交易心理训练

对于投资者来说，只有在实战中经过不断地摸索、累积，以及自身心性的感悟和升华，才能塑造出良好、坚定的交易心理，才能使之成为思想和行为的坚实支柱。

投资者可以对自己的实战案例进行总结。比如，在一些盈利的案例中，自己当时的心理历程是怎样的？把其中起到关键作用的因素提炼出来，并在之后继续坚守和发扬光大。同样，对于一些亏损的案例，把其中起到关键作用的因素提炼出来，并在之后的交易中予以摒弃。

交易心理还可以通过以下几个方面进行培养和训练。

一、选择与自身性格相符的交易方式

投资者首先需要对自身有一个客观、清醒的认识。不同性格的人，其行为方式有较大的差异性。反映在股票操作上，即有的人喜欢短线交易，有的人喜欢长期持有，有的人喜欢冷门低价股，还有的人偏好追击涨停板个股。

交易行为与投资者的个性密切相关。性格外向者在牛市中比性格内向者更容易获取暴利；但在熊市中的亏损也比性格内向者要多得多。

就股票操作而言，性格外向者在行情不明朗或者处于熊市下跌时，应该减少操作频率，学会空仓等待；在行情处于牛市上涨时，则可以放手一搏。而对于性格内向者来说，则应学会在行情大趋势走好之际，敢于大胆出击。

在选择股票方面，性格内向者应选择有估值优势、走势稳健且可以长时间持有的股票；而性格外向者则不宜持有交易清淡、走势平缓且处于调整阶段的股票。了解自己、发现和战胜自己心理和行为上的弱点，则是投资者走向成熟的第一步。

二、勤于反思

对于投资者而言，研究实战中的每一次成功和失败的交易案例，是一项能够迅速提高自身操作技能的方法。例如，一次亏损的交易过后，投资者应总结买入的理由、卖出的理由，对比二者可以发现这次交易错失的症结所在。不但失败的案例需要总结，成功的案例同样需要总结，如果投资者把每一次成功的交易都归结于"运气好"，那么成功就会是不可复制的，因为连自己为什么能赚到钱都没有搞清楚。

投资者应该有一个记录自己操作情况的日志，主要用于记录自己每一次交易时的想法、理由、股票的技术走势、目标位、当时大盘的点位和市场氛围，以及本次交易的总结和今后的注意事项等。如果你能长此以往地坚持下来，就会让自己的失败越来越少，成功越来越多。

三、多角度思考

置身股市，投资者面对的不但有身边的中小股民，还有市场上翻云覆雨的主力机构。在实际交易中，投资者在破解主力的迷局和动机时，不妨换位思考"如果我是主力，会怎么做"，可能会有新的发现。

当然，换位思考不仅仅是针对市场上的主力而言的，当投资者面临方方面面的操作窘境和误区时，都可以进行换位思考。投资者以不同的角度和心态分析遇到的难题，可能更容易找到解决问题的办法。

四、学会放弃

在股市中最不容易做到的是承认失败，最难学会的是放弃。交易之道犹如用兵之法，不懂放弃、不能承认失败的人，很难取得永久的成功。

一些投资者在实战中连续几次交易成功获利之后，便心生骄矜，认为自己已经掌握股票获胜之天机，将无往而不利。

有这种心态的投资者其实是最危险的，在接下来的交易中即便发现自己决策错误，也很难及时承认错误、放弃错误的交易，往往等到出现巨亏时才幡然醒悟，却为时已晚。还有些投资者明知继续持仓是错误的，却很难选择放弃，总觉得熬过一段时间后就会有解套并获利的机会，而等到持仓的股票一而再，再而三地发生急跌时，才惊慌失措地选择低位割肉卖出。

在股票市场上，勇于承认自己操作上的错误，并在错误造成重大损失之前能够及时选择放弃，是一种明智的选择，也是投资者逐渐走向成熟的标志。学会放弃，才能从放弃中懂得如何收获；承认失败，才能从失败中总结如何成功。一个不愿低头的人是看不到脚边的陷阱的。

五、去除浮躁

浮躁是交易之道的大敌。股市中人往往容易被市场上追涨杀跌的浮躁投机气氛所蛊惑，从而加入其中，最终却陷入亏损的泥潭而难以自拔。失败常常是在浮躁的气氛中形成，如果不能去除浮躁，投资者的夜路将会极其漫长。

在股票操作上，保持一份平常心，既对身心健康有益，又对个人投资素养的提升有所帮助。在股市中，尤其是喜好短线搏杀的人，常会感到眼睛发涩、身体疲惫不堪，多是由于精神过长时间处于高度紧张的状态造成的。当大盘上涨时，如果投资者手中的股票未与大盘一起上涨，就会担心是否另生变故；当大盘下跌时，投资者又为持仓过重而深感忧虑，可谓是涨亦忧心、跌亦愁。

枯燥而又紧张的交易行为、操作上的失误以及个人情绪本身的周期性低潮等，都可能使人脾气暴躁、喜怒无常。投资者在身心疲惫的状态下，智力和反应能力都会大打折扣，这时应该离场休息以调适自己的心态。离开股市一段时间，让自己的身心得到休养，这对以后的操作是极有益处的。

六、不能偷懒

兵法云：知己知彼，百战百胜。虽然投资者在股票交易中不可能百战百胜，但如果能在交易前详细了解市场、个股的情况和信息，则盈利的概率将大大增加。

很多投资者等到了好机会，却因为选择的目标不佳或操作方式有误而没有获得理想的收益。原因大多是经验不足、临战胆怯，当机会来临时反而心慌意乱，掌握不好节奏，既而错失好局。投资者的心稳立足于信心，而信心则源于充分的准备工作。只有心稳，手才能稳。

投资大师吉姆·罗杰斯每逢遭遇投资失利，都会反复从自己身上找寻失利的原因，他发现很多失利的交易都是因为自己没有做好充分的准备工作，没有更全面地了解投资标的的详细情况，是自己偷懒了！

没有经过精心准备的交易其实是赌博，交易的成败与否就只能靠天意。而当投资者把自己的资金托付给老天时，就已经注定了失败的结局。

七、少动手、勤思考

在股票市场上频繁交易的人，未必能够取得好的结果，而少动手、勤思考的投资者往往能成为股市的赢家，个中原因就在于投资者能否对其心态进行有效的调整和驾驭。

当投资者进入股票市场时，首先要做的并不是选股票、做交易，而是应该问问自己是否有能力控制恐惧和贪婪的情绪。拥有良好的交易心理往往能使股票交易于平淡之中见神奇。

其次，问问自己是否确定了一个和自己的综合能力相匹配的收益期望值。一方面，超出自身能力、过高的收益期望值会助长贪念；另一方面，交易失败会使投资者跌入恐惧的深渊，而克服贪婪和恐惧的关键就在于事前理性、充分地分析、研究和计划。

八、忍与等

在股票市场上能否收获成功，不仅与投资者所具备的专业知识、实战经验有关，而且还受到个人的性格、修养的影响。忍耐就是投资者必须具备的一种能力。股市新手不能冲动地入市，应先学习相关知识，做到有备而战；成熟的投资者应做到趋势不明不动、不符合纪律准则不动、没有准备不动。无论主力如何变化障眼法，即便投资者忍无可忍，也要再忍一忍，主力终究会露出马脚。

　　只有冷静且有耐心的投资者才能发现和把握真正的盈利机会，不被频繁交易的零乱思绪所困扰。有时候交易制胜的秘诀就是等待：等待机会的到来，等待趋势的反转，等待空头势穷力竭，等待多方的星星之火。

　　股票市场上没有谁能百战百胜，投资者只有学会审时度势，根据趋势变化以逸待劳，善于等待，才能在股票市场中长久立足。

九、心细胆才大

　　投资者能否从行情的细枝末节上发现事态的重大转变，不但和其观察的仔细与否有关，还和其分析、判断的综合能力有关。

　　只有用心体会、细心判断的投资者，当机会来临时，才敢于重仓出击；在持仓等待的过程中，才能在惊涛骇浪中闲庭信步。这才是盈利的关键因素。

　　如图7-5所示，细心的投资者完全可以从成交量的变化以及股价和均线的变化关系中，寻找到该股扭转下跌趋势、进入上涨趋势的蛛丝马迹。

图 7-5　趋势的扭转

十、走为上

　　股票交易的最大诱惑就在于能够激发投资者想赚更多钱的欲望，以及把损失捞回来的赌徒心理。很多不懂得应付这些诱惑的人，最后的结果大多是铩羽而归。

懂得止损和止盈是股票交易的重要心理防线，也是区别投资者是否成熟的标志之一。懂得离场并能够控制自己离场时间的投资者，必然是不为市场所囿的赢家。

✐ 知识点小结

> 赢家不一定是通晓整个市场秘密的人，却一定是了解自己、能够掌控自己心理的高手。投资者并不需要打败整个市场，只要能够战胜自己的心理弱点，就会大大增加在股票市场中获利的机会。

第六节　风险控制

如果没有风险控制手段或策略，那么无论投资者拥有多么良好的心理素质，都无助于投资本身。拥有自己的风险控制手段，无论是对交易心理，还是对投资本身都是一件有百利而无一害的事。

风险控制是投资者在实际操作中必须面对的重要问题。不同风格的投资者对此也有不尽相同的选择。实战中，投资者可根据自己的操作特点选择适合自己的资金和仓位控制规则。例如，针对次级趋势的反弹行情，稳健型的投资者就应以较小的仓位参与；而激进型的投资者可以大仓位参与，但应设置止损位。

风险控制包含两个方面：仓位和资金比例控制与交易风险控制。

一、仓位和资金比例控制

仓位和资金的比例控制是指每笔交易所需资金占总资金的比例，以及总仓位和总资金之间的比例。

对于投资者尤其是股市新手来说，在自己的总资金中最好不要有借款或融资而来的资金；而对于经验丰富且有一定资金使用和管理能力的投资者来说，也应控制借款或融资所占总资金的比重和使用尺度，防范因意外情况出现而导致资金链断裂。对于这部分资金的使用，投资者应以易于变现和高周转率为原则，比如，主要将其用于申购新股、短线交易等。在资金比例控制上，资金量不同的投资者可根据自己的实际情况酌情掌握。

一个成熟的投资者应该有计划地使用交易资金，毕竟股票交易的风险性就在于投资者无法百分之百地预知每次交易究竟是盈利还是亏损，所以投资者在追求盈利的同时还需要考虑风险因素，任何时候都不能靠"赌"来决定交易。

投资者在每一笔交易中投入的资金比例，应根据市场情况和交易品种的不同而有所变化。

1. 牛市初期

牛市初期，即熊市与牛市行情的反转阶段。这一时期个股的表现并不一致，有的个股已经走出明显的上涨趋势，有的个股仍旧延续下跌态势，还有的个股正处于反复折返盘整的状态中。

初入股市的投资者在这个阶段最好保持观望。虽然牛市初期的股票有价格上的优势，但股价的震荡极为频繁，暴跌时有发生。对于心态不好的投资者来说，追涨杀跌反而容易出现亏损。同时，初入股市的投资者一般尚不具备判断行情趋势反转的技术能力。

有一定技术基础的投资者，此时会回避短线交易，专做波段交易或中长线交易。

投资者应选取基本面上质地优良、营收稳定的个股，以及技术面上经历过大跌，目前还在低价位上的个股。投资者应选在股价回落过程中买入，如无必要，切记不要追涨。

投资者首次建仓可投入总资金的 50%（如果资金量较大，也可投入 20%~30%），这样仓位和资金处于平衡状态，即使股价继续深跌，投资者的心态也不会受到太大影响。

如果股价继续下跌，那么每跌 10%，投资者就要投入一部分剩余资金进行补仓，直至仓位达到八成。正常情况下，股价都会在这个阶段开始转势上行。

倘若投资者遇到极端的情况，就要保留两成的资金来守住仓位，直至股价转势上行，并突破重要阻力位时，才考虑投入剩余资金来满仓。也有很多投资者一直保留两成资金，主要用于短线交易，这样可以避免因手痒而妄动大仓，或者用于防止其他意外情况发生。

2. 牛市中期

在这个阶段，上涨趋势已经非常明确，比较适合新手进场。在买入时机的把握上，投资者还是应选在股价回落或者震荡的过程中买入。

在仓位的选择上，投资者首次买入以 30%~50% 为好，尽量不要一次满仓。

虽然在牛市行情的背景下，满仓从技术上并无太大问题，但大多数新手都很难保证其心态不出现问题。一旦遭遇股价回调，内心恐惧的投资者可能会在股价大跌后减仓。而牛市行情中的短期回调，多数都会在集中杀跌的情况出现后，转势向上恢复上涨行情。因此，在这个阶段，新手买入股票后，一旦被套，不必过于恐慌，要把被套看成盈利的一个过程。

投资者可以借机在低位补仓，达到六成至八成甚至满仓后，静观其变。投资者尽量不要寻求做盘中的 T+0，因为一旦连续操作失误，反而会给持仓心态带来不良的影响。

不太容易控制住手痒的投资者也可留下两成的资金，尝试做短线交易。对于大仓位，新手要尽量使其保持稳定，这可以让新手在一轮牛市结束时，至少能获取不低于平均水平的收益。

3. 牛市后期

行情来到牛市后期，市场极端火爆，股票人气爆棚，似乎人人都是股神。在这个阶段，别说是新手，就是浸淫股市多年的老手，也很难做到全身而退。

牛市后期，投资者需要警惕的不是股价下跌，而是怎样留住好不容易获取的利润，也就是我们常说的止盈。在牛市中赚到的钱只是纸上富贵，投资者只有懂得如何收获，才不会使其化为乌有。

止盈是一种智慧，是一种懂得收获的智慧，也是投资者保住胜利果实的有效方法。

当身边的人几乎都在炒股，都赚取了不菲的利润时，作为股市新手，不妨先减掉五成仓位。这个决定非常难做，而一旦做出决定，就绝不要将这部分已经兑换的资金再次投入股市。

随着行情发展，大盘或个股趋势会慢慢显示出颓势。当大盘跌破一些重要的技术关口而无力收复时，则投资者需要再次减仓或清仓观望。

4. 熊市初期

熊市初期，即牛市与熊市行情的反转阶段。到了这个阶段，市场上时常会出现跳水的个股或连续暴跌的板块，但大部分投资者仍心怀幻想，不愿意相信牛市已经结束。

通常来说，感觉敏锐的投资者可以体会到牛熊转换已经到来，而对于仍旧持仓的新手来说，最需要做到的就是抛弃幻想，大幅降低仓位或者清仓。

5. 熊市中期

在熊市进入中期阶段，大盘已经出现较大幅度的下跌，之前不愿相信牛市结束的投资者，也已经不得不承认熊市已至。

这个阶段的大盘或者超跌的个股较容易出现强劲的反弹。

熊市初中期的反弹，涨势很快，但跌势更加猛烈，这让投资者很难把握。持仓新手的最佳选择就是利用反弹减仓、清仓甚至是割肉出局，切记不可再度增大仓位。

其实这一点说起来容易，做到很难！

即使是有经验的投资者，之前躲过了牛熊转折的大顶部，但在这时却参与到反弹当中，最后反而是重仓被套。

对于投资者来说，熊市中期最重要的是能够拒绝强反弹的诱惑。

6. 熊市后期

如果投资者在这个阶段还有仓位，那么很可能已经被深度套牢。投资者只能利用做T或被动等待等解套方法。

对于经历过牛市、熊市大部分阶段的新手来说，对于风险的理解必然很深刻，已经告别了新手阶段，步入成熟投资者阶段。

成熟投资者身上最明显的标志就是懂得在熊市中后期保持空仓。

空仓，是一种智慧；空仓，也是投资的一种方式，是投资者必须学会的一种调适手段。

很多投资者不愿意空仓，理由就是怕踏空行情。如果投资者手里没股，心里就慌，非常害怕行情突如其来把他一个人抛下。

如果说在牛市行情里，害怕踏空行情还存在一定的道理，那么在熊市下跌行情中，一些投资者为什么也存在害怕踏空的心理障碍呢？

只因这些投资者具有浓厚的牛市情结，即使经历过熊市下跌的无情蹂躏，心中挥之不去的仍旧是"行情会在某时突然出现上涨"的幻想，其对踏空的恐惧远远大于对套牢的恐惧。

这些投资者往往最不能忍受的是，自己刚刚出局，上升行情便呼啸而来。投资者缺乏理性的分析和判断能力是造成这种错误投资的关键因素。

对于中小投资者来说，其实根本不存在所谓的踏空行情。如果投资者面对的是趋势性的上升行情，那么其中肯定会有足够多的回档机会留给投资者介入，而大多数中小投资者在几分钟内就可以做到满仓。如果只是一波反弹行情，那么不参与就是稳健的投资者最佳的选择。

二、交易风险控制

有些投资者在每个交易日都会买或卖，哪怕手中持有的股票正在上涨，仍然不能抑制将其卖出后再换股买入的冲动。

这样的投资者多为新手，大多没时间成为老手，若是在熊市行情中，他的资金很快就会被耗尽。在熊市行情中，如果他仍旧按捺不住手痒而频繁操作，那么唯有巨亏的惨痛教训才会让他停下来。

也许有人会拿出量化交易等高频交易模式来反驳，我们且不说国内 A 股实行的 T+1制度并不适合一般的中小投资者做高频交易，即使是国外一些专业做高频交易的团队，一旦遭遇突变行情，也必须承受重大损失。

谁都有财富快速增值的愿望，正是这个愿望促使很多人进入股市后，便一心只想着做短线、赚快钱！但"欲速则不达"的至理名言，对于大多数人都有效。即使有人偶尔打破这个真理，使财富快速增值，却也很难让这种"奇迹"持续下去。善于归纳总结的人会发现，财富快速增值的表现往往只是"运气"在起主要作用，而这种"运气"很难保持或再现。

当某些股票突然出现连续暴涨时，如果你想参与其间分一杯羹，那么必须明白一件事：高换手率下的股价暴涨多是由大资金主导，这必然是一场击鼓传花的游戏。如果你参与其中，那么就必须接受股价随时出现向下崩塌的可能。

如图 7-6 所示，在十余个交易日里，该股股价上涨近 70%，成交换手率达到 335.55%。在该图中的 A 点之后，股价突然迅速下跌，套住了追高买入的人。其实，参与这类个股的投资者都知道自己是在赌，但都认为自己不会接最后一棒。

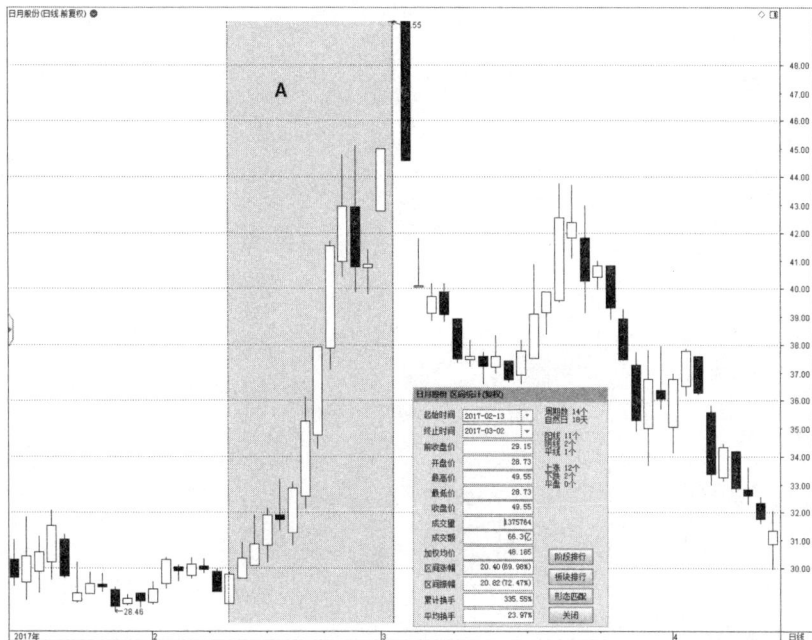

图 7-6　交易风险控制

作者举这个案例，不是让投资者回避所有快速上涨的个股，而是想告诉入市的新手，不要以赌博的心态炒股，至少在自己尚不具备相应的技术能力之前，不要跟风追高。

股市上有句俗语：神仙打架，凡人回避。这句话的意思是，在大资金相互博弈的过程中，缺乏技术和资金实力的小股民应尽量采取回避和观望的态度。

新手应该把自己的交易目标或者适合交易的对象放在基本面优良、股价尚未大幅上涨的股票上面。这些股票可能在短期内的涨跌幅度都不大，虽然看起来很沉闷，但正适合新人练手。追踪一只股票涨跌循环的全过程，体验在各个阶段交易心态的变化，非常有利于新手总结经验、迅速提升交易技能。

知识点小结

> 入市新手，最忌"眼高手低"，一门心思追逐最热闹的板块或个股。如果这种行为时间长了，形成习惯后，就很难再改掉。很多老股民的操作行为模式就是这样形成的，不论炒股多少年，从他们的操作行为和交易心态来看，他们仍旧是一个新手。

第八章

盯盘技巧

第一节　盯盘与"盘感"训练

一、盯盘者的护城河

盯盘者是指在交易时间内密切关注股价波动的投资者。这部分投资者大多以短线交易为主，容易受到股价短期波动的影响。盯盘者需要具有强大的自控力和相应的操作纪律来保障，才能在股价的跌宕起伏中寻觅到盈利之道。

1. 操作纪律

德国哲学家黑格尔曾说："纪律是自由的第一条件。"没有纪律约束下的所谓自由其实是放纵，而肆意妄为的放纵带来的只能是破坏和毁灭，自由又从何谈起？

在股票交易中，投资者的一切操作行为如果没有纪律的约束，而仅凭个人好恶或别人的建议来决定，那么炒股将会变成极其危险的游戏。

在一些人的眼里，操作纪律是对自己的一种羁绊。他们并不信任操作纪律，并不明白正是这些"羁绊"，在行情发生意外情况时能够保护自己的资金不受较大的侵害。

在股市中，所有的人都会出错，关键在于不重复犯同样的错误和一些低级的错误，而做到这一点看似简单和容易，却是大多数投资者亏损的主要症结所在。个中原因在于，当行情如火如荼时，投资者最容易忘记曾经有过的伤痛，把风险抛在脑后，眼里看到的只有暴利，而能帮助投资者克服这一心理弱点的就是制定操作纪律。

一些投资者漠视操作纪律的原因，还在于在某些偶然性的机会里，不守纪律的人获取了暴利，而守纪律的人却常常坐失良机，其实这种现象本身就是股票市场上诸多诱惑之一，也是人性弱点的体现，即只看到"成功和暴富"，却看不到或不愿意看到"失败和制裁"。

以纪律的形式来规避不必要的错误，无疑能使投资者迅速撇除股市中的诸多干扰，能够更加清晰地感受和捕捉到市场运行的主动脉。

成功者的操作纪律是其在股票市场中经历过多次成功和失败后，对经验和教训的高度总结，是由无数金钱和血泪所凝成。借鉴成功者的操作纪律并用心体会自己的得失成败，是投资者用以建立自己操作纪律体系的最佳手段。

操作纪律的建立和执行可以落实在一份股票投资计划中。通常来说，这份计划应该包含以下内容。

（1）资金控制。包括投入的总资金额度、资金的使用步骤以及预备资金的留置额度等。

（2）投资目标、时机、周期和收益预期。在投资计划中，投资者应对"为什么买入某个目标个股"有一个充分的说明。在之后持股的过程中，当投资者因股价波动而产生疑虑时，可以回过头来看看，当初买入的理由是否有变，这样做非常有助于投资者耐心持仓。

同时，投资者对买入和卖出时机、价格应确定一个大致的范围以及整个投资周期的长短和次数。投资预期收益要比较合理，不能太高，否则会影响投资心态，使本来应该获得的盈利变为亏损。预期收益的具体额度要根据市场情况而定。

（3）纠偏手段。投资计划要清晰明确，同时要根据市场的变化情况确定非常规的纠偏、纠错手段，预防意外情况发生。

赢家，不一定是通晓整个市场秘密的人，却一定是一个了解自己、能够掌控自己情绪的高手。投资者并不需要打败整个市场，只要能够战胜自己的弱点，就能够在股票市场中获利。

2. 别用自己的愿望去交易

投资大师罗杰斯曾告诫投资者，别用自己的愿望去交易。这句话的意思是，投资者在决定买入或卖出时，不能把主观的愿望作为交易的理由和依据。比如，我觉得这只股票会涨，或者会跌等。

有些人在熊市中买入一些横向盘整的个股，内心期望这些个股会在不久之后向上突破，给自己带来丰厚的利润。然而，这类个股盘整结束后，多会选择向下运行，投资者的期望和幻想被现实击得粉碎，唯一真实存在的就是资金的亏损。

盯盘者的任务在于解读盘面的潜藏含义，在这个过程中，决不能让主观愿望掺杂其中，否则分析和判断结论必然和真实情况存在较大的出入。

例如，某股突然连续出现较大买单，持仓的投资者如果从主观愿望的角度来理解，必然是该股即将出现快速飙升；而空仓的投资者可能会认为，这是主力的诱多，后市肯定下跌。

这就是典型的用主观愿望来分析和看待盘面变化，全然不考虑技术面上的客观情况和其他因素的影响。如果盯盘者仅从主观愿望的角度来分析和研判盘面的变化，那么可能永远也读不懂市场的"心跳"。

3. 训练盘感

有着"金融大鳄"之称的投资大师乔治·索罗斯曾说，每逢自己的投资组合存在问题时，他总会感到背痛；而当这些问题得到解决时，背痛就会不药而愈。

这种神奇的感觉就是预感或"第六感"，其实是人的潜意识对大量不同信息合成的结果，在股票市场上也被称为"盘感"。

盘感会让投资者对未来的行情趋势产生预判，而这种盘感并无逻辑推理或分析的过程，但行情往往会验证盘感的正确性。有些投资者在关键时刻往往会因为这种神奇的盘感而逃脱劫难。

虽然盘感让人感觉神奇，但是它和上文提到的"用自己的愿望去交易"完全不是一码事。

盘感神奇，却并不神秘。它来源于人们的社会实践。人们对客观事物本质属性的辨别、判断，可以不必样样经过思维活动的复杂分析、综合、归纳、演绎等加工过程，而只需在感知过程中将储存在大脑神经网络中的理性意象与对某一事物的感觉印象相比较，便能直接做出判断。

盘感形成于股票操作中，是投资者对自身操作经验和交易理念综合积累以及长时间亲身感受市场"综合交易信息"沉淀的结果。

盘感是在交易操作中通过实践、体验得来，没必要把它当成超凡入圣、不容窥测的"武功秘籍"。经过一些必要的步骤和一段时间的强化训练，大部分投资者也可以拥有盘感。

总而言之，盘感的获得需要有一个从量变到质变的过程，在这个过程中，既需要投资者下功夫做足功课，也需要投资者勤于思考。

（1）坚持每日复盘训练

投资者应该把复盘当成每天收盘后必须完成的一项工作。复盘的意义在于，结束一天的实时交易后，重新浏览个股走势，重温当天重要的盘面信息。有些内容在实时交易中不便于深入分析，而在复盘阶段则可以好整以暇、从容不迫地静下心来仔细研究。在复盘过程中，投资者对当天的市场热点、板块动向、大盘总体趋势等都应有一个细致的回顾，并以交易日志的方式认真记录。

（2）盘面速判能力训练

投资者在交易时间看盘时，要注重训练自己对于涨跌幅榜上的个股走势、板块发展情况以及大盘、个股分时变化的判断能力，即时做出趋向性判断，并随时验证自己的判断。当投资者判断错误时，应立即诊断原因或记录下来等待复盘时分析。投资者应每天多次重复进行这种即时判断、即时验证的训练。

（3）盘面记忆能力训练

投资者在实时交易时，应对重要目标个股的盘口数据特征认真观察和记忆。例如，分时走势特点，开盘、收盘有无异常，盘中最高价、最低价出现时的特征，量价关系正常与否，以及盘中有无主力出货、护盘等运作情况。实时交易结束后，投资者应将目标个股的这些重要信息在脑海中反复回忆。

（4）交易信息的条件反射训练

对于大盘及个股一些重要的底部、顶部的分时图、K线图、成交量以及技术指标的特征，投资者要反复研究、细心揣摩，并逐步拓展到次级行情、短期行情的高点和低点的技术特点的研究分析中去。投资者要读懂这些行情特殊阶段的技术含义，并强化记忆这些技术细节。

利用交易软件的回放功能，投资者可逐一分析一些重要点位出现时的技术环境。和即时交易的盘面速判能力训练一样，投资者可以在分析技术含义的同时不断地进行预判，再利用回放来验证自己的判断是否正确，以此不断储备盘面信息，强化条件反射和盘面速判的能力。

神奇的盘感只不过是来自投资者的勤奋与刻苦，当然，还需要一份持之以恒的耐心。

二、共振理论

共振是物理学上的专业术语，是指两个振动频率相同的物体，当其中一个发生振动时，引起另一个物体振动的现象。在股票交易中，多个技术工具共同发出交易提示的情况，也称为共振。

在股票技术分析中，当多个技术工具对某个形态同时发出一致性技术提示，也就是发生共振时，其提示信号的准确性极高。

共振现象是投资者探究目标股票是否具备交易条件的极佳手段。例如，如果经过多项技术工具的分析都显示某股具备一定的上涨概率，那么就说明技术工具在这里产生了共振。如果多项技术指标未能出现共振，而是各自发出了不同的信号和提示，也就并不必然说明该股不会上涨。多项技术工具的共振并不是一个经常会出现的现象。

技术共振的类型具有多样化的特点，大致可分为以下几种。

1. 多个技术指标之间对目标个股发出共振提示

这种类型的共振较为常见，比如，MACD、KDJ、BOLL 等技术指标同时发出买入或卖出的交易提示。正因为这种共振的常见性，而且是技术指标范畴内的共振，所以其准确性会有所折扣，应用空间和时间上也有较多的限制。

2. 技术指标、量价关系、均线系统等技术工具在某一时点发出共振提示

在实战中，均线系统、量价关系、技术指标等同时发出买入或卖出的提示，这种跨越技术类别的共振一般具有较高的准确性。

3. 不同时间周期在技术分析上形成的共振

不同的时间周期和技术工具对某一对象在某一时点发出的共振提示往往有着令人惊奇的准确性，这种类型的共振难得一见。不同时间周期的共振有着不同的应用意义，比如，如果日线、周线、月线同时显示行情向好，则意味着中长期行情转暖；而 5 分钟、15 分钟、60 分钟等时间周期的共振，只是显示短期行情的变化。

在实战中，时间周期和多项技术工具的共同使用，对于盯盘的投资者在分析和判断

行情变化上更为有利。出现共振的技术因素越多，投资者对行情判断的准确性越高。

✏ **知识点小结**

> 巴菲特曾将股票市场比作打扑克牌："如果你玩了一阵子后，还看不出这场牌局里的傻瓜是谁，那么这个傻瓜肯定就是你。"

第二节　集合竞价的看点

盯盘者通常不会错过每个交易日开盘前的 15 分钟，这个时间段包含每日开盘前集合竞价的过程。

集合竞价是指在规定时间内接受的买卖申报一次性集中撮合的竞价方式，由此确定当日的开盘价。集合竞价完全由电脑交易系统进行程序化处理，将处理后所产生的成交价格显示出来。

集合定价过程中的成交价格是电脑交易处理系统对全部申报按照价格优先、时间优先的原则排序，找出满足以下三个条件的基准价格。

- 成交量最大。
- 高于基准价格的买入申报和低于基准价格的卖出申报全部成交。
- 与基准价格相同的买卖双方中有一方申报全部成交。

集合竞价过程中，若产生数个价格同时满足集合竞价的三个条件时，则沪市会选取这几个基准价格的中间价格作为成交价格，深市则会选取离前收盘价最近的价格作为成交价格。

集合竞价期间未成交的买卖申报会自动进入连续竞价阶段。

一、开盘集合竞价的规定

开盘集合竞价的规定如下。

- 每个交易日上午 9:15—9:25 是集合竞价时间。
- 每个交易日上午 9:15—9:20，投资者可以挂单，也可以撤单。有些主力在上午

9:15—9:20 虚挂大单买入，吸引买单，在上午 9:20 之前再把买单撤单，所以投资者对集合竞价期间的挂单数据要谨慎、细致地分析。

- 每个交易日上午 9:20—9:25，投资者只能申报，不能撤销申报。想撤单的投资者必须在上午 9:20 之前完成，否则只能等到开盘之后了。

- 集合竞价是以价格优先，然后才是时间优先的原则撮合交易。投资者如果力求在集合竞价阶段成交，那么最好在接近上午 9:25 时申报一个比即时报价有价格优先权的价位，以确保成交。

- 集合竞价阶段往往隐含着主力资金当日的一些运作意图，因此投资者应认真、细致地分析集合竞价情况，以便及早进入状态，熟悉最新的交易信息，掌握当天的交易先机。

二、集合竞价的交易要点

第一，集合竞价期间，投资者要注意观察个股委托盘的情况，如果委买单大于委卖单 2 倍以上，则表明多方占优，股价上涨的概率较大。

上午 9:30 开盘后，投资者要继续观察委买单和委卖单的变化，如果这时委买单仍旧大于委卖单，且委买单有不断加码的迹象，则个股当天强势上行的概率极大。在熊市市场整体处于下跌大趋势的背景中，投资者应慎重利用集合竞价进行交易。

第二，如果某只股票在前一交易日强势上涨或封住涨停板，尾盘时委买单量很大，因限于收盘无法成交，则投资者可以对该股进行基本面、技术面的综合分析，在确认该股具备连续上涨的条件之后，次日密切关注集合竞价时委买、委卖的情况。如果上午 9:20 分过后，委买单依然保持很大的优势，则投资者可以果断挂单，参与竞价买入。

第三，如果某只股票在前一交易日强势上涨或封住涨停板，次日在集合竞价时成交量同比温和放大，且向上跳空缺口适中，则仍有上行的可能，投资者可适度参与。

如果热门股在集合竞价时成交量同比急剧放大，并且向上跳空缺口在 5% 左右，则投资者要小心开盘后股价冲高回落。投资者在集合竞价阶段应以观望为宜，等待开盘后分析量价关系变化情形再行决定。

如图 8-1 所示，该股前一交易日报收涨停板，进入当日集合竞价期间时，股价在当日涨停板价位上开始竞价。就在集合竞价即将结束时，突然出现大单，将成交价迅速压低。这笔确定开盘价的大单给部分持仓者带来了恐慌，开盘后股价出现一个瞬间急速下探的过程。之后股价迅速回升并封住涨停板，不久又被巨量卖单打开。虽然最终该股还是封住涨停板直至收盘，但是该股在竞价阶段和开盘之后的表现已经显示出盘中存在较为强烈的兑现欲望，这在之后的交易日必然有所体现。

投资者对于类似这种个股，在之后的操作中应尽量避免追涨，而持有仓位的投资者需观测后市该股放量的情况，当出现高换手率时，应及时减仓。

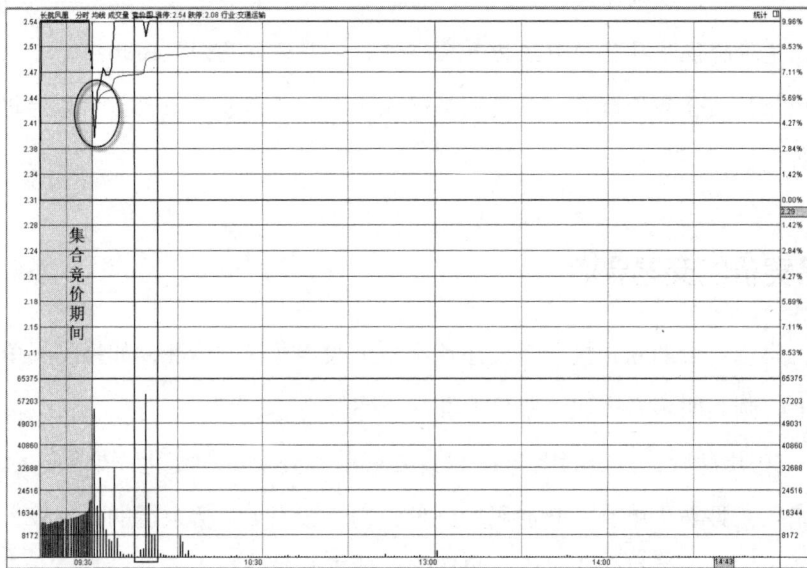

图 8-1　集合竞价

🎨 **知识点小结**

博弈是股票市场的特性，是资金的战争。丛林法则下，如果投资者不能成为以猎食为生的狼，那么必将成为狼的猎物。

第三节　看开盘预估当日涨跌

集合竞价结束后，个股盘口将会显示出当日开盘的情况。高开、低开、平开等开盘情况对于盯盘的投资者预估当日个股的走势具有较为重要的作用。

一、高开

1. 消息影响下的高开

消息影响下的高开是指有关上市公司的公告、消息或政策促使市场资金在开盘前竞价买入该股而导致的高开。

针对这种类型的高开，投资者应主要看开盘后的交易过程中，资金是否能够持续流入并推动股价上升。一旦做多，资金后续不济或遭遇主力趁机出货及故意打压，则往往会形成高开低走的局面。

如图 8-2 所示，该股盘前公告称收到相关补偿资金。该股直接以涨停板开盘，但随后股价并没能维持在涨停板的价位上，而是被打开涨停板并持续回落，之后股价在前一日收盘价上下震荡。

当受到利好消息影响个股高开时，投资者最好保持冷静分析的态度，不可因一时冲动追高买入。

例如，在利好消息出现之前，如果该股股价已经出现过大幅上涨，那么有可能就会出现"利好兑现是利空"而高开低走的情况。消息影响下，高开的个股能不能追涨，投资者还是要根据个股的情况具体分析。

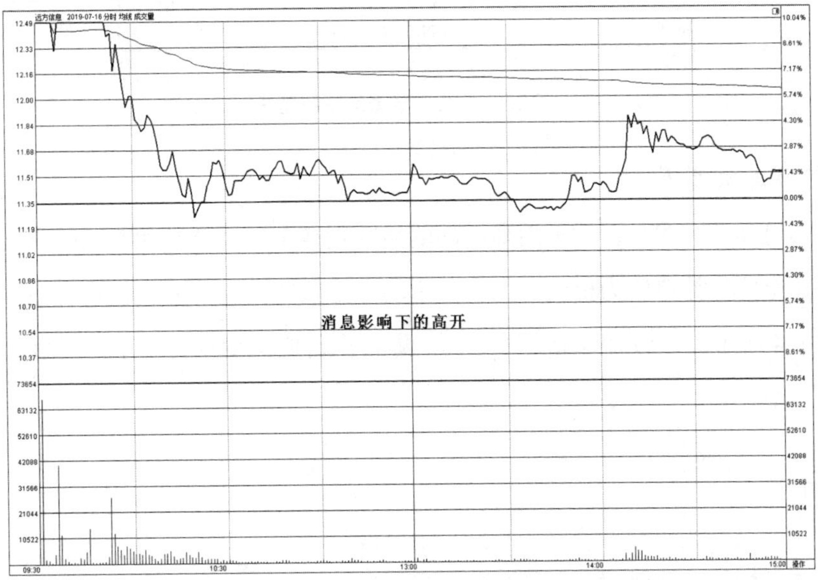

图 8-2　消息影响下的高开

2.主力资金影响下的高开

个股主力主动参与竞价买入，导致开盘高开。这种高开大都有较好的后续能量，尤其是控盘程度较高的主力。当大盘高开高走、价升量增时，则个股有冲击涨停板的潜力。投资者要谨防主力诱多出货，要结合 K 线图看股价所处的位置以及主力拉高有无出货迹象等。

如图 8-3 所示，该股开盘高开达 9.89%，集合竞价成交量达 10 646 手，明显有主力运作迹象。

卖五		
卖四		
卖三		
卖二		
卖一	10.68	5993
买一	10.67	5778
买二	10.66	1254
买三	10.65	766
买四	10.64	476
买五	10.63	353
现价	10.67 今开	10.67
涨跌	0.96 最高	10.67
涨幅	9.89% 最低	10.67
昨收	9.71 均价	10.67
总量	10646 量比	89.46
外盘	5323 内盘	5323
换手	1.57% 股本	1.79亿
净资	3.72 流通	6777万
收益(三)	0.085 PE(动)	63.1
09:25	10.67	10646　270

图 8-3　主力资金影响下的高开

3.市场随机高开

市场随机高开和主力影响下的高开的明显区别在于，其开盘无明显的成交数据，并且开盘时几个价位挂单较为稀疏，大多为市场上零散的资金行为，很难有持续良好的表现。如图 8-4 所示，该股开盘高开 0.19%，集合竞价成交量仅为 2 手，明显属于市场随机高开的类型。

二、低开

1.消息影响下的低开

突发的利空消息或事件促使一些投资者在开盘竞价阶段不计成本地低价抛售，导致股价低开。在这种情况下，投资者要看消息和事件对个股实质性的影响程度，如果仅是受大盘下跌的波及，则低开高走的可能性较大。如图 8-5 所示，该股当天公告，一季度业绩预减，导致股价低开低走。

卖五	5.25	194
卖四	5.23	50
卖三	5.20	35
卖二	5.19	16
卖一	5.17	10
买一	5.13	51
买二	5.11	16
买三	5.10	33
买四	5.08	40
买五	5.07	4
现价	5.14 今开	5.14
涨跌	0.01 最高	5.14
涨幅	0.19% 最低	5.14
昨收	5.13 均价	5.14
总量	2 量比	0.01
外盘	1 内盘	1
换手	0.00% 股本	5.53亿
净资	2.14 流通	5.53亿
收益(二)	0.094 PE[动]	27.4
09:25	5.14	2　1

图 8-4　市场随机高开

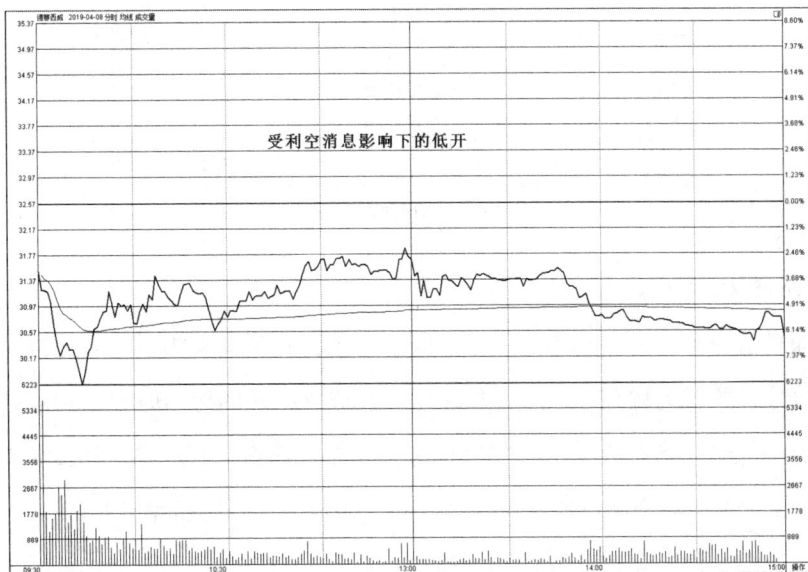

图 8-5　消息影响下的低开

2.主力影响下的低开

个股主力主动参与竞价卖出，导致开盘低开。在这种情况下，低开低走的可能性较大，除非是主力诱空、洗盘。在当天的分时图中，主力的诱空洗盘往往开始呈现跌势，既快又猛，成交量急速放大，股价曲线急速下跌，随即又快速折返。

一般的强势个股在开盘 30 分钟内会出现下跌终结，股价持续拉高上涨。而股价低开低走说明下跌后股价的每一波反弹都很少有超过前一波的高点，且反弹时成交量较小，整体趋向一路下沉。

如图8-6所示，该股以跌停板开盘，集合竞价成交量达8 663手，明显有主力运作迹象。

卖五	9.33	265
卖四	9.32	1
卖三	9.31	11
卖二	9.30	56
卖一	9.29	84844
买一		
买二		
买三		
买四		
买五		
现价	9.29 今开	9.29
涨跌	-1.03 最高	9.29
涨幅	-9.98% 最低	9.29
昨收	10.32 均价	9.29
总量	8663 量比	15.84
外盘	4331 内盘	4332
换手	0.52% 股本	3.32亿
净资	1.96 流通	1.67亿
收益(一)	0.075 PE(动)	62.1
09:25	9.29	8663　761

图 8-6　主力影响下的低开

3.市场随机低开

市场随机低开和主力驱动型的低开的区别在于，其开盘无明显的成交数据，并且开盘时几个价位挂单较为稀疏，一般在长期熊市及成交稀疏的冷门股中比较常见。无方向感的低开走势缥缈，唯有成交量大幅出现时，才能真正确认其趋势。如图 8-7 所示，该股开盘低开 0.86%，集合竞价成交量仅为 7 手，明显为市场随机型开盘。

三、平开

平开是指今日开盘价和昨日收盘价一样，说明大部分投资者对目前的大势或者个股行情持观望的态度。

卖五	5.90	51
卖四	5.89	16
卖三	5.88	70
卖二	5.79	58
卖一	5.78	41
买一	5.75	13
买二	5.74	42
买三	5.70	70
买四	5.69	7
买五	5.66	17
现价	5.75 今开	5.75
涨跌	-0.05 最高	5.75
涨幅	-0.86% 最低	5.75
昨收	5.80 均价	5.75
总量	7 量比	0.05
外盘	3 内盘	4
换手	0.00% 股本	3.30亿
净资	1.60 流通	3.30亿
收益(三)	0.068 PE(动)	42.2
09:25	5.75	7 2

图 8-7 市场随机低开

没有方向感的平开，大多数是市场随机的结果，主力未主动参与。如图 8-8 所示，该股开盘涨幅为 0.00% 平开，集合竞价成交量为 1 手。

但开盘平开不等于主力盘中不准备参与，投资者可细心观察盘中有无主力的运作迹象，适时而动。有时候一笔大成交单的突然出现会搅动一池春水，使股价开始蠢蠢欲动。这个大成交单如果是主动性买单，并且在接下来的几分钟内连续出现较密集的买单，则股价全天上涨的可能性大；反之，则下跌的可能性大。

卖五	8.18	24
卖四	8.17	43
卖三	8.16	5
卖二	8.15	30
卖一	8.09	8
买一	8.01	13
买二	8.00	28
买三	7.96	30
买四	7.95	10
买五	7.94	20
现价	8.09 今开	8.09
涨跌	0.00 最高	8.09
涨幅	0.00% 最低	8.09
昨收	8.09 均价	8.09
总量	1 量比	0.01
外盘	0 内盘	1
换手	0.00% 股本	2.15亿
净资	3.24 流通	2.14亿
收益(三)	0.119 PE(动)	34.0
09:25	8.09	1 1

图 8-8 平开

✏️ **知识点小结**

开盘是新的一天交易的开始，很多主力会选择在这时露几手。

第四节　关注盘口数据的变化

多数盯盘的投资者都是进行短线交易，在对目标个股进行盘中追踪时，个股盘口数据就是重要的观测对象。这些盘口数据能够及时反映出个股即时走势的强弱变化，以及资金流动的情况。

一、委比与委差

如图 8-9 所示，在大多数行情分析软件中，买盘挂单和卖盘挂单的上方显示着"委比"和"委差"的字样，很多投资者不知道它们的含义，更不知道它们有什么作用。

委比是衡量某一时段买卖盘相对强度的指标。计算公式如下：

委比＝（委买手数－委卖手数）/（委买手数＋委卖手数）×100%

当委比值为正值并且绝对值大时，说明目前买盘强劲；当委比值为负值并且绝对值大时，说明目前抛盘汹涌。

委比值从 -100% 向 +100% 变化，说明买盘正逐步增强，卖盘逐步减退。相反，从 +100% 向 -100% 变化，则说明买盘逐步减弱，卖盘逐步增强。

委比	16.00% 委差	171
卖五	27.55	90
卖四	27.53	16
卖三	27.52	50
卖二	27.51	85
卖一	27.50	208
买一	27.48	150
买二	27.47	131
买三	27.46	66
买四	27.45	172
买五	27.44	101

图 8-9　委比委差

委比指标的变化代表着买进和卖出双方力量变化的趋势，投资者能从这一指标上看出目前股价的买卖倾向。委比指标不是静止的，而是随时发生变化的，投资者应动态地观察和分析委比指标。

委差即委买委卖的差值。委差为正，说明价格可能上升；反之，价格下降的可能性较大。投资者在参考个股的委差值的同时，需要结合其他技术指标辅助判断，因为单一的指标容易被主力的骗线所蛊惑。

如图 8-10 所示，该股的委比和委差值皆为正值，但股价却大跌了 7.22%，股价的表现和指标严重不符，其实个中的原因在于，委比委差是动态指标，其在某一时段的数值不能代表全天。

图 8-10 案例中选取的是该股收盘时的跌幅数据和同一时间委比委差的值，这些数据只能说明，在收盘之前，买盘略大于卖盘，但并不代表在盘中大部分交易时间内，委比委差的值一直是这样。

当然，如果尾盘有资金趁大幅下跌之际，挂大单护盘或准备吸纳抛盘的话，确实会让委比委差产生这种变化。

委比	3.02%	委差	139
卖五	9.95		846
卖四	9.94		70
卖三	9.93		45
卖二	9.92		1188
卖一	9.91		83
买一	9.90		1205
买二	9.89		688
买三	9.88		355
买四	9.87		33
买五	9.86		90
现价	9.90	今开	9.79
涨跌	-0.77	最高	10.36
涨幅	7.22%	最低	9.79
总量	275358	量比	2.34
外盘	130856	内盘	144502

图 8-10　委比委差的应用

二、分析成交回报

在个股的成交回报中，投资者可以看到买卖单成交的具体情况，尤其在个股出现急速上涨或下跌时，投资者可以根据其成交单的大小、成交大单的密集程度等分析主力的意图。投资者若要查看股票当日成交明细，可按 F1 键（或按"01+ 回车键"）。图 8-11 展示的是某股在某一时间段内的成交回报。

集中竞价结束后，个股大都会出现当天的第一笔成交数据。个别交易冷清的股票也可能无竞价数据。

无成交数据的个股，说明很少有资金关注或主力暂时蛰伏，当前属于冷门股票。

第一笔成交量较大的股票，说明市场资金关注度较高，是当前交易的热门股票。

第一笔成交量一般的股票，说明市场资金未热切关注，主力未积极参与。

分析第一笔成交数据，有利于投资者对准备买入和已经持有的股票做一个前瞻性的判断，并且，结合其他的预测性指标，投资者大致可以对目标股票做出买入、卖出、等待等不同的决策。

投资者分析单笔成交的目的在于，通过对细节的观察和分析，揭示主力盘中异动的真实含义，所谓窥一斑而知全豹。

个股的成交数据都是由交易所每 15 秒或每 5 秒返回一次，其中累计的成交价的真实性有偏差。有时看似是买入的大单，其实是因为时间差的缘故，将大卖单和小买单合计成一笔成交。

时间	价格	成交		
	16.07	403	S	26
	16.07	49	S	7
	16.07	32	S	6
	16.08	73	B	13
	16.08	257	S	9
	16.08	18	S	1
	16.08	35	S	6
	16.09	75	B	8
14:55	16.09	35	B	4
	16.09	120	B	7
	16.09	67	B	10
	16.09	35	B	9
	16.09	46	B	12
	16.07	554	S	37
	16.09	16	B	6
	16.08	89	B	15
	16.09	73	B	4
	16.10	558	B	45
	16.10	165	B	9
	16.10	29	B	3
	16.10	278	B	13
	16.09	220	S	16
	16.09	20	S	3
	16.10	107	B	14
	16.10	483	B	43
	16.09	196	S	15
	16.10	91	B	6
	16.11	148	B	16

图 8-11　成交回报

在分析每笔成交回报数值的时候，投资者不必关注股票软件上显示的是买入成交还是卖出成交。主力在成交回报上利用时间差，可以轻易地做到把买单合计成卖单，或者把卖单合计成买单，投资者不要被误导。

其实，投资者在盘面上只需要关注大单成交时股价有什么样的变化，就可大致推算出主力当前的意图。即便投资者一时难以辨明主力的用意，也要继续细心观察接下来的变化。主力的动作总是有连续性的，如果把主力的若干行为结合起来加以分析，投资者大多会得出一个相对满意的答案。

盯盘的投资者有时会发现一个现象，个股买卖盘挂单上并没有较大的挂单，但在成交回报中却出现成交大单，这就是隐形的买卖盘，大多是交易中主动性成交的单子，是市场上较为真实的买卖力量。如果买卖单较大，或者虽然单个单子不大，但是连续出现，那么就是主力运作的结果。

如果在个股卖盘的几档价位上挂有几张大卖单，这时出现持续性隐性买盘，开始向上攻击这些大卖单，同时却并不见有大卖单主动砸下来，则股价可能出现一波急速上升。

如果在个股买盘的几档价位上挂有几张大买单，这时出现持续性隐形卖盘，而那些大买单时撤时挂，股价有松动迹象，则往往是股价即将下跌的信号。

三、量比

量比是指开市后平均每分钟的成交量与过去 5 个交易日平均每分钟的成交量之比。量比的计算公式如下：

量比＝现成交总手／〔过去 5 日平均每分钟的成交量 × 当日累计开市时间（分）〕

量比是以成交量为衡量对象的指标，是成交量分析中极为重要的形式之一；在解读个股强弱度以及价格运行趋向上，是不可或缺的一项数据和指标。

量比最突出的作用就是能够及时发现哪些个股在成交量上出现了突变的情况。成交量的突变意味着交投活跃度激增，虽然并不必然带来交易的机会，但量能的变化总会额外告诉我们一些关于价格的线索。

量比在实战中的应用法则如下。

1. 当量比大于 1 时，说明当日平均每分钟的成交量大于过去 5 日的平均数值，交易比过去 5 日活跃。

2. 而当量比小于 1 时，说明现在的成交量比不上过去 5 日的平均水平，股价活跃度较低。但如果个股盘中大幅上涨，则意味着盘口压力极小，后市还有高点；反之，个股盘中大幅下跌，则说明多空双方对下跌没有太大的争执，后市还将继续下跌。

186

但是，在股价反弹过程中，如果量比仍旧保持在1倍以下，说明当前的股价并无太多的资金愿意积极交易。与其说是资金主动性买入带来的上涨，不如说是没有多少人愿意卖出造成的上涨。投资者对于量比低迷时股价的微弱上涨，不可抱有过多的幻想。

如图8-12所示，该股微幅上涨，量比仅有0.5。图8-13是该股当日的分时图，图中可见全天的走势围绕昨日收盘价微幅波动，仅就该股当日的盘面情况分析，并无资金关照。从投资者参与短线反弹的角度来说，对于图中这类个股应避而远之。

002330 得利斯		
委比	-73.70% 委差	-454
卖五	10.51	20
卖四	10.50	335
卖三	10.49	65
卖二	10.48	52
卖一	10.46	63
买一	10.45	6
买二	10.44	14
买三	10.43	11
买四	10.42	23
买五	10.41	27
现价	10.46 今开	10.47
涨跌	0.02 最高	10.50
涨幅	0.19% 最低	10.30
总量	4205 量比	0.58
外盘	1691 内盘	2514
换手	0.67% 股本	2.51亿
净资	5.08 流通	6300万
收益(三)	0.113 PE(动)	46.1

图8-12　量比应用

3. 当量比在1.5~2.5倍时，则为温和放量，现在的股价运行趋势仍将维持。

4. 当量比在2.5~5倍时，则为明显放量，股价趋势得以加强。

当股价处于大幅下跌之后或者是蓄势已久，量比的大增预示着股价重获资金的青睐，发力上涨的可能性较大。如果股价处于一波短期反弹或次级反弹的高位区域，那么这时量比突增，极有可能就是反弹行情结束的信号。

在图8-14中，该股量比为3.15，涨幅为6.99%，股价处于一波调整后的低位区域。图8-15是该股当日的分时图，图中量价配合极佳，明显有资金的维护和支撑。

图 8-13　分时图

投资者应当密切关注图 8-14 和图 8-15 中的这类个股。在这类个股股价回调的过程中，如果股价回落幅度和量比并未出现逆转性的变化，那么当股价再次上升、量比放大时，投资者可以适量参与。

002375 亚厦股份		
委比	-79.73% 委差	-1046
卖五	25.29	84
卖四	25.28	65
卖三	25.27	375
卖二	25.26	25
卖一	25.25	630
买一	25.23	5
买二	25.20	111
买三	25.19	1
买四	25.14	5
买五	25.13	11
现价	25.25 今开	23.55
涨跌	1.65 最高	25.30
涨幅	6.99% 最低	23.30
总量	59698 量比	3.15
外盘	40430 内盘	19268
换手	2.72% 股本	6.35亿
净资	4.81 流通	2.20亿
收益(二)	0.405 PE[动]	31.2

图 8-14　量比增加

188

图 8-15　分时走势

5. 当量比在 5~10 倍时，则为剧烈放量。当股价在低位时，则是关注的信号；当股价在高位时，则是回调的信号。

经过大幅下跌之后，当股价略作盘整再次下跌时，量比开始激增，投资者可以适当关注。这是股价下跌加速的特征，在恐慌性抛盘告一段落之后，股价将迎来一次极佳的反弹或反转行情。

如图 8-16 和图 8-17 所示，该股正处于一波下跌途中，当日的量比达到 5.8，跌幅一度超过 5%，虽然后市有所回升，但收盘时跌幅仍旧保持在 2.64%。对于这类个股，投资者不可匆忙介入。量比的激增并不代表跌势已尽，只能说明目前股价的位置，市场各方开始出现分歧。

一般来说，下跌途中量比激增的个股已经在孕育一定的机会，但是这个机会也同时埋藏着一定的风险。投资者在介入时点的把握上存在较大的难度，过早的介入必然要遭受股价继续下跌所带来的亏损，过晚的介入很容易落入主力的陷阱。比较保守的做法是，等待这类个股的量比恢复到一个相对稳定的数值，不再激增也不再继续萎缩，当量比再次随着股价的上升而再度放大时，则投资者可适量介入。

600066 宇通客车	
委比 -68.65%	委差 -1082
卖五 21.84	9
卖四 21.83	40
卖三 21.82	447
卖二 21.81	610
卖一 21.80	223
买一 21.76	61
买二 21.75	105
买三 21.74	38
买四 21.73	21
买五 21.72	22
现价 21.77	今开 22.32
涨跌 -0.59	最高 22.32
涨幅 -2.64%	最低 21.01
总量 14.6万	量比 5.80
外盘 64869	内盘 81353
换手 2.17%	股本 7.05亿
净资 8.57	流通 6.74亿
收益(二) 0.836	PE[动] 13.0

图 8-16 激增的量比

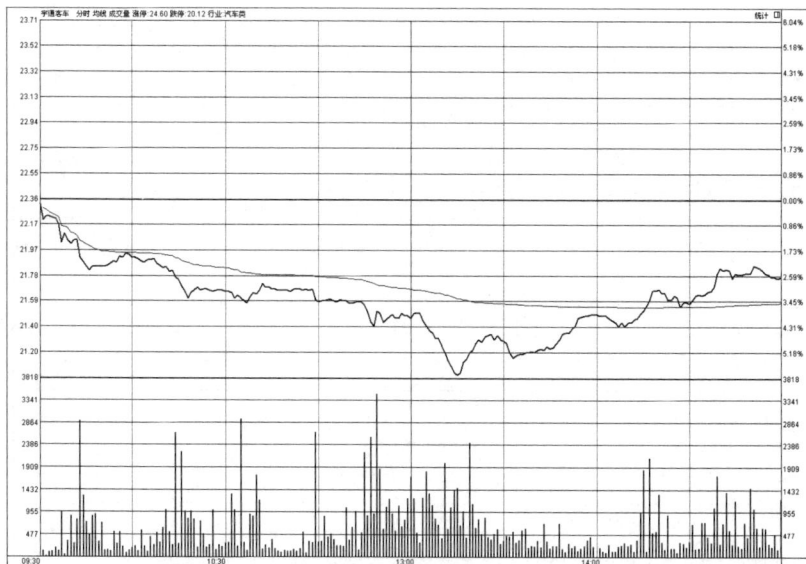

图 8-17 分时图

6. 当量比达到 10~20 倍时，现在运行的趋势可能会发生反转。

需要投资者特别注意的一点是，量比指标是即时性指标，会随着成交量的变化而变动。也许前一个小时量比指标的值都小于一，但是盘中风云突变，随着资金发起密集攻击，量比指标可能很快就会达到很高的值。反之，也是如此。

如图 8-18 所示，该股收盘后股价涨幅 5.65%，但量比仅有 0.48，那是不是就像量比法则中所说的，这就意味着盘口压力极小，后市还有高点呢？

现价	44.90	今开	42.59
涨跌	2.40	最高	46.00
涨幅	5.65%	最低	42.48
总量	9865	量比	0.48
外盘	6487	内盘	3378

图 8-18　量比

凡事不可刻舟求剑，尤其是当案例中出现的是个股收盘后的数据，并非盘中动态数据时。这就需要我们看看该股当日的分时走势，才能进一步判断。

如图 8-19 所示，该股当日虽然升幅不小，但在收盘前的一段时间内，股价横向震荡，而成交量也相比拉升阶段稀疏了许多。量比的值在这个阶段无疑是在不断下降。这种情形下的低量比值并不一定就是压力极小的含义，也有可能是资金不愿追涨造成的。

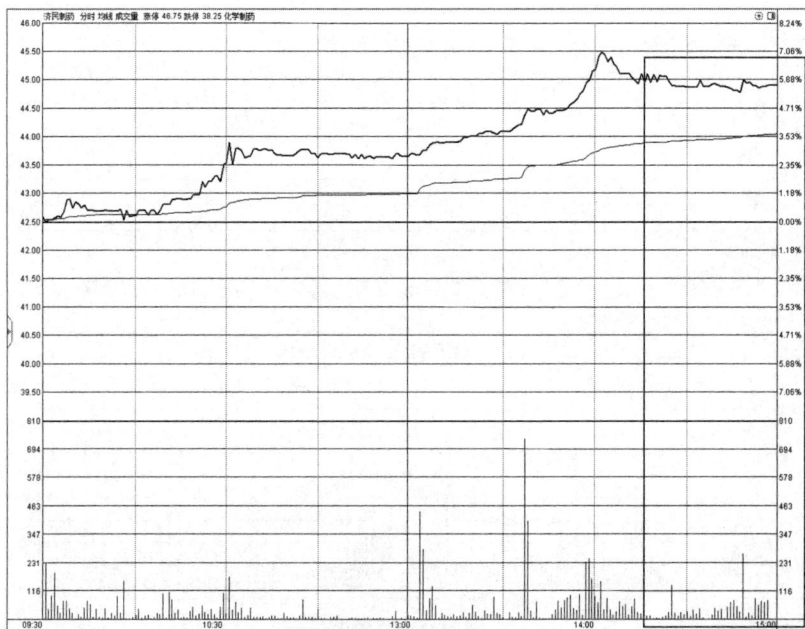

图 8-19　量比

四、内盘和外盘

内盘一般是指主动性卖出的数量，以买入价主动成交的累计成交量就是内盘数据。

如图 8-20 所示，盘口挂单：卖一为 26.09 元，买一为 26.08 元。

如果投资者不急于卖出，则可以在卖盘上挂单等待成交；如果投资者想尽快成交，则可以直接以买一的 26.08 元作为卖出价，这就是主动性卖出，成交之后这笔交易的成交现量就被计入内盘。

卖五	26.13	193
卖四	26.12	410
卖三	26.11	234
卖二	26.10	257
卖一	26.09	164
买一	26.08	357
买二	26.07	215
买三	26.06	123
买四	26.05	372
买五	26.03	53

图 8-20　内盘数据

外盘是指主动以卖出价成交的累计成交量。换句话说，主动性买入的数量就是外盘数据。

简单地说，外盘数据大，说明资金看好该股，主动性买入较多；内盘数据大，说明持仓者人心浮动看空后市，主动性卖出较多，这是内外盘的基本含义。但是，"简单地说"并不意味着都是这么简单！否则，做股票也太容易了些，盯住内外盘就足够了。

主力资金很轻松地就可以操控内外盘数据，使之失真，错失本来的含义，从而误导投资者。

例如，如果主力资金在各档卖盘挂上足够大的卖单，给予市场该股卖压沉重的感觉，那么投资者想要卖出的话，就只能照着下方买盘买一的价位上抛。

各档卖盘上的大卖单在向想要卖出的持仓者发出暗示：第一，如果挂单，你是卖不掉股票的，因为很多大卖单排在你前面；第二，尽快抛，因为说不定一会只能卖更低的价。

实战中，很多想卖出的筹码就会按照暗示往下寻求，尽快成交，这样就会使内盘变大。虽然看起来主动性抛盘较多，但其实和主力资金的真实动向并无关系。

如图 8-21 所示，卖盘上挂单都是几百手，而下方买盘挂单最多只有几十手，这种情况无疑会使想卖出的人颇为焦虑，很有可能会选择低价尽快了结。

卖五	74.04	160
卖四	74.03	336
卖三	74.02	208
卖二	74.01	138
卖一	74.00	654
买一	73.99	7
买二	73.97	2
买三	73.96	33
买四	73.95	3
买五	73.93	44

图 8-21　卖盘上的大单

需要提醒投资者的是，内外盘数据是动态的，会随着行情的发展而改变。早盘内盘大的个股，也许到了午市收盘，外盘就会变大。

对于一些经过长期大幅下跌之后，走势低迷的冷门股，如果投资者发现其外盘在连续多日的交易中，明显大于内盘，但个股价格变化并不明显。这种现象意味着有资金悄悄进场，投资者不妨择机潜伏。

五、振幅

振幅是指股票价格在一定时间内震荡的幅度。振幅是一种判断个股活跃程度的指标。

振幅可分为日振幅、周振幅、月振幅等类型。

振幅的计算公式如下：

$$振幅 =（当期最高价 - 当期最低价）/ 前收盘价 \times 100\%$$

或

$$振幅 = 最高点的幅度 + 最低点的幅度$$

通常来说，个股的振幅大，则股价必然活跃。如图 8-22 所示，该股在上午交易时间里曾出现大幅下跌，之后震荡回升，尾盘出现一波拉升和回落。该股当日振幅达到 18.02%。

图 8-22　振幅

对于短线投资者来说，振幅大的股票远比振幅小的股票具有吸引力，也比较容易寻求其中的差价。而振幅较小的个股，一般都是冷门股或交易清淡的权重股，短线交易的机会相对较少。

在行情软件的综合排名上，投资者可以设置振幅排名一栏，显示当日市场上即时振幅最高的个股的排名情况。图 8-23 展示出了当日交易的某一时段即时振幅最高的个股。除去当日上市的新股，排名第一的个股振幅达到 19.47%。

今日振幅排名		
N光云　　K	38.03	144.0%
N北摩	32.44	23.97%
京威股份　R	3.77	19.47%
供销大集	2.92	18.27%
坚瑞沃能	1.77	18.02%
安集科技　K	210.00	15.57%

图 8-23　振幅排名

振幅小的股票，虽然目前走势相对呆滞，但如果处于筑底阶段，则非常有利于主力资金收集筹码。当主力建仓完毕，进入拉升阶段时，就会华丽转身为升势凌厉、股性活跃的大振幅个股。而一些主力资金寻求减仓或出货的股票，往往会有极大的振幅。主力利用大幅震荡吸引市场资金的注意力，从而借机减仓或出货。对此，投资者不可不防。

🖌 **知识点小结**

强与弱总是处于变化之中。个股在不同阶段，必然呈现出不同的态势。

第五节 发现盘中的热点板块

当市场行情处于上涨趋势运行过程中时，交易软件中的涨幅排名对于盯盘的短线投资者选股和分析市场状况具有较大的帮助。

每天在涨幅榜上排名靠前的都是当前股价表现较好的个股。通过分析涨幅榜的中个股，投资者能够发现其是否有热点板块的特征。如果是板块的集体启动，则首选龙头股；如果龙头股已经涨停，则可以选择技术指标较强的板块内的其他个股。

图 8-24 为某日涨幅榜前十名的个股排行。虽然个股的细分行业上显示不出有什么共同点，但其中大部分个股都具有虚拟现实这个概念特征。

▼	代码	名称	现价	涨幅%	涨跌	换手%	量比	现量	总量	买价	卖价	最低	最高	昨收	细分行业
1	300792	N壹网	55.15	43.99	16.85	0.10	0.00	6	210	55.15	--	45.96	55.15	38.30	互联网
2	688333	铂力特	81.80	17.04	11.91	29.56	1.31	1273	53085	81.80	81.81	69.25	82.10	69.89	机械基件
3	002504	弘高创意	3.17	10.07	0.29	4.79	4.40	100	198417	3.17	--	2.87	3.17	2.88	装修装饰
4	002699	美盛文化	5.91	10.06	0.54	1.88	4.30	45	138445	5.91	--	5.38	5.91	5.37	服饰
5	600363	联创光电	13.04	10.04	1.19	6.05	1.73	220	268206	13.04	--	11.84	13.04	11.85	元器件
6	603933	睿能科技	18.65	10.03	1.70	27.05	1.45	328	136079	18.65	--	17.50	18.65	16.95	纺织机械
7	002581	未名医药	7.46	10.03	0.68	3.42	1.39	387	136982	7.46	--	6.81	7.46	6.78	生物制药
8	002152	广电运通	8.23	10.03	0.75	3.43	1.11	1642	820036	8.23	--	7.55	8.23	7.48	IT设备
9	300576	容大感光	24.26	10.02	2.21	15.08	0.82	261	60516	24.26	--	22.31	24.26	22.05	染料涂料
10	002326	永太科技	9.66	10.02	0.88	5.91	2.56	645	393672	9.66	--	8.73	9.66	8.78	化工原料

图 8-24 涨幅榜

国内市场盛行概念炒作，如果投资者加入炒作过程中，要注意分析目标个股代表的上市公司是真正具有某一概念的实质内容，还是完全属于炒作。对于跟风炒作的个股，投资者要高度警惕风险，或者不参与其中。

涨跌幅排名在实战中还有以下几个方面的作用。

1.分析涨幅榜排名靠前的是大盘股还是小盘股，确定行情的性质，从而选择介入对象。

2.在涨幅榜中排名靠前的个股，如果同时出现在委比排名和量比排名中，则是我们重点关注的对象。

3.投资者在看涨幅榜排名的同时，不妨也关注一下跌幅榜排名，并将二者涨停板、跌停板的数量进行对比，从而有效预测大盘当前走势的强弱度，确定当天是否适合买入股票。

例如，今日涨幅榜排名中涨停板个股的数量是否超过跌停板个股的数量，也就是当日表现最好的股票是否比表现最差的股票多。

如果涨停板多，说明市场处于强势，如果涨停板的数量随着交易时间的推移仍在不断地增加，则市场趋势呈现单边上扬的局面无疑。

如果随着交易时间的推移，涨停板家数逐渐减少，或者跌停板家数在增加，则说明市场走势正在发生逆转。如果当日跌停板个股多，而涨停板个股少，则市场必然处于弱势之中。

4. 注意当日跌幅榜上排名靠前的个股，并分析其性质和构成，比如，是否有板块特征等，以确定是否会引发更大范围的跌势。

图 8-25 所示的是某日跌幅榜排在前十名的个股，这些个股并无明确的板块或概念特征，由此大致可以判断其下跌多是源于个股自身的因素。

3667	300404	博济医药	19.17	-10.00	-2.13	0.39	0.04	38	4279	--	19.17	19.17	19.17	21.30	医疗保健
3668	000909	数源科技	8.73	-10.00	-0.97	16.49	1.66	3970	512883	8.73	8.74	8.73	9.28	9.70	综合类
3669	300748	金力永磁	37.25	-10.00	-4.14	0.66	0.77	5126	16813	--	37.25	37.25	37.25	41.39	元器件
3670	002761	多喜爱	9.88	-10.02	-1.10	0.13	0.03	35	4323	--	9.88	9.88	9.88	10.98	纺织
3671	000785	武汉中商	9.88	-10.02	-1.10	1.97	0.90	231	49406	--	9.88	9.88	9.88	10.98	百货
3672	002786	银宝山新	11.76	-10.02	-1.31	15.07	1.18	1028	572347	--	11.76	11.76	13.56	13.07	专用机械
3673	300282	三盛教育	13.28	-10.03	-1.48	9.13	1.39	858	333368	--	13.28	13.28	14.98	14.76	文教休闲
3674	600353	旭光股份	6.19	-10.03	-0.69	12.54	3.53	1893	681701	--	6.19	6.19	7.03	6.88	元器件
3675	000996	中国中期	10.67	-10.03	-1.19	0.72	0.16	301	24755	--	10.67	10.67	10.67	11.86	汽车服务
3676	002676	顺威股份	3.66	-10.07	-0.41	7.70	2.37	1018	554622	--	3.66	3.66	4.05	4.07	塑料

图 8-25 跌幅榜

同时，投资者还可以通过观测综合排名来发现个股或板块热点。综合排名的内容非常丰富，既有以监测资金流动为主的资金栏目（见图 8-26），还有综合多项指标的基本栏目（见图 8-27）。对于习惯短线交易的盯盘者来说，综合排名是分析市场和强势个股不可错过的窗口。

图 8-26 所示的是综合排名的资金栏目，投资者从中可以观测到不同渠道、不同时间的资金流动的排名情况。

投资者通过分析资金栏目，能够从中发现资金主要流动的方向以及即时受到资金强烈关注的个股。比如，通过分析 5 分钟净流入排名，投资者可以看到即时市场中资金净流入最高的个股是哪些。

投资者可以进一步分析这些个股是具有板块特征的异动，还是只是个股异动，从而能够判断出资金流入该股是主力资金的吸纳，还是市场游资的热炒。

如果一些封住涨跌停板的个股出现在尾盘时间段，那么投资者必须注意，这些个股即使当日不开板，次日也可能出现变化，因为毕竟能够被列入这个榜单的都是当前市场中最受资金关照的热门个股。

综合排名								— □ ×
基本栏目 资金栏目			综合排名 - 沪深A股					⤴ ▤
资金净流入排名			**5分钟净流入排名**			**5分钟换手排名**		
万科A	R	26.86	3.68亿	祁连山	R	17.14	5665万	创业黑马	27.77	1.57
建设银行	R	6.42	3.02亿	长电科技	R	22.90	2133万	金健米业	10.36	1.44
京东方A	R	3.57	2.98亿	海康威视	R	31.17	2009万	容大感光	46.00	1.38
大康农业	R	2.62	2.94亿	中银证券	N	18.46	2008万	阿尔特	N	16.61	1.36
通威股份	R	14.18	2.73亿	大康农业		2.62	1575万	中源家居	39.50	1.35
中国平安	R	74.00	2.73亿	供销大集		2.92	1388万	朝阳科技	34.80	1.32
大宗净流入排名			**5分钟大宗净流入**			**资金净买率**		
万科A	R	26.86	3.59亿	祁连山	R	17.14	5743万	神马电力	N	23.88	7.08
中国平安	R	74.00	2.85亿	长电科技	R	22.90	2196万	中源家居	39.50	5.90
招商银行	R	35.02	2.60亿	海康威视	R	31.17	1907万	神驰机电	N	39.05	3.83
京东方A	R	3.57	2.52亿	中银证券	N	18.46	1887万	美芝股份	18.38	3.57
通威股份	R	14.18	2.42亿	达安基因	R	23.30	1460万	梦舟股份	1.13	3.46
水晶光电	R	14.17	2.39亿	大康农业		2.62	1254万	朝阳科技	34.80	2.91
非大宗净流入排名			**5分钟非大宗净流入**			**资金净卖率**		
建设银行	R	6.42	1.56亿	供销大集		2.92	711.0万	锐新科技	N	26.80	-13.34
先导智能	R	34.80	1.54亿	京沪高铁		6.35	507.6万	上能电气	N	47.22	-7.21
大秦铁路	R	7.08	1.31亿	闻泰科技	R	97.01	491.6万	九洲电气	6.52	-6.36
光大银行	R	3.73	1.29亿	华控赛格		3.53	489.8万	硕世生物	K	118.00	-4.76
工商银行	R	5.15	1.01亿	迈瑞医疗	R	264.70	447.3万	名臣健康	14.23	-4.65
汇顶科技	R	225.80	9990万	歌尔股份	R	18.21	437.5万	安奈儿	12.47	-4.46

图 8-26 综合排名的资金栏目

图 8-27 所示的是综合排名的基本栏目，其中涵盖了多项数据指标，比如量比、委比等。

基本栏目中的今日涨幅、跌幅排名，选取了涨跌幅榜中前六名的个股，能够让投资者较为直观地了解某一交易时段，当前市场最强和最弱的个股的分布情况。

基本栏目中的 5 分钟涨速、跌速排名是指市场上 5 分钟内涨速或跌速最快的个股排名。投资者可以在行情软件中对涨速、跌速排名进行设置，比如，将 5 分钟涨速、跌速排名调整为 1 分钟或 3 分钟涨速、跌速排名等。

对于盯盘者来说，5 分钟涨速、跌速排名是短线选股的利器，运用这个排名，投资者几乎可以在第一时间发现市场上异动的股票或板块。比如，如果同一板块多只个股同时或先后出现在排名中，则说明该板块正受到资金青睐或遭到资金打压。

当长时间走势低迷、成交冷清的个股偶尔出现在 5 分钟涨速排名中，也许不足为奇，但是如果其在之后的几个交易日中时常出现在排名中，则可能正被资金关照，投资者可积极追踪观察。相反，如果一些大涨后的个股时常在 5 分钟涨跌速排名中露头，那么投资者就应警惕主力资金可能正在寻求减仓或出货。

综合排名							
基本栏目　资金栏目		综合排名 - 沪深A股					
今日涨幅排名			**5分钟涨速排名**			**今日委比前排名**	
N光云 K	38.03	252.1%	中国海诚	7.32	6.71%	正川股份	16.54	100.00
N万泰	12.60	44.00%	中源家居	39.50	5.47%	世运电路	22.46	100.00
N北摩	32.44	43.99%	北京文化 R	7.69	5.34%	江苏新能	10.18	100.00
贵人鸟	2.92	10.19%	商业城	4.23	2.42%	锦和商业 N	10.32	100.00
栖霞建设 R	3.47	10.16%	天广中茂	0.88	2.33%	诺力股份	18.46	100.00
中信重工	3.81	10.12%	德展健康	5.37	2.29%	DR汇金通	12.88	100.00
今日跌幅排名			**5分钟跌速排名**			**今日委比后排名**	
同济堂 R	3.12	-10.09%	*ST凯瑞	5.59	-2.44%	*ST中华A	3.35	-100.00
天夏智慧	2.86	-10.06%	金宇车城	11.66	-2.43%	深赛格	6.31	-100.00
弘高创意	2.60	-10.03%	N光云	38.03	-2.19%	农产品	8.00	-100.00
商赢环球	7.98	-10.03%	平庄能源	2.08	-1.89%	ST宜化	2.61	-100.00
沃华医药	12.29	-10.03%	ST地矿	4.28	-1.61%	*ST华映	1.62	-100.00
全信股份	9.60	-10.03%	*ST天马	1.45	-1.36%	*ST宝实	2.03	-100.00
今日量比排名			**今日振幅排名**			**今日总金额排名**	
中迪投资	5.97	15.58	N光云	38.03	144.0%	伊利股份 R	29.29	54.2亿
宜华生活 R	1.71	9.03	N北摩	32.44	23.97%	五粮液	135.50	39.8亿
中源家居	39.50	7.81	京威股份 R	3.77	19.47%	中国平安 R	74.00	39.2亿
乐山电力	5.05	5.72	供销大集	2.92	18.27%	东方财富 R	17.48	34.1亿
哈尔斯	4.57	5.71	坚瑞沃能	1.77	18.02%	贵州茅台 R	1274.90	29.8亿
珈伟新能	3.45	5.56	安集科技 K	210.00	15.57%	立讯精密 R	46.10	27.1亿

图 8-27　综合排名的基本栏目

✎ **知识点小结**

> 一些产业或技术新概念的提出，往往会引发相应股票的波动，如果投资者想要参与，要注意分析目标个股代表的上市公司是真正具有某一概念的实质内容，还是完全属于炒作。对于跟风炒作的个股，投资者要高度警惕风险，或者不参与其中。

第六节　收盘规则与尾盘异动

一、收盘规则

沪深股票市场的收盘也有其规则。2018 年之前，沪市和深市的收盘规则并不相同。

深市收盘规则采取集合竞价交易，这一点和开盘竞价一样。

每个交易日的 14 时 57 分至 15 时，这最后的 3 分钟是深市集合竞价时间。深市收盘价会在最后 3 分钟的集合竞价后产生。

2018 年之前，沪市收盘规则没有采用集合竞价，收盘价为当日该证券最后一笔交易前 1 分钟所有交易成交量的加权平均价（含最后一笔交易）。当日无成交的，以前一日收盘价为当日收盘价。2018 年 8 月 20 日后，沪市收盘也采取集合竞价。

二、尾盘异动

一般来说，14 点 30 分以后这个时间段被称为"尾盘"。一些喜好短线交易的投资者盯了一天的盘都不做交易，却往往会在尾盘才开始进行交易。

原因大致如下：第一，国内实行 T+1 交易制度，当日买入，次日才能卖出，部分盯盘者不愿意承受盘中风险，选择在尾盘尤其是收盘前交易，尽可能回避盘中震荡反复的过程；第二，震荡市中，股价盘中折返频繁，尾盘时多数个股已经尘埃落定，若买点出现，则投资者会选择交易。

但在实战中，进入尾盘时间段时，一些个股会一反常态，在尾盘有限的时间里，掀起一波风浪。对于尾盘出现异动的股票，投资者需要注意以下事项：第一，当大势趋弱时，不追尾盘急升股，宁可错过，不可做错；第二，当大势趋弱时，不盲目抢急跌股的反弹，即所谓空中飞刀不可接。

异动个股给予市场的预期是，这种强势表现将会延续到下一个交易日。但在实际操作中，并不是所有的个股在下一个交易日都会延续股价的强势。

在现在的市场中，不少个股的异动会提前出现在每个交易日最后 1 小时这个时间段。无论是尾盘异动，还是最后 1 小时异动的股票，都无非是指两种情况：突然上涨和突然下跌。

1. 突然上涨

个股最后 1 小时急速上涨，但翌日的表现却不尽相同，由此带给投资者的是不解的疑团。下面我们就这种突然拉升，做一下简要分析。

（1）试盘

个股全天表现疲软或下跌，但最后 1 小时却突然出现拉升，给昏昏欲睡的持仓者带来意外惊喜。但在随后的交易日，多数个股不能延续升势，并开始回落，甚至可能仍旧回落到启动的位置。

如果这种方式的拉升出现在不被人关注的底部股票上，那么大多是主力的一种试盘动作。虽然这不能代表次日一定会上涨，但起码说明该股有主力正在运作。这一点对于投资者寻觅主力入驻的个股很有帮助。

如图 8-28 所示，该股当日低开后下跌，其后时间股价在低位震荡。当日下午 2 点后，股价突然开始向上快速拉升，不但收复昨日收盘价，还继续涨升 2% 以上。

图 8-28　试盘

在当日走势较弱的情况下，最后 1 小时的突然放量拉升至少能够告诉我们，该股必有主力资金参与。结合该股 K 线图等技术因素分析，该股处于股价相对底部，那么这个拉升就极有可能是主力的试盘行为。

（2）上涨的信号

当个股处于升势途中的盘整阶段时，某日突然尾盘急升、成交放量，在没有消息刺激的情况下，这极有可能是主力全力拉升的信号。

这种股票的拉升速度、幅度都相当惊人，甚至会出现从跌停到涨停的极端形式。如图 8-29 所示，该股全天大部分时间都处于跌势中，一度封住跌停板。但是在接近尾盘时，风云突变，股价突然急速拉升，并最终封住涨停板。

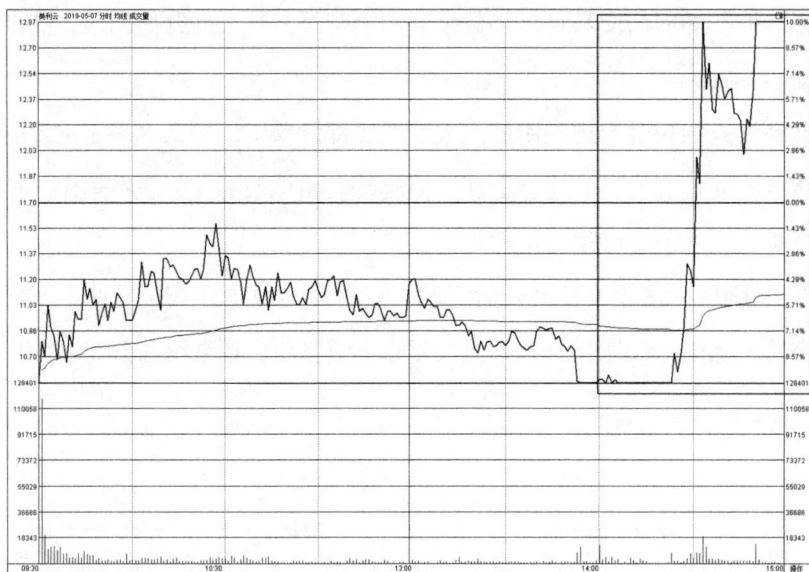

图 8-29　上涨信号

　　主力选择这种方式拉升，有几个方面的考虑：第一，利于短时间内迅速脱离启动低位；第二，勾起市场资金的好奇心，吸引尾市和第二天的跟风盘参与助涨；第三，尾市拉升既能节约成本，又能起到良好的造势效果。

　　（3）护盘

　　在大环境不佳的氛围中，主力的日子也不好过，所以投资者往往会利用最后 1 小时或者尾市的时间段拉升股价来维护个股的短期趋势。这样做有两个好处：一是相对来说比较节约护盘成本，二是投资者可以利用股价的回升稳定持仓筹码、避免在关键价位爆发集中性抛售。主力的资金并不是取之不竭的，稍有不慎便会出现爆仓，导致资金链断裂。

　　如图 8-30 所示，该股早盘出现急跌，随后股价快速回升，但在之后的交易时间里，股价维持着横向小幅震荡的态势，直至尾盘才再度回升。

　　护盘的主力资金，其目的并不相同：一部分主力资金护盘是为了吸引短线跟风资金，从而为自己创造减仓机会；还有一部分主力资金护盘是为了再次拉升股价。如图 8-29 所示，该股早盘和尾盘的两次回升存在收集筹码的迹象。我们很难相信，一个意在出货的主力，或者不存在主力运作的个股，能在交易相对冷清的情况下，出现规律性运转的痕迹。

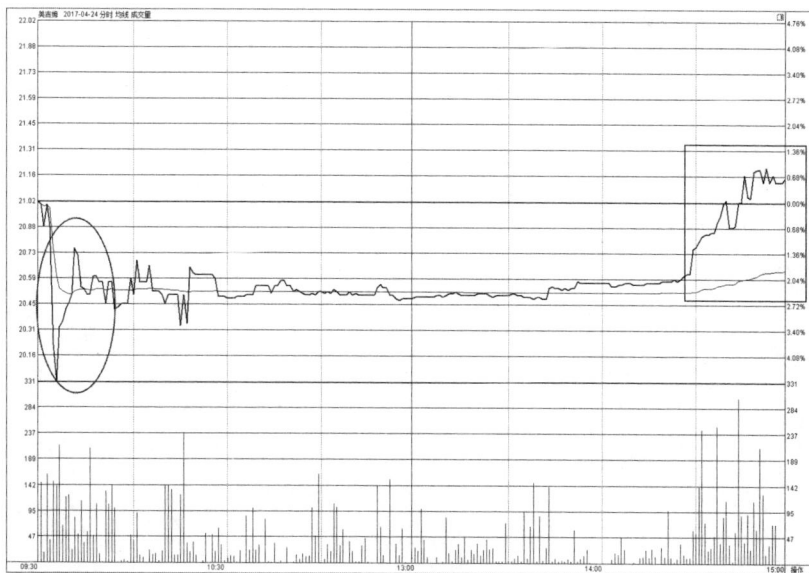

图 8-30 护盘

（4）意在出货

主力出货的个股，其股价一般在高位或是前期刚刚经过大幅上涨的热门股。

如果准备上涨的个股所做的尾盘拉升还有含蓄的成分，那么这类意在出货的个股，其所做的尾盘拉升则极尽生猛之势，生怕别人不注意。

主力以对敲的方式拉高股价，股价被拉高后，卖盘上所挂的卖单并不大，却总是买不完；下面的买单却很大，但只是挂在下面并无明显的变化，投资者只能选择市价即时买入。

如图 8-31 所示，该股在最后 1 小时开始缓慢脱离昨日收盘价，并在尾盘出现一波急速拉升，最后 1 小时升幅达到 8% 以上。该股尾盘出现这种大幅度的拉升，为什么还会被认为是主力意在出货呢？

如果仅凭单日分时走势，我们是无法确定这一点的，需要用 K 线图进行综合分析。图 8-32 为该股 K 线图，A 点所示就是图 8-31 中分时走势形成的 K 线。

如图 8-32 所示，在 A 点股价反弹当日，量能并未明显放大，显示出增量资金并不踊跃。相比股价最高点（代表主力出货意图的成交量），A 点的量能极其平常，显示主力并不愿大幅增加筹码。

在 A 点，K 线突破上方的 60 日均线，给了投资者一丝股价反攻的希望，但次一交易日的股价却显出上涨乏力的疲态，结合股价出货高点并不遥远来看，期望上涨只能是一种奢望！这种反弹只能说明主力想把筹码卖个好价钱，从而进行骗线。

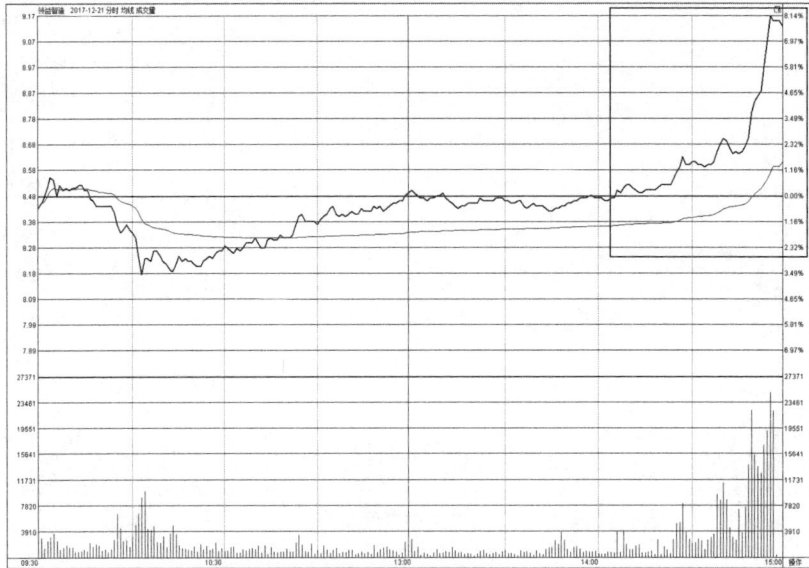

图 8-31　意在出货

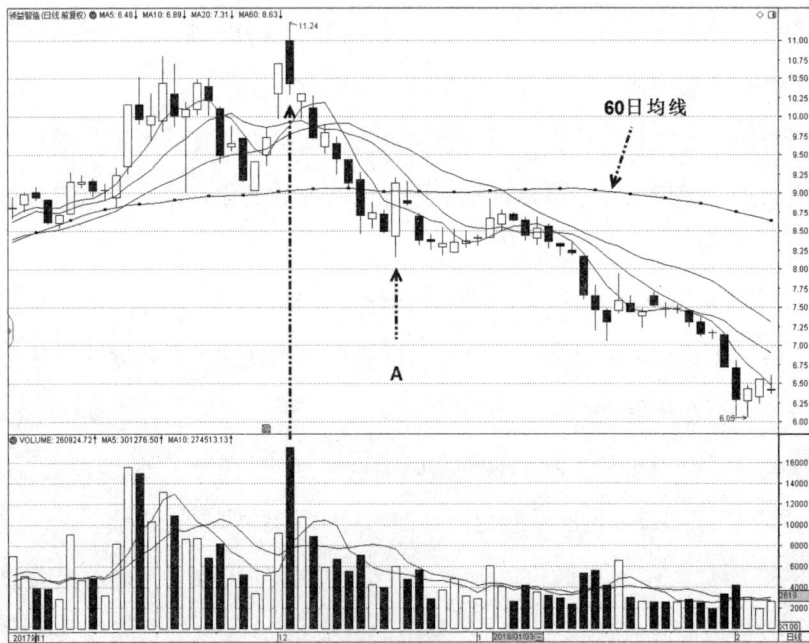

图 8-32　意在出货的 K 线图

2. 突然下跌

（1）吸筹

个股在大部分时间运行得都很平稳，但在交易日的最后 1 小时或者尾盘突然出现急速下跌。如果个股的股价处于长期下跌的低位，并且个股正处于构建底部的过程中，那么由此带来的集中抛售的恐慌情绪能够为主力带来极其难得的吸筹良机。

如图 8-33 所示，该股在当日大部分交易时间里，都在前一日收盘价附近震荡，但进入当日最后 1 小时后，股价突然出现一波急速下跌，直至收盘价维持在当日低点附近。

图 8-33 吸筹

股价突然下跌，必然会使摸不着头脑的投资者进行恐慌性抛售，因为投资者害怕有自己并不知道的利空消息，或者担心该股次日会继续发生这种急跌的情况。

市场上投资者的这种恐慌情绪正是主力资金想要的，由此形成的恐慌性抛售正好有利于主力收集筹码。

在图 8-34 中，A 点所示就是图 8-33 中分时走势形成的 K 线。

我们可以看到，在图 8-34 中，之前曾出现过一根和 A 点处类似的阴 K 线，之后股价反弹，到 A 点又出现一根看起来让人绝望的阴 K 线，几乎可以剿杀多数投资者继续持仓的信心。

实战中，投资者买入经过长期下跌过程的个股后，如果确定中长线持仓的话，那么要尽量少看盘、不盯盘，以免被主力制造的恐怖走势所干扰。

图 8-34　吸筹 K 线图

（2）出货前奏

在上涨趋势末期，行情并未进入明显趋坏的阶段。主力利用个股股价的突然跳水，能够让很多仍旧习惯逢低买入的投资者以抢反弹的心态积极买入，或者让持仓的投资者来不及减仓。

如图 8-35 所示，该股当日大幅低开后，股价维持着横向震荡的走势。因为该股股价一直处于升势中，所以当日这种盘面给予投资者"股价随时都会反弹"的希望，也就让很多投资者不忍卖出持仓，甚至有的人还会逢低买入。

但当时间进入尾盘阶段时，看起来稳定震荡的股价走势突然发生向下急跌，并封住跌停板。

如图 8-36 所示，A 点处的 K 线为图 8-35 中分时走势形成的 K 线。类似图 8-36 中 A 点处这种突然急跌的个股，如果前期刚刚经过大幅上涨，投资者就要注意该股可能存在主力资金出货的嫌疑。

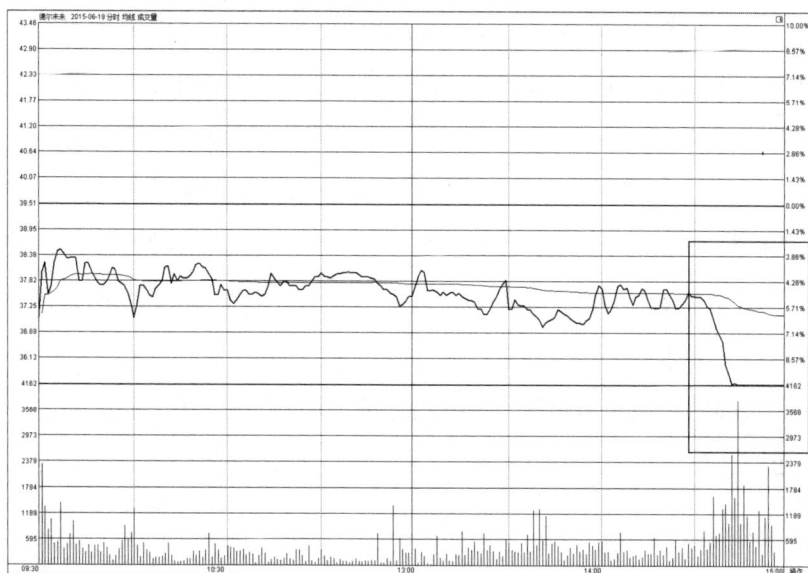

图 8-35 出货前奏

图 8-36 出货前奏 K 线图

（3）洗盘

主力在拉升之前，要通过各种手段清理低位筹码，为拉升减轻不必要的压力。这种尾盘跳水意在清理浮筹，所以势必造成投资者对市场资金的恐慌情绪，其尾盘的跳水往往非常凶悍，让投资者误以为有利空消息或其他不利因素而纷纷抛售筹码。

但这种跳水并非无迹可寻，和出货式的尾盘跳水相比有以下区别：其一，股价在相对较低的位置；其二，短期内未经大幅拉升，K 线图上有明显的底部结构。

如图 8-37 所示，该股尾盘突然出现急速下跌，之后股价虽略有回升，但仍处于当日股价低点附近。通过分析该股 K 线图可知，其股价经过一波调整后处于相对低位，并保持着上涨趋势，并未出现明显转势的迹象。所以我们基本可以判断，该股的尾盘急跌应为主力洗盘行为所致。

实盘中，该股次日便开始回升，并由此展开一轮凌厉的上升行情。

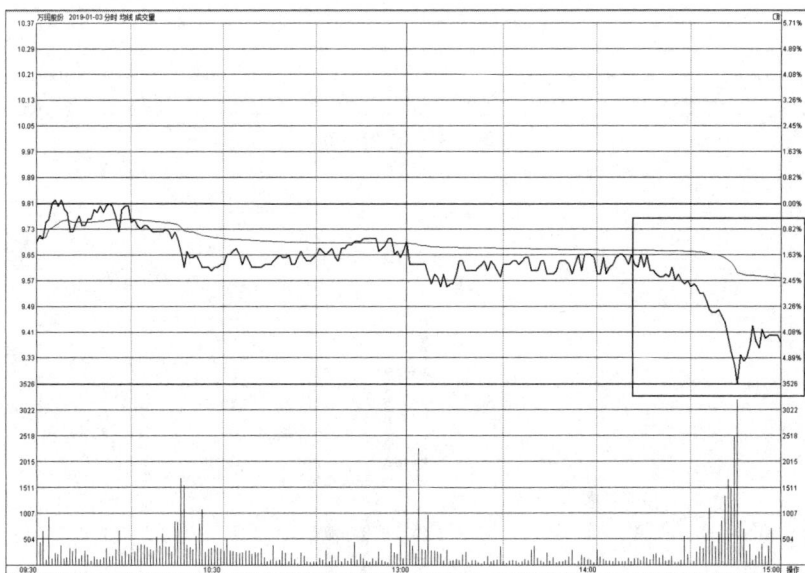

图 8-37　洗盘

知识点小结

尾盘并不等于可以放弃的"垃圾时间"。

第九章
看盘选股技巧

第一节　选股，基本面不可或缺

孔子曾对自己的学生说："君子有所为有所不为，知其可为而为之，知其不可为而不为，是谓君子之为与不为之道也。"大体的意思是说，明智的人懂得有些事可以做，有些事不可以做，了解某件事可以做才去做，了解某件事不能做就不去做，这就是明智的人做与不做某件事的标准和准则。

在股票市场上，不是任何时候、任何股票都可以随意操作，只有投资者切实了解和掌握了"好股票"才可以出手，否则就应当"不为"。

那么，什么样的股票是好股票呢？

好股票的概念比较笼统，针对不同类型的投资者，好股票的概念也有很大的差异。

第一，激进型的短线投资者较注重个股技术面特征，喜欢股性活跃的个股、大幅震荡的个股、逆势异动的个股等。

第二，稳健型的中长线投资者正好相反，他们往往同时注重股票的基本面与技术面，淘汰问题股和风险较大的股票，选择业绩稳定且技术面符合要求的股票。

一、好股票通常具备的特征

1. 动态市盈率低。市盈率是某种股票每股市价与每股盈利的比率。动态市盈率是以公司未来盈利为基点，测算出来的市盈率。市盈率越低，说明公司盈利状况越好，估值越有优势。

2. 市净率低。市净率 = 股票市价 / 每股净资产，市净率越低的股票，其投资价值越高。

3. 净资产收益率。净资产收益率又称股东权益收益率，是净利润与平均股东权益的百分比。该指标可以反映出股东权益的收益水平，指标值越高，说明该投资项目带来的收益越高。

如图 9-1 所示，该股最近几年净资产收益率都在 20% 以上，远高于该行业净资产收益率的平均值，显示出公司的盈利能力极为强劲，在行业中应属龙头企业之一。投资者可对这类盈利能力强、业绩优秀的公司的股票重点关注。

财务指标	2020-03-31	2019-12-31	2018-12-31	2017-12-31
审计意见	未经审计	标准无保留意见	标准无保留意见	标准无保留意见
净利润(万元)	400216.85	738282.27	811518.98	662717.00
净利润增长率(%)	-0.4625	-9.0246	22.4533	13.7288
营业总收入(万元)	926816.71	2312647.69	2415980.20	1991794.22
营业总收入增长率(%)	-14.8900	-4.2770	21.2967	15.9158
加权净资产收益率(%)	11.1500	21.2100	25.9500	24.0800
资产负债比率(%)	23.2379	31.7341	32.1591	31.8166

图 9-1　净资产收益率

4. 公司发展前景良好、行业景气度较高。投资者选择这一类型的股票，其近期的业绩较有保障，即使从短线选股的角度来说，选择这类个股也不至于遭遇业绩"地雷"。

5. 国家宏观经济的影响。国家宏观经济政策对目标上市公司是扶持还是调控，将对该行业的上市公司的前景和业绩有决定性影响。

如图 9-2 所示，这家公司是国家 02 重大专项的主承担单位，获得国家及地方政府的大力支持，进入半导体封装基板领域，填补了国家在封装基板领域的空白，在新基建、半导体国产化、5G 通信、数据服务普及等国家机遇中得以加速发展。该股股价也随着这家上市公司的蓬勃发展，保持着向上涨升的趋势。

6. 现金分红和送股情况。很多上市公司只知道圈钱，而从不愿意回报投资者；但也有些上市公司每年都大比例分红，以回报投资者，这样的上市公司则是令人尊敬的公司。

图 9-2 经济政策扶持的行业

如图 9-3 所示，该股自 2001 年上市以来累计分红 18 次，累计分红金额达 751.72 亿元。不吝回报投资者的上市公司是值得尊敬的公司，也是值得投资者重点关注的投资对象。

分红年度	分红方案	每股收益(元)
2019-12-31	进展说明:预案 10派170.25元(含税) 预案公布日:2020-04-22	32.8000
2019-06-30	是否分配:不分配 进展说明:决案	15.8800
2018-12-31	进展说明:实施 10派145.39元(含税) 股权登记日:2019-06-27 预案公布日:2019-03-29 股东大会审议日:2019-05-29 股东大会决议公告日:2019-05-30 实施公告日:2019-06-22 除权除息日:2019-06-28 红利发放日:2019-06-28	28.0200

图 9-3 分红

7. 资产注入和重组。如果资产注入或重组能使公司的盈利能力和发展前景有较大的进步，那么这样的公司也值得关注。

资产重组的概念一向都是市场热炒的对象，投资者选择这类股票要注意两点：第一，资产重组对公司基本面的向好是否有实质性的改善；第二，如果涨幅过大，则投资者不宜追涨。

8. 现金流量。哪家公司赚到了真金白银,哪家公司就拥有了持续发展的原动力。通过现金流量这个财务指标,投资者就可以轻易地分辨出企业盈利的具体情况。

现金流量一般包括经营活动产生的现金流量、投资活动产生的现金流量和筹资活动产生的现金流量。

通过分别计算经营活动现金流量、投资活动现金流量和筹资活动现金流量所占现金总流量的比重,一是能够清晰地了解现金的主要来源;二是能够具体地了解企业的现金用于哪些方面,从而使投资者对公司的具体经营情况有一个大致的了解。

图 9-4 所示的是某股每股的现金流量,投资者可通过表中不同年份对比分析,从而了解公司现金流量的增减变化的具体情况。图 9-4 显示的只是行情软件 F10 中的简要财务指标,如果投资者想要了解公司现金流量的具体情况,需要对该公司财务报告中的现金流量表进行分析。

指标 (单位:万元)	2020-03-31	2019-12-31	2018-12-31	2017-12-31
销售商品收到现金	2186600.60	9498013.86	8426869.57	6442147.93
经营活动现金流入	1961804.99	9944443.72	8934563.54	6736946.25
经营活动现金流出	1731494.05	5423382.45	4796040.10	4521642.64
经营活动现金净额	230310.94	4521061.26	4138523.44	2215303.61
投资活动现金流入	—	735.92	1124.42	2144.71
投资活动现金流出	42022.53	317304.49	164020.69	114209.23
投资活动现金净额	-42022.53	-316568.57	-162896.27	-112064.52
筹资活动现金流入	—	83300.00	—	600.00
筹资活动现金流出	45123.44	2011740.28	1644109.32	890517.79
筹资活动现金净额	-45123.44	-1928440.28	-1644109.32	-889917.79
汇率变动的现金流	-0.12	2.72	2.90	7.29
现金流量净增加额	143164.85	2276055.13	2331520.75	1213328.59

图 9-4 现金流量表摘要

二、建立自己的股票池

投资者在看盘分析的过程中可以建立以下几个不同类型的股票池。这些根据不同选股标准建立的股票池可以让投资者在节省时间和精力的前提下，最快发现当前市场正在发生什么或有哪些异动板块。

1. 符合国家宏观经济政策和产业政策行业的龙头、垄断性公司的股票

这些基本面优良的股票往往潜移默化地影响着行情的运行方向，同时，这些股票一旦出现价值低估时，投资者就可以及时发现介入时机。

2. 大盘股

投资者建立这个股票池，有时不是为了买进，而是把它当成市场运行趋势的一个重要指标进行观察。市场上所谓的二八现象，就是指这些权重股和其他流通股本较小的股票，对于大盘行情涨跌的影响和二者之间的转换关系。同时，大盘股多为基金和大机构持仓，观测大盘股，也就可以观测到这些大资金是否存在异动。

图 9-5 所示的是对大盘指数有较大影响的部分权重股票。

代码	名称		现价	涨幅%	涨跌	换手%	流通股(亿)↓
601288	农业银行	R	3.46	0.58	0.02	0.04	2940.55
601398	工商银行	R	5.17	0.39	0.02	0.04	2696.12
601988	中国银行	R	3.48	0.58	0.02	0.04	2107.66
601857	中国石油	R	4.44	1.37	0.06	0.05	1619.22
600028	中国石化	R	4.46	0.45	0.02	0.13	955.58
000725	京东方A	R	3.76	5.32	0.19	2.68	338.61
600000	浦发银行	R	10.63	0.19	0.02	0.11	281.04
601766	中国中车	R	6.19	0.98	0.06	0.11	243.28
600019	宝钢股份	R	4.87	2.10	0.10	0.13	221.56
600900	长江电力	R	17.45	-0.91	-0.16	0.07	220.00

图 9-5 大盘股股票池

3. 潜力个股

这类股票目前从技术面来看没有任何启动的迹象，但其符合国家政策指向，公司内部管理机制完善，外部盈利能力较好。虽然目前股价低迷，技术面上尚未发出买点提示，但投资者不妨长线追踪，等待较佳买点的出现。

4.股性活跃的股票

这类股票以小盘股、题材股居多，往往会有突如其来的价格异动，有时会带动整个板块的上涨。但这些个股经常会出现大起大落，投资者只有观察并掌握其运行规律，才有可能在第一时间抓住短线获利的机会。

在股票市场上，往往会随着国家有关政策的推出，涌现出这样或那样的概念和题材。在实战中，操作技术一般的投资者要尽量避免参与板块炒作，而应重点着眼于有国家、地方政府政策指引或扶持的公司。这些公司将获得巨大的发展机遇，受益于公司基本面的改善，其股价也将有明显的变化。

对于纯属市场炒作的概念板块，投资者应以短线操作为主或干脆不介入。如图 9-6 所示，在 5G 概念被热炒的影响下，该股股价也一飞冲天，但随着 5G 概念炒作风潮的降温，其股价也随之跌落。

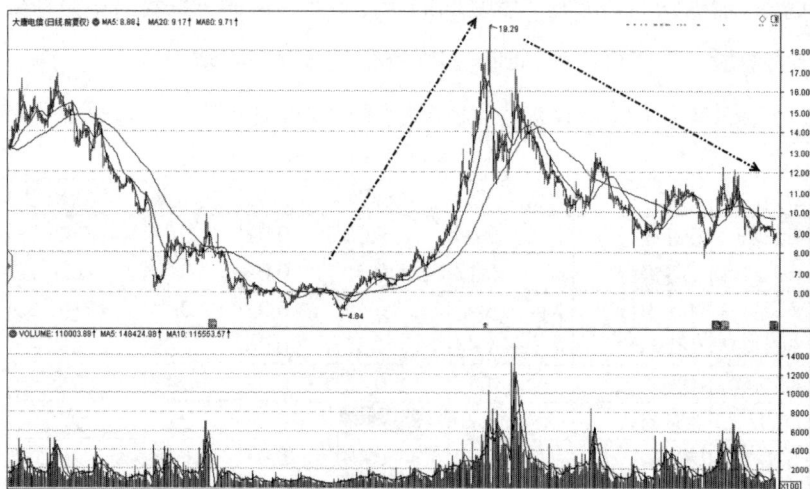

图 9-6　概念炒作

5.具备技术特征的个股

在技术面上，投资者可以选择一些趋势发生转折、起涨结构完备或者具有波段特征的个股来构建股票池，比如箱体运行的个股。市场上总会有这么一类股票，它们的运行轨迹在一定时间段内被固定在某个价位区间内，将其波动的高点和低点相连，就像一只箱子。通过观察和跟踪箱体运行的股票，投资者可以捕捉其波段利润。

如图 9-7 所示，该股经过长期大幅下跌后，于股价底部低点构筑一个箱体运行结构。当股价在箱体内运行时，投资者可采取高抛低吸进行波段操作。当投资者发现股价震荡的高点和低点不断抬升、逐渐脱离箱体时，则应该明白该股可能已经发生趋势转折。

需要注意的是，投资者选择箱体运行的个股时，应尽量选择经过长期大幅下跌的个股，对于一些在股价高位构筑箱体运行的个股，应保持警惕。

如图 9-8 所示，该股于股价高位构筑了一个箱体运行结构，其中股价高点和低点具有相当大的利润空间。但是，股价一旦向下脱离箱体运行，而投资者不能及时卖出的话，将会遭受很大的损失。

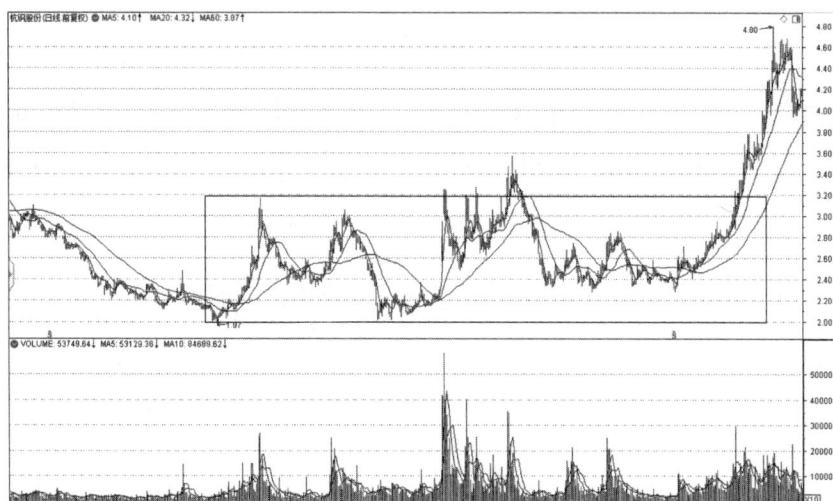

图 9-7　箱体运行的个股

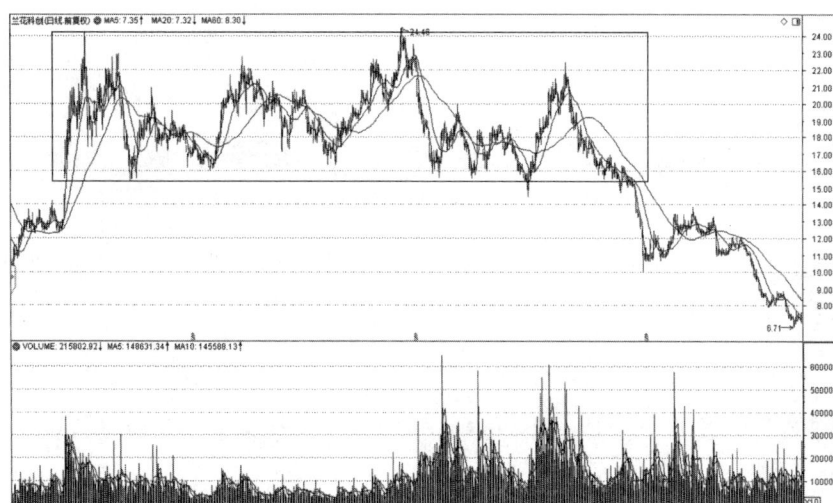

图 9-8　股价高位箱体运行的个股

投资者还可以将已经走出下跌趋势，上涨趋势构筑已经完成或接近完成的个股纳入股票池。这类个股上涨趋势的底部构筑已经完成或接近完成，介于强势与准强势个股之间，同时相对涨幅不大，比较有利于投资者中长线介入或波段性操作。将这类个股纳入股票池后，经过一段时间的追踪观察，投资者可以从技术细节上再精挑细选，最终确认目标个股。

判断此类个股，投资者可以采用均线和趋势线作为基准，比如，投资者可以选用120日和250日均线。

如图9-9所示，该股股价一直在120日均线和250日均线的压制下运行，A点股价成功突破两条长期均线的压制并由此获得支撑，B点股价回落得到均线支撑再一次确认支撑有效，至此我们基本可以认定，该股已经脱离下跌趋势并转入上涨趋势的运行过程中。

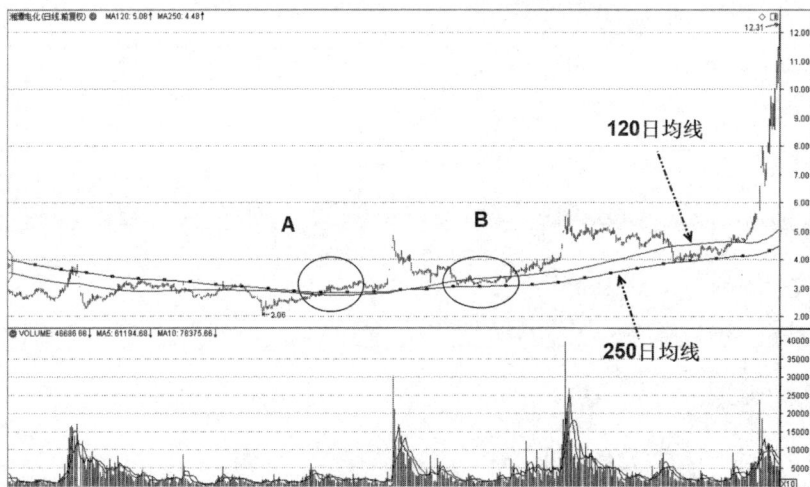

图9-9　利用120日和250日均线选股

投资者可以将与图9-9中的个股形态相类似的个股加入股票池，继续追踪观察并寻找适宜的介入时机。

实战中有一些个股形态复杂难辨，如图9-10所示，A点方框处股价震荡盘整，120日均线和250日均线上下盘绕，既未能确立多头排列的形态，也很难确认对于股价具有支撑作用，该股形态一时难以认定。

这种情况下，投资者可以将股价最近高点连线画出一条下跌趋势线，看看股价对于趋势是否存在突破。如图9-10所示，A点股价仍旧未能真正脱离下跌趋势的压制，至

B 点股价上涨突破下跌趋势线的同时，120 日均线和 250 日均线也于此时形成多头排列。技术上发生共振不是一个常见的现象，一旦出现，必然非同寻常。在本案例中，该股经过震荡后，股价开启一轮牛市行情。

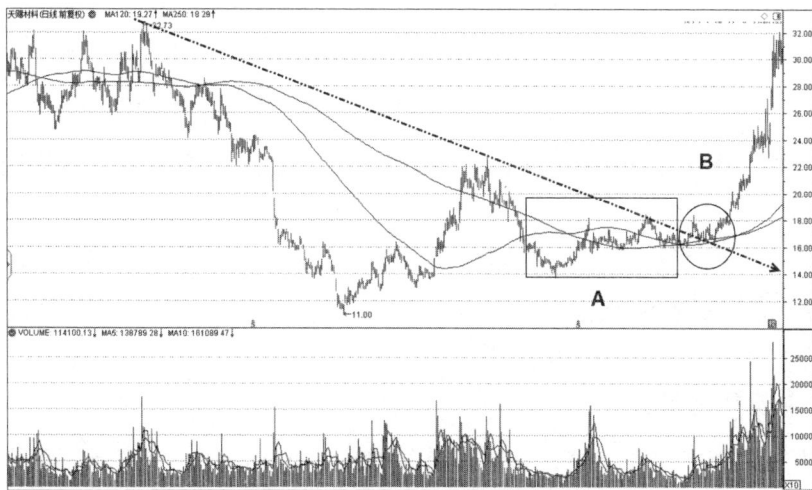

图 9-10 复杂难辨的个股形态

✎ **知识点小结**

"好股票"的背后，大多是一家"好公司"。

第二节 短线选股的标准

短线选股是以技术面为主导的一种选股方法。短线重"势"，所谓的势是指股票上涨的势头和力度，只有成交活跃的股票才是适宜短线交易的品种。一些常年成交稀疏的冷门股、大盘股，其股价波动极其微小，这类品种则是短线交易的禁区，除非其有启动迹象。

一、短线选股的注意事项

第一，回避暴涨到高位的股票。即便在牛市，投资者也应对疯狂炒作后的个股采取回避的态度。这类有着巨大涨幅的个股，其风险性已远远大于可能得到的收益。

第二，谨慎参与下跌趋势中的反弹。在下跌趋势未彻底终结之前，很多投资者耐不住手痒而进行捉底、抢反弹，忙得不亦乐乎，却往往是亏多赢少。即便在熊市中，股价也会有很多次反弹，但其中的弱反弹是没有参与价值的。在下跌趋势中盲目抢反弹，也是很多投资者被深套的重要原因之一。

第三，当大势向好时，要敢于介入领涨板块的龙头品种。率先于大盘上涨的股票往往是下一阶段的主升品种，介入其中的龙头股票无疑是短线操作的优先选择。这类品种的介入点应当选择在上涨的初中期阶段，投资者可通过基本面分析来寻找有安全边际的龙头品种。

二、短线选股的技术特征

1. 三条均线选股法

投资者可以选取 5 日、10 日、30 日均线组成短线选股的均线系统。在这个均线系统中，5 日、10 日均线是短期均线，最能体现出股价在上涨中的强度。如果股价连这两条均线都未能穿越并站稳，那么所谓的上涨就是一个笑话，因为缺乏强度的上涨很难持久，通常只是构筑多头陷阱的套路。这个均线系统只是针对短线选股而言，股价即使跌破 30 日均线支撑，也并不必然代表上涨趋势发生转折。

30 日均线是中期均线，在系统中能够起到最后的确认作用，既有对上涨和下跌开始的确认，也有对股价支撑力度的确认。

当这个均线系统形成价托，之后股价回落时，能够得到 30 日均线的支撑，那么个股的起涨点多数就在眼前。

如图 9-11 所示，在 A 点，5 日、10 日均线随着股价反弹上行，但在下行的 30 日均线上便遇阻回落。这种形态说明，30 日均线仍具有压制强度，该股跌势形态尚未得到改变，股价反弹只是弱弹，不具备短线买入的要求。

当股价至 B 点时，三条均线形成一个封闭空间，即为价托。当价托出现时，30 日均线保持平行或上行的态势最佳，对股价的支撑力度也最强。B 点是短线的第一个买点。

股价至 C 点开始回落，但在 30 日均线上得到支撑并转为上涨，这是最为稳健的短线买点提示信号。

需要提示一点，很多个股出现价托后，并不必然会回落到 30 日均线确认支撑，有的直接转为上涨。这时 5 日、10 日均线保持一定的空间上行，当股价日渐回落不触及 10 日均线时，如图 9-11 中 C 点之后的形态所示，投资者可择机买入。

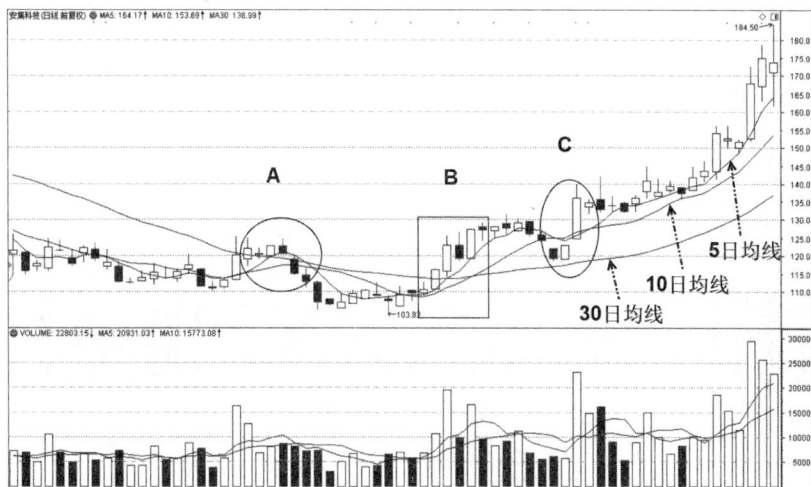

图 9-11　均线选股

2. 成交量选股

在短线选股的过程中，个股量能的状态也是投资者需要重点关注的技术点。实战中，有一些 K 线形态很不错的个股却迟迟不能启动上涨，很大一部分原因就是出在量能上。

如图 9-12 所示，该股经过一段升势后，于 A 点开始回落调整，这个阶段的成交量呈不断减少的消散状态。在这种量能状态下，一般不会出现短线买点，同期的均线系统也不支持短线买入。

量能减少到一定程度后，会稳定在较低的水平上，如图 9-12 中 B 点所示的常量阶段。这个阶段，股价多呈盘整形态，仍然不是理想的短线买点。

随着量能的不断积聚增大，C 点股价得到均线系统支撑，发出第一个买点提示信号。当股价继续上涨并突破前期高点时，这里是短线的第二买点。

需要注意的是，股价突破前期高点时的成交量不能过度放大，否则突破后股价极易出现回落。这个回落的性质既可能是主力资金制造的假突破，也可能只是股价的正常调整。对于短线投资者来说，不管何种性质的回落，都会给短线获利带来不利的影响。

既然突破前期高点时量能过度放大不好，那么缩量突破前期高点时，会不会有短线买点出现呢?

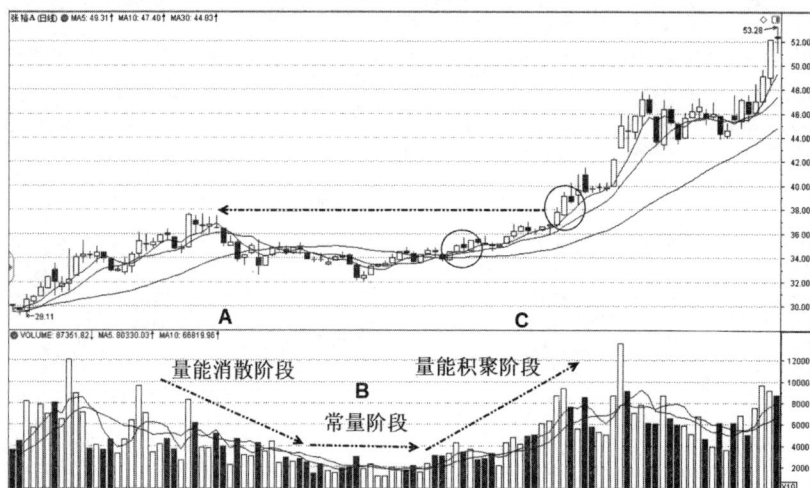

图 9-12　成交量选股

　　如图 9-13 所示,该股在上涨趋势运行过程中,于 B 点成交放出巨量,之后股价开始回落。至 A 点时,股价再次上涨并突破 B 点创出新高,但是同期的成交量却保持着相对稳定的态势,并没有超越 B 点的成交量值,之后股价继续保持整体上涨的势头。

　　这就是一个缩量突破前高的案例,在这个案例中我们可以看到,当缩量突破前高时,无疑是可以短线买入的,甚至当股价回落不破均线支撑时,则成为另一个买点。但这是在我们看到了图 9-13 中后期的股价走势才得以做出的判断。如果在实战中,我们不知道股价后市如何演变,对于类似案例中的缩量过顶,我们该如何认定?

　　第一,分析前高放量点的性质。该股经过大幅下跌后,在构筑底部结构时放出巨量。图中 B 点这个放量长阴能够起到驱赶大批持仓者的作用。

　　第二,B 点之后股价回落,创出股价新低,进一步起到了震慑驱赶的作用。再往后,股价反弹,成交量整体保持常量的态势,直至 A 点股价突破,成交量才有所放大,但仍旧低于 B 点。稳定的成交量说明筹码不再大幅流进流出,也就佐证了盘中的流动筹码已经大幅集中在主力手中。

　　为什么 A 点突破前高不放量?因为 B 点流出来的筹码都进入了主力手中,部分成交量本就是主力对倒所致。既然 B 点的巨量都已经成为主力自己的了,那么 A 点突破过顶当然不必放量,当然轻松过顶。

　　分析透了这些技术细节后,短线投资者选择买点就会容易得多。

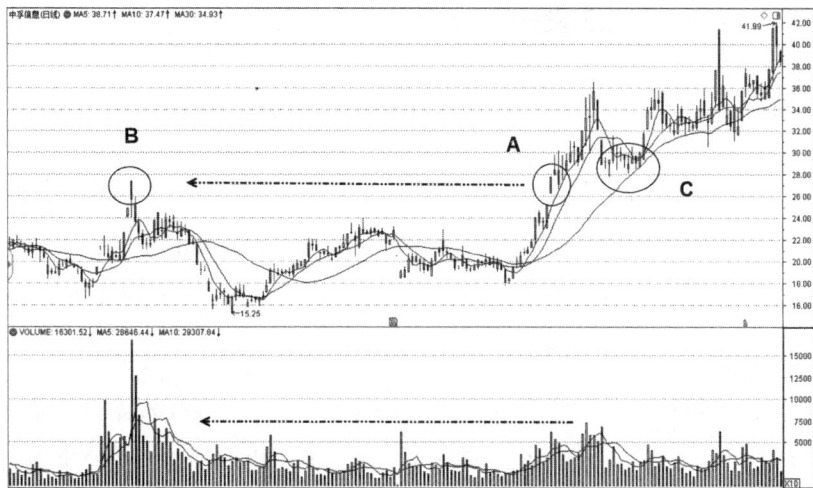

图 9-13 缩量过顶

关于短线选股的技术特征，在分时图、量价、盯盘、K 线等章节中多有涉及，就不再一一举例讲解了。

知识点小结

> 短线交易可以采取追涨的方式，但追涨追的是股票上涨的连续性，而不是那些目前涨得好的股票，毕竟能够给投资者带来利润的是买入之后涨得好，而不是买入之时或之前涨得好的股票！

第三节 中长线选股的标准

中长线选股是对以价值投资为主导，能够长时间持股的投资者而言，这部分投资者出于各种原因不以短线盈利为目的，而更看重股票的中长期收益。

短线选股重"势"，而中长线选股更重"质"。所谓的质是指股票所代表的上市公司的内在价值。

一、低估值

投资者可以寻找和选择内在价值被低估的上市公司的股票，然后长期持有，直到价格产生泡沫才予以卖出。优质上市公司的股票往往都不便宜，投资者的任务是选择处于价值洼地中，尚未被市场充分发掘的潜在优质公司的股票。

二、高成长

投资者要关注某公司未来的发展前景，而不要在意眼前的亏损或薄利。投资者要在这家公司未成长为参天大树之前买入并持有它的股票，然后耐心等待收获季节的到来。

基本面决定公司的未来发展潜力和股价的趋势，即便其价值暂时被低估，一旦启动，往往就是一轮行情的大牛股。

我们在前面讲解的一些股票基本面分析的内容对于中长线投资者来说尤为重要。比如，选择中长线个股可以先从分析国家经济政策入手，找出符合国家政策指向的朝阳行业，再进一步分析行业现状，从中挑选出具有巨大潜力的公司。

分析个股的内在价值和是否具有高成长潜力，主要是从上市公司的报表分析和行业分析中得到。在这个过程中，投资者至少需要阅读和分析目标上市公司近三年的报表数据，既要横向分析，也要纵向分析，这样能去伪存真，求得真实性较高的分析结论。

同时，投资者还可以通过分析同行业竞争对手公司的报表来辨别其中的真伪。有条件的投资者可以亲自到上市公司实地考察，亲眼看一看上市公司的生产经营情况。这种第一手资料往往比纸面上的数据更加真实、珍贵。

三、用技术分析确定介入时机

好股票也需要好买点。即使是质地优良的股票，如果股票市场大趋势处在牛熊转折的风险关口上，那么投资者也不能以价值投资的名义贸然买入。

2015 年市场整体暴跌之时，所有的股票皆泥沙俱下。如果投资者不分趋势地买入，必然要承受至少一段时期的煎熬和痛苦。

如图 9-14 所示，该股属于基本面较为优良的股票，但在市场暴跌下，股价也几近夭折。如果投资者单纯地以基本面来选择股票，却不从技术面考虑介入时机，那么当投资者被套在股价高位、仓位发生大幅亏损时，必然要承受极大的压力。

有人曾经向投资大师邓普顿推荐桂格燕麦食品公司的股票，这家公司生产的食品很受欢迎。邓普顿说："我每天早上都吃桂格麦片，它很好，降低了我的胆固醇。桂格燕麦食品公司是一家出色的企业，每个人都知道它是一家好公司，这导致它的股价过高，我不认为这是一笔好买卖。"

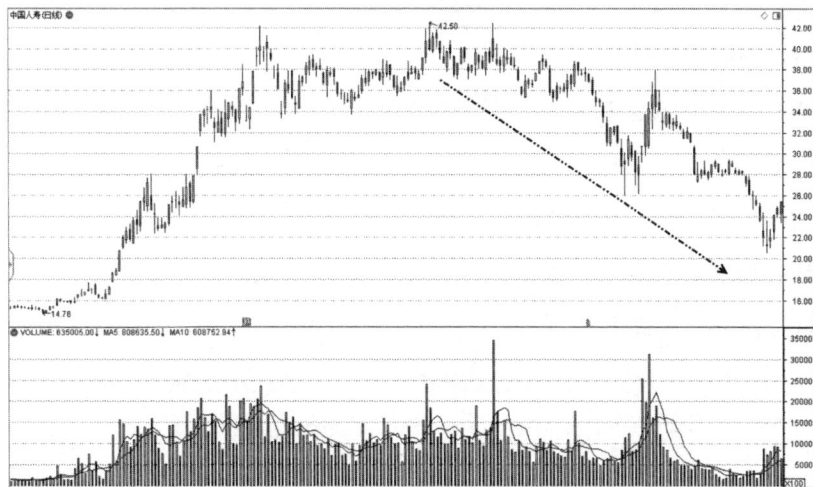

图 9-14 选择介入时机

这家公司的股票既有基本面的支撑，又是技术面的热点个股，说明已经被市场开发出来并充分认可。如果投资者想要介入此类个股，就必须采取高位追涨的方式，而至于投资者能够获取多大的收益，则不可预知。

对于中长线投资者来说，技术面和基本面在选股、选时的过程中应该相互融合、互补不足，不可绝对割离。

大多数人都去做的生意，不会有大赚头。投资者如果想要获得超额利润，就必须做好承受巨大压力的心理准备。

投资者在选择了低估值、高成长的潜力个股之后，首先要确认该股所处的趋势和阶段，即股价处于下跌趋势运行中，还是底部构造过程中，抑或是上涨趋势运行过程中。其次，针对不同的趋势和阶段，投资者需要采取不同的介入方式和仓位标准。这些都需要投资者提前做好投资计划和方案。

1. 上涨趋势运行过程中介入时机的选择

如果目标个股已经运行到上涨趋势中后期，那么其价值早已被市场充分认可，股价必然已经高高在上了。也就是说，这是标准的"白马股"，而不是具有"黑马"属性的潜力股。

对于以中长线持仓的投资者来说，这种个股的介入时机和短线投资者的区别不大，因为其已经不具备低估值的优势，或者说优势不再明显。

　　而对于刚刚启动上涨趋势的个股来说，其估值优势和高成长性尚未被市场认可，股价仍旧偏低，具备中长线投资价值。但投资者仍不可在股价急速拉升阶段介入，应选择在股价回落调整阶段择机介入。

　　如图 9-15 所示，该股启动一段升势后，股价大幅回落调整，在 A 点受到长期均线的支撑后止跌回升，这里应是投资者介入的第一时点。其后，在 B 点，股价震荡盘整在中长期均线之间，成为投资者的第二介入点。

　　中长线投资者在选择具体的介入时机时，应遵循买跌不买涨的原则，避免追涨介入，以压低自己的介入成本。

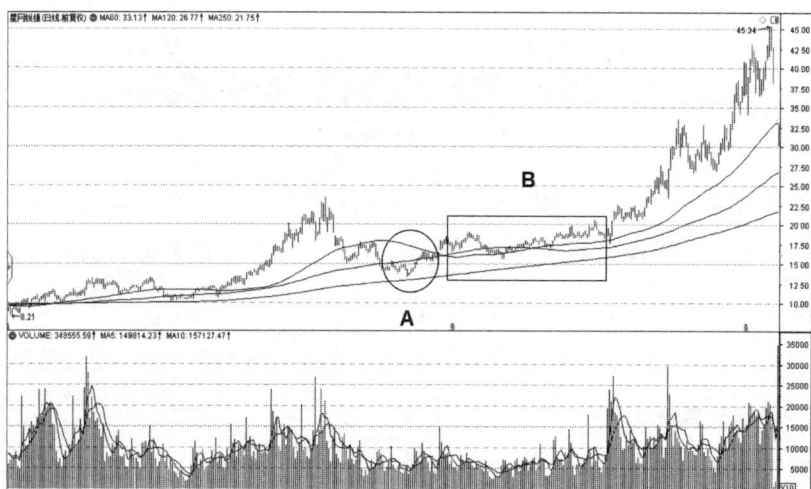

图 9-15　上涨趋势初期

2.下跌趋势运行过程中介入时机的选择

　　如果投资者选择的目标个股处于下跌趋势运行过程中，那么首先要分析下跌趋势运行所处的阶段。如果目标个股处于下跌趋势的形成阶段或中期阶段，那么投资者应尽量回避，保持长期追踪观察。这个追踪等待的时间并不白费，它能让投资者进一步熟悉个股的情况，也更容易寻找到今后适宜的介入时机。

　　经过长期大幅下跌后的跌势后期，股价有时表现得并不"安静"，不少在这个阶段的个股会出现凶悍的最后一跌。个股越是凶悍地急跌、暴跌，越是中长线投资者提前介入潜伏的时机。

　　如图 9-16 所示，该股在跌势的后期反而出现大角度的急速下跌，在较短时间内，股价出现大幅度的下跌。

当个股的下跌趋势尚未完全结束，或尚未出现明确的底部构筑阶段时，想要提前介入的投资者必须选在类似案例中的急跌、暴跌阶段。当然，前提是投资者经过事先对目标个股的基本面研究，确认该股具有低估值、高成长的优势和潜力。

为什么投资者在趋势发生扭转前介入，必须选择个股的急跌、暴跌阶段呢？通常来说，处于缓慢下跌过程中的个股未经过急跌、暴跌阶段，也有可能开始转升或开始筑底，但同时也有继续大幅下跌的可能。

而对于发生急跌、暴跌的个股，至少在短期内我们可以排除其继续大幅下跌的可能性，即使该股日后还会出现底部低点，但短期内股价回升的可能性远大于下跌。这样就可以让提前介入的投资者有一定的调整机会和时间。

同时，如果投资者在趋势发生扭转前介入目标个股，那么应控制介入仓位数量，不可一次性满仓介入，因为一旦发现判断错误，就难以弥补与转圜。投资者少量分批介入，应是一个不错的选择。

图 9-16　跌势末期

3.底部构筑过程中介入时机的选择

处于底部构筑阶段的个股，股价折返比较频繁，介入其中的投资者应做好耐心持仓、应对股价频繁波动的心理准备。

如图 9-17 所示，该股历时一年多构筑的底部形态，其间股价多次发生大幅度的震荡，这也是底部构筑的固有特征。中长线投资者如果想要拥有低价的优势，那么就必须在震荡低点敢于提前介入，而且还要忍受住随后多次发生的股价震荡。

　　在持仓的过程中，"坐电梯"是常事，仓位整体发生亏损也是底部介入必须承担的后果。投资者如果在这个过程中忍耐不住，不但难以等到股价真正上涨的那一刻到来，还很有可能在震荡中迷失初心，因恐慌而割肉卖出持仓的筹码，付出亏损的代价。

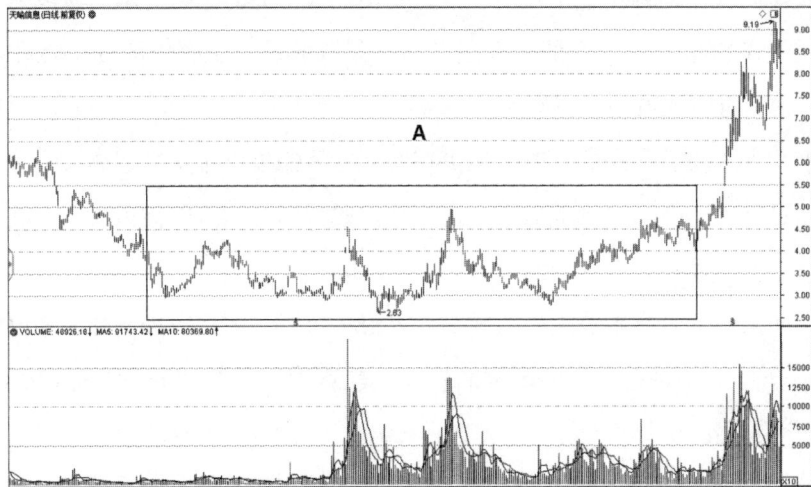

图 9-17　底部构筑阶段

✍ 知识点小结

投资者能承受多大的压力和痛苦，就可能收获多大的财富。

第十章
盘口陷阱识别技巧

第一节　识别虚假挂单

看盘，不单是选择好股票、察看买卖时机的过程，还包括鉴别盘口陷阱、识别主力骗线的过程。股票交易的博弈性决定了交易过程的诡诈性。股票市场上，步步惊心、如履薄冰才是交易常态。

学会识别盘口陷阱是投资者学会看盘、真正读懂盘口含义的必要条件。本节先从分析盘口挂单开始。

在行情交易软件的右上角，通常都设置为卖盘挂单和买盘挂单，大多是买单 5 档，卖单 5 档；一些软件还提供 10 档买卖盘挂单信息。实战中，其分析意义基本没有差别，无非是多了几档挂单信息。主力资金不想让你看到的就是 20 档挂单信息，你也看不到。

挂单分为挂卖单和挂买单。有时候买卖单的位置和每个价位上挂单数量的多少，能透漏出主力当日的一些交易思路。

如果在开盘几个价位上买卖单数量都很稀少，那么说明主力未积极参与，可能仅是散户行情，市场的交易意愿不会太强。如果在开盘几个价位上买卖单数量都很密集，且股价高开，那么说明市场资金对该股较为关注。

开盘挂卖单多、买单少，说明市场资金偏重于做空该股；反之，则说明市场资金希望买入该股。在实战中，市场主力也会通过虚假挂单来迷惑投资者，然后反向操作。

交易软件中，买或卖的挂单以手为单位，1 手等于 100 股。

一、虚假挂单

投资者在分析盘口挂单时，需要注意甄别哪些是主力的手法。

盯盘的投资者常常会发现，虽然在卖一或买一上出现大单（一般指 10 万股以上），但这些大单不会纹丝不动地挂在那里。除去被市场成交的部分外，这些大单时常被主动撤掉，然后再度挂上，甚至在几个不同的价位上来回变动，但总的手数相差不大。这种现象是主力的行为，而非市场的随机行为。

那么主力的目的是什么呢？如果买一的大单被撤掉，说明主力并不想真的买入，挂的大买单是虚假的，目的就是想让投资者尽快买入。不管主力是不是想借机减仓，我们都知道主力不想买入了！主力不买意味着股价很难持续性大幅上涨，那么投资者该怎么做就应该很清楚了。

如果卖一的大卖单被撤掉，则说明主力想要大卖单起到恐吓作用，不是真的准备卖出。主力真正要做的是收集投资者恐惧情绪下抛售的筹码。

没有实战经验的新手见到卖一上挂着大卖单，便以为主力要减仓；见到买一上出现大买单，便以为主力要买入。于是，投资者不是恐慌地抛售，就是冲动地买入，二者皆不可取。

如图 10-1 所示，该股在买一、买二上挂的都是较大的买单，而上方卖单都相对很小。仅以买一的大单就完全可以扫空上方卖单，但股价却始终无力上升。这种挂单情况存在一定的虚假性，至少说明主力并不想在目前的价位上加大仓位。

卖五	8.56	30
卖四	8.55	92
卖三	8.54	156
卖二	8.53	382
卖一	8.52	345
买一	8.51	2941
买二	8.50	1188
买三	8.49	115
买四	8.48	297
买五	8.47	23

图 10-1　挂单

二、撤单分析

撤单是指在某个价位上挂出买或卖的单子，没等成交就主动取消买或卖的指令。

在实战交易中，撤单的情况比比皆是，而需要我们重点观察和分析的是大单挂单、撤单的不同情况，以此来预判主力所处的阶段。

1.建仓吸筹阶段的主力资金

处于建仓吸筹阶段的主力资金想要在底部尽可能多地吸纳筹码，必须在盘面上营造一些恐怖气氛来吓退想买入的投资者，同时促使持仓者尽快抛出。

通常在股价已经跌得很低的情况下，在卖盘上还挂着大量的卖单，似乎有很多筹码排队等待卖出，这给投资者造成了巨大的心理压力。

在这种情况下，很多投资者不计成本地抛出了手中的廉价筹码，却被主力资金通吃。投资者如果注意观察卖盘上挂的大卖单，就会发现这些大卖单并不是纹丝不动地挂在那里的。主力时常会主动撤掉全部或部分大卖单，目的是让那些排在后面的市场抛单能够成交，同时也为了防止其他大机构趁机抢筹。

2.出货阶段的主力资金

处于出货阶段的主力资金想要在高位成功出货，必须在盘面上烘托出人气高涨的氛围来诱导投资者追涨买入，同时也会暗示持股者锁定筹码、等待上涨。

通常在股价涨得已经非常高的情况下，买盘上出现大量买单，似乎大批资金正准备蜂拥入场。很多投资者感到似乎涨停就在眼前，于是跟风追涨买入。

这时主力资金就可以撤掉自己的买单，让市场散单排在前面以尽快成交，然后再挂上大买单，让投资者感觉不到买盘挂单的减少。主力资金通过这种不断挂单再撤单的手法，就可以趁机大量抛出筹码。

📎 知识点小结

> 学会识别盘口陷阱是投资者学会看盘、真正读懂盘口含义的必要条件。

第二节 对倒的技术特征

对倒是指主力资金利用资金或筹码的优势，在自己掌握的多个账户之间对某只股票进行自己卖自己买的虚假交易，从而制造个股交易火爆或恐怖的盘面，吸引投资者跟风买进或卖出。对倒存在于主力运作股价的整个过程之中。

处于建仓吸筹期间的主力资金，通过对倒的手法来打压股票价格、制造恐慌气氛，迫使投资者低位抛售筹码。

处于洗盘期间的主力资金，通过对倒使成交量放大，并采取宽幅震荡的方式制造见顶、暴跌等恐慌氛围，以此来清洗获利筹码。

如图 10-2 所示，当该股脱离底部低点时，于 A 点放量下跌，当日振幅达到 8% 以上，换手率也达到 18% 以上。

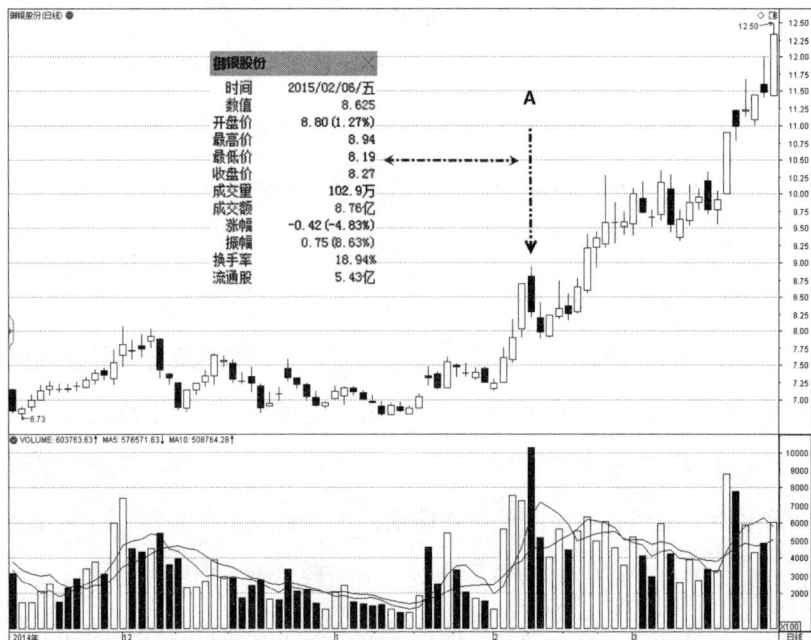

图 10-2　对倒

对于这种刚脱离股价低点、涨幅较小的个股，不会存在太多急于卖出的市场筹码，如图 10-2 所示，A 点这种较高换手率只能是主力资金为了清理浮筹和继续吸筹所营造的恐怖氛围，目的就是逼迫持仓的投资者抛售筹码。

处于拉升阶段的主力资金利用对倒制造巨大的成交量，吸引市场资金的关注和买入，能有效降低自己的拉升成本并节省锁仓资金。

处于出货阶段的主力资金主要在一些技术关口上通过对倒造成放量突破、继续上升等假象，从而诱引投资者入场抢筹，主力借机大量减掉仓位。急速上升或长时间涨升的个股如果突然出现成交大单，股价却没有相应地大涨，那么主力对倒减仓、出货的可能性较大。

主力通常采用账户组（多账户交易）的方式，在对倒的账户中既有自然人账户，也有信托账户、公司账户等。这些同属于一个主力资金账户之间的对倒，其隐蔽性相对较高。主力资金在操作个股时，曾利用三百多个账户、十几个操盘手同时进行交易。

对倒可以带来个股成交活跃的假象，容易吸引投资者跟风追涨或者跟风杀跌，从而满足主力资金减仓出货或者低价吸筹的目的。可以说，大多数主力资金在短炒个股时，对倒的手法占据了相当大的比例。

主力对倒通常会以成交大单的形式出现。成交大单一般是指千手以上或者连续百手以上的成交单。盘面上突然出现的大单会改变或引导股价的运行方向，确认成交大单的性质对于提前应对股价可能出现的变化无疑具有重要的意义。

大单并不必然都是主力资金的行为，也可能是其他资金的行为。例如，机构资金的操盘手为尽快完成买入任务，以大单扫盘的行为；某实力资金对于目标个股的试盘行为；盘中多个实力资金的博弈行为。

当然，实战中即使是主力资金的大单也不都是对倒，真实的扫单拉升也会有大单出现。

主力大单如果是对倒，那么即使瞬间现价线被笔直拉起，也很快会出现折返，走势上拖泥带水，股价升幅并不明显，即使有所上涨，也会在之后或次日发生向下折返。

实战中，对倒大单引导下的恐慌性下跌和急速上涨，对投资者的杀伤力最为致命，不少人就是在这种情形下将持仓筹码抛在了地板价上，或者是追涨追到了天花板。

✎ **知识点小结**

> 不要相信突然出现的大单就必然意味着持续性下跌或者是暴涨的开始。忍住不在最恐慌时卖出，不在最兴奋时买进，就是应对主力资金对倒的最佳方法。

第三节　什么是多头陷阱

股票市场的博弈在本质上决定了参与者之间的对立关系，而占据资金优势的主力资金通过形形色色的手段来达到自己的目的。

主力资金的操作手法，其核心就是利用自己资金上的优势，诱导、迷惑市场投资者，使之做出错误的判断。这类主力行为一般称为多头陷阱和空头陷阱，或者叫作诱多和诱空，即诱使投资者跟风买入或者跟风卖出。

主力资金常用的欺骗手法就是营造"骗线"，比如假填权、假突破、假破位、对倒拉高、跳水、虚假挂单以及题材、概念炒作等。主力资金实施骗线的方式主要是通过 K 线、技术指标、分时走势等技术分析形式。

例如，技术指标 KDJ 高位钝化后，按照规则投资者应该及时卖出，但在实战中，个股在 KDJ 处于钝化状态时，却是主力刚开始拉升股价之时。主力资金正是利用技术指标的一些设计缺陷，诱使投资者做出错误的决定。

国内 A 股市场对于题材、概念的炒作是很常见的，投资者如果参与炒作的话，务必明白题材、概念本身就是主力制造的多头陷阱，切不可认为题材就是一切，就会使上市公司的经营业绩出现翻天覆地的变化。历史上没有哪一个题材或概念是历久弥新、屹立不倒的，主力利用某一题材获取既得利益之后，出货时是绝不会有任何留恋和牵挂的。

多头陷阱是指主力意在卖出，却故意制造强势上涨的氛围，从而引诱投资者追高买进。

多头陷阱多出现在经过长期上涨或者股价涨幅巨大的个股上。

主力往往利用对股价重要关口的突破、技术指标的买进提示等来渲染多方即将发起强势上攻的假象，用以迷惑投资者。

一、假突破

比如，当某只股票看似出现一个即将突破的形态时，一些投资者往往会产生抢筹的冲动。等到投资者追高买入，等待拉升获利时，却发现股价迟迟未出现真正的突破性拉升，反而走出与其意想相反的走势。

如图 10-3 所示，在 A 点，该股放量收出大阳线，当日无论是股价还是成交量，都已经超过前高点。从常规量价分析来看，股价似乎启动了新一波上涨，并开始对前高点进行突破。

在常规技术理论中，股价对于前高点的突破如果成功，将会打开股价的上涨空间。

当一些投资者看到这种技术形态时，便会联想到股价突破成功后会怎么样，却很少会深入分析这是否是主力营造的陷阱，于是多会选择在 A 点或之后几日买进该股，等待主力资金的拉升。

但在接下来的交易日，股价冲高回落，报收一根射击之星的长上影 K 线。这种 K 线形态显示，当股价冲高之时，必有投资者跟风追涨，被套在股价高点。此时，如果投资者不能及时醒悟、迅速出局，则极有可能被深套其中。

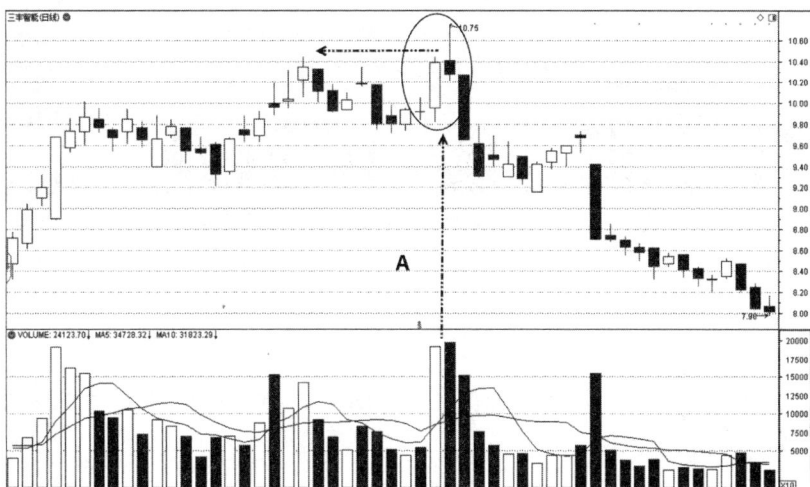

图 10-3　假突破

二、大阳线

当市场投资者对于个股后势渐渐变得谨慎或失去信心时，主力就会制造一些能够振奋人心的技术图形来打动市场投资者，尤其是场外的观望资金。这些观望资金迟迟不入场，主力资金就难以借机减仓或出货。

如图 10-4 所示，该股在一波涨升后，处于震荡盘整的态势中，成交量日渐缩小，显示市场投资者渐趋谨慎的态度。

在 A 点突然出现一根突破盘局的放量大阳线。这根大阳线突破盘局高点，并接近前期放量股价的最高点，似有再起升势的模样，极大提升了市场人气。但是，让人感到意外的是，大阳线出现后，股价并未出现持续性上涨，反而略作盘整后转入下跌趋势中。

此案例中的大阳线就是标准的多头陷阱。当主力在出货过程中发现承接盘逐渐减少、市场投资者进场欲望大幅降低时，就会改变盘面萎靡不振的局面，通过大阳线等技术性图形来提振市场信心，以求达到继续减仓出货的目的。

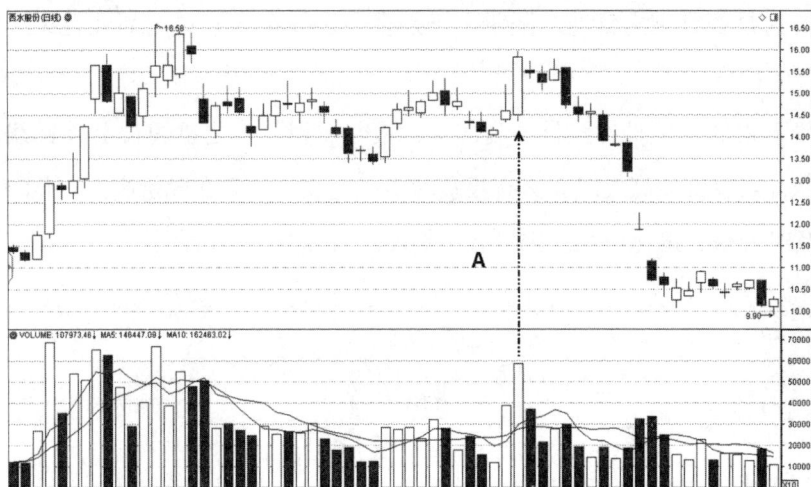

图 10-4　大阳线

三、假填权

主力资金还会利用一些除权除息个股留下的缺口，做出一副股价向上补缺填权的假象，来吸引投资者跟风买入。

如图 10-5 所示，该股除权除息后留下一个巨大的缺口，经过一段时间的震荡后，A点股价突然以涨停板的方式向上突破，做出一副似乎要填权的势头。但该股股价仅仅进入除权缺口少许便震荡回落，并就此进入下跌趋势中。

在这个案例中，该股除权后，股价波动极为微小，营造了一个似乎在筑底的模样。这个形态为 A 点的假填权提供了前提条件，当 A 点向上开始填权时，一些投资者便会认为该股有筑底的过程，填权应该真实可信，殊不知却落入了主力资金的多头陷阱中。

其实，如果仔细分析案例中 A 点填权的过程，并结合前面讲过的成交量的相关理论，我们就完全可以看出主力资金假填权的蛛丝马迹。

比如，A 点第一根涨停板阳线，当日成交量似有放量过大之嫌。图 10-6 展示的是涨停当日的分时走势。当日涨停板曾被打开，显示有资金在涨停价位上卖出。通常来说，填权个股的筹码集中程度不同于底部起涨个股，其上方的压力不会太大，除非是获利盘兑现。作为一个刚刚向上起涨填权的个股，主力资金以外的获利筹码不会如此急切兑现，毕竟上方的缺口巨大，看起来还有很大的获利空间。

至此我们开始怀疑主力资金减仓，但也不能排除获利盘的兑现。但是，到了下一个交易日，获利盘兑现的可能性就基本被排除了。

图10-7展示的是次日的分时走势，当日大部分时间的股价呈横向震荡的走势，当接近尾盘时，股价再度涨停，不久就被打开，而后股价回落直至收盘也未能封板。这一天的成交量远远大于涨停板当日。而尾盘突袭性地封涨停板，这种极具诱惑力的走势，除了主力资金，还会有谁？随后的开板无疑是主力资金在满足追涨资金的买入需求。

我们回到图10-5中，随后几日K线实体都不大，但成交量相比起涨之前不算小，这就是主力资金逐渐派发筹码的过程。

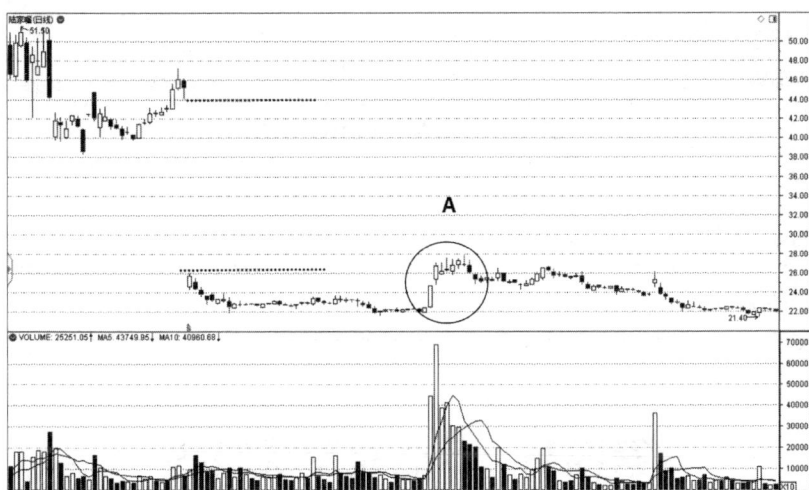

图 10-5　假填权

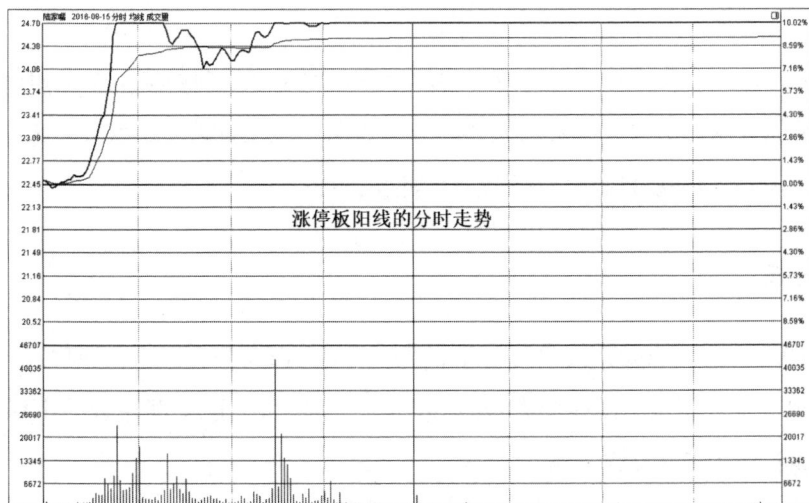

图 10-6　涨停板阳线的分时走势

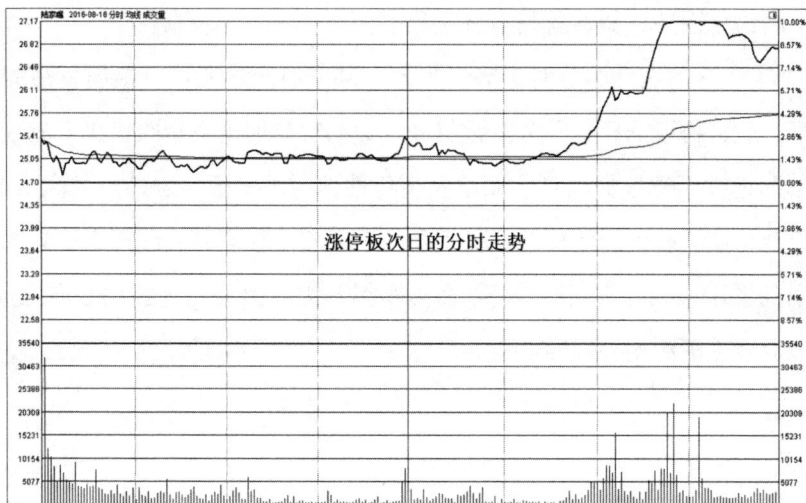

图 10-7　涨停板次日的分时走势

知识点小结

别跟在股价涨跌的后面走，否则必会陷入主力的圈套。

第四节　什么是空头陷阱

空头陷阱是指主力意在买入或洗盘，却故意制造恐慌氛围，迫使投资者低价抛售筹码。

空头陷阱的一个重要特征是，股价急速下跌、成交量持续萎缩、政策面没有实质性的利空消息、技术面上没有重要的顶部信号。如果在个股的低位区域发生这种情况，则多数是空头陷阱，暴跌过后将可能迎来趋势性的转折。

一、大阴线

如图 10-8 所示，该股股价脱离底部低点后开始一波反弹，但不久股价震荡回落，A点突然出现一根大阴线，K线形态也较为严峻，似乎所有迹象都在告诉市场上的投资者，一轮创新低的下跌又将开始。

然而，股价并没有出现投资者预期中的急速下跌，甚至未能抵近 B 点的股价低点。

经过短暂小幅度下探后，该股出现放量拉升。A 点便是主力资金营造的一个标准的空头陷阱。

该股刚刚经过长期大幅大跌，主力利用市场投资者持仓心理尚不稳定的特点，故意在底部低点制造空头陷阱，以便使投资者产生对前期股价下跌的恐惧心理，让投资者丧失继续持仓的信心，加入抛售的行列中，从而使自己可以顺利完成建仓洗盘的任务。

对于底部低点个股，耐心不足的投资者最好不要介入，因为这类个股虽有低价的优势，却需投资者忍受主力的反复折磨。这个阶段比较适合中长线交易的投资者买入低估值股票，然后长期持有。

图 10-8 空头陷阱

二、利用市场共识

当大盘经过一段时间的下跌或上涨后，在某一相对固定区域长时间发生折返震荡时，市场投资者普遍会认为这个区域具有支撑或压制。

如果股价处于下跌趋势中，那么随着指数在这一区域运行时间的延长，投资者对于这一点位（区域）的支撑会逐渐形成共识，并会买入筹码等待升势的到来；反之，则会卖出筹码等待下跌的到来。

　　图 10-9 展示的是沪市在 2002 年至 2004 年的走势，当时指数数次下探到 1 300 点附近，出现了止跌回升的态势，于是市场上形成了 1 300 点附近就是底部区域的共识。

　　市场投资者的共识与行为的一致性必然会给主力资金带来极大的干扰，而主力资金则只能通过打破所谓的支撑位来制造恐慌，使投资者的预期落空，让投资者产生悲观失望的情绪，随即抛售持仓筹码。

　　图 10-9 中的 A 点，沪指跌破 1 300 点区域下行，这种情况打破了市场对于底部的共识，恐慌氛围也就随之快速蔓延和扩大。大盘指数破位所引发的恐慌远大于个股。即使持仓者手中的个股没有出现破位，也可能会受到大盘跌势的影响，陷入从众的恐慌情绪之中而选择抛售。之后，沪指一直杀跌至 998 点才真正见底回升并开启一轮大牛市。

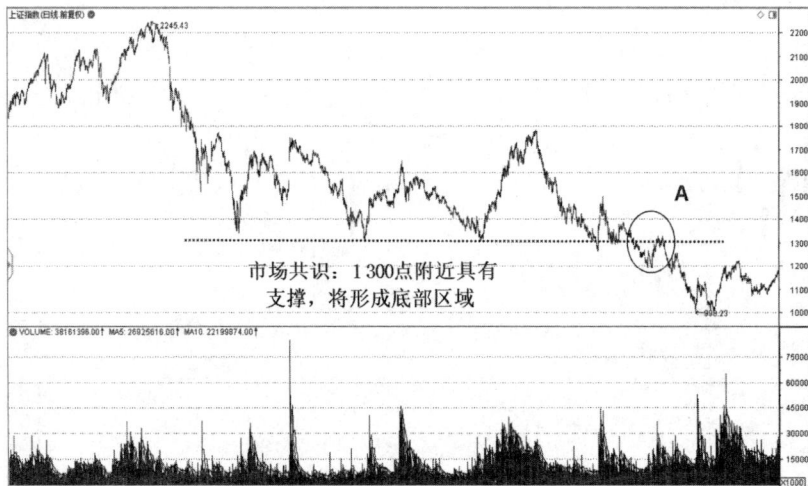

图 10-9　打破市场共识

　　某一个或几个主力资金想要打破市场形成的共识，几乎是不太可能的。在早期的股票市场上，只要部分主力资金控制住一些权重股，那么就基本掌控了大盘指数的涨跌。如果大盘确实处于适宜的建仓区域，那么试图建仓的实力资金就绝不是少数。这些建仓资金之间感同身受，相互之间存在一定的默契或者说建仓的实力资金也存在一种共识，即打破市场普遍认同的支撑，让市场投资者恐慌，唯有此才能顺利完成自己的建仓任务。

　　这个案例已经过去十余年，在目前股票市场庞大的市值与容量面前，虽然主力资金难以操控权重股来影响大盘指数，但往往会"借力打力"，即借助一些热门板块或龙头个股的涨跌来影响和引导市场人气走向兴奋或悲观，间接达到调控大盘指数涨跌的目的。当投资者发现市场上已经形成了某种共识时，千万不要跟着"共识"走。

三、破位

底部往往意味着主力资金建仓的低点区域。当某些主力资金处于建仓期间时，从技术形态上并不难认定。但是，很多主力建仓区域却因为之后走势的变化而被投资者自己否定。许久之后，投资者回头再去看该股，股价早已飞升，而当初自己的分析无疑是正确的，但还是想不透主力为什么会跌破建仓的成本区。

如图 10-10 所示，该股经过大幅下跌后，于 A 点横向震荡，有投资者分析该股有主力资金运作，股价所处区域应是主力资金建仓的区域。投资者按部就班进行分析，股价应该不会深跌，因为如果股价深跌，主力资金也会被套。

然而，接下来的走势却让人大吃一惊，即 B 点股价迅速下跌。当这种似乎失去理智的疯狂下跌出现时，大多数投资者都会改变最初的看法，即从认定主力建仓到认为 A 点只是下跌途中的盘整，主力只是短炒诱多，后市仍将进一步探底。其实，这就是主力最想要的效果，也是主力常用的一种手法——破位。

实战中，建仓期的主力资金经常会反技术分析而行之，即市场投资者认为主力资金建仓受限于成本不会深跌，却偏偏选择凶悍地向下砸盘。在这个过程中，主力资金多采用对倒，大单砸盘的筹码其实还在自己手中，只不过是左手换右手。而经过一次"恐怖袭击"后，主力资金得到的远胜于失去的。至于成本，在股价的折返中正一点点被降低。

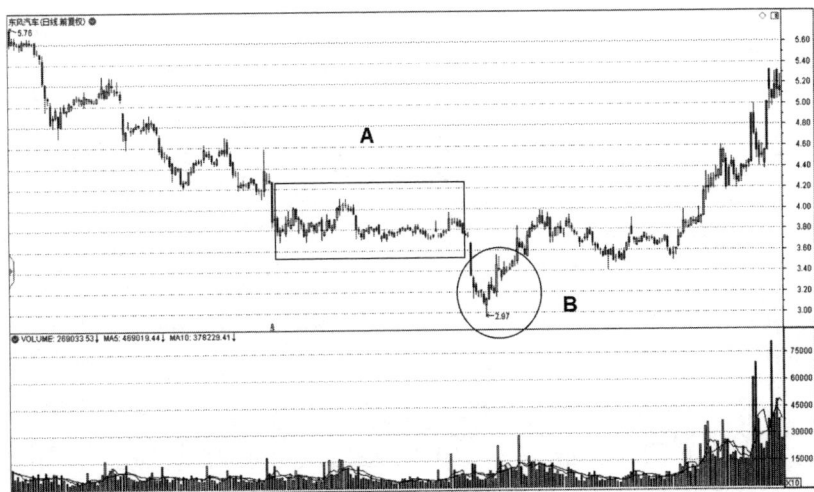

图 10-10 破位

> 忍住最后 3 秒钟的恐慌，你就会发现主力正在"裸游"。

第五节　折返才是股价运行的正常状态

折返是股价运行的常规波动形式，反映的是多空双方盘中不断博弈的过程。

除非是直接封住涨跌停板，否则个股在运行中就必然存在折返。在 K 线图中，上涨趋势中的折返常被称为回落调整或回档等，下跌趋势中的折返被称为反弹。而在分时走势图中，日间的股价折返更是比比皆是，折返才是股价运行中的正常状态。

如图 10-11 所示，该股在当日的分时走势中，较大的折返波段出现了数次，而如锯齿状的小折返更是举目皆是。

可能有的投资者会说，该股虽然上涨，但走势较为绵软。图 10-11 中的小图为强势上涨个股的分时走势，图中可见，在股价涨停之前，依然存在较大的折返，锯齿状的小折返同样遍布在整个走势过程中。

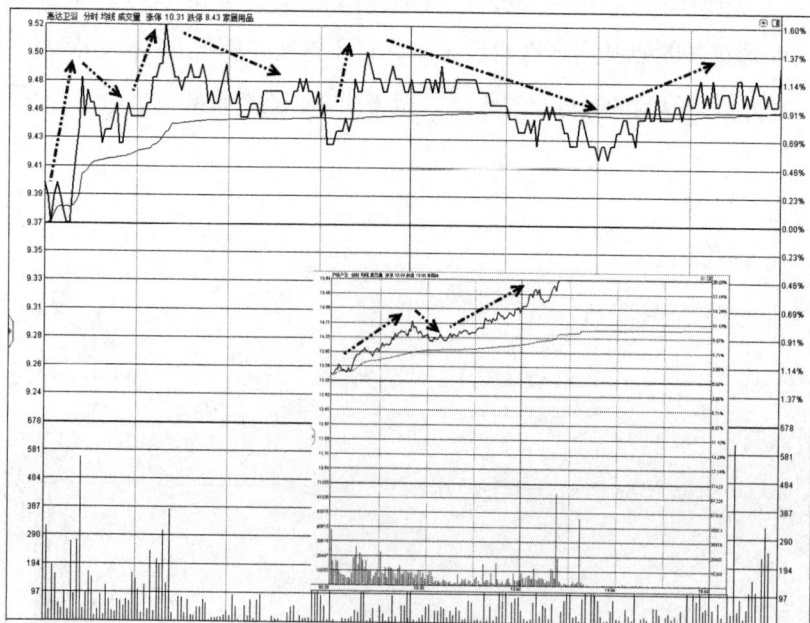

图 10-11　分时中的折返

折返的发生是股票交易博弈本质的正常反映，即有人认为股价会下跌，所以选择卖出；但也有人认为股价会上涨，所以买进。买进与卖出力量的此消彼长带来股价走势形态上的频繁波动。当资金达成高度共识时，股价就会出现单一方向的急速前进——涨停或跌停，这反而是股价的非正常运行状态。股价的非正常运行状态与正常运行状态相比，当然不可能持久。

无论在涨势中还是在跌势中，股价反复发生较大折返，都会令大部分投资者颇受煎熬。投资者或许可以忍受分时走势中发生的较大折返，但最不能忍受 K 线图中长时间的股价折返。

主力资金经常利用股价折返所带来的恐惧洗出筹码，或者利用折返带来的反弹吸引追涨者进场。

在股价的上下颠簸中，一些持仓者的心态会逐渐发生变化：由最初的信心十足到渐渐地失去耐心、被烦忧情绪所缠绕，随着折返时间延长和次数的增加，这种情绪会进一步演化为悲观、恐惧。

如图 10-12 所示，该股股价处于上涨趋势中，但是上涨趋势并不等于股价一直上涨。图中可见，在股价上涨的过程中，股价多次发生较大折返。

虽然看上去一张静态的 K 线图中，股价的回落并不难应对，但当身临其境，尤其是对短线仓位比较重的投资者来说，图中股价的折返会让他们如坐针毡，因为股价每一次的"小跳水"都仿佛跳在他们的神经上，都会让他们觉得是股价转入大幅下跌的开始。

几次三番后，持仓者已被累积的恐惧情绪所笼罩，会将之前所有正确的买入理由都忘记，而只记得股价将要下跌。选择卖出，也许就是唯一的解脱方式。

即使部分投资者熬过了这种折返，也不一定能忍受住另一种折返——持仓的个股不与大盘同步。当指数或者其他个股纷纷飙升，而自己持仓的个股却还在反复折返不定时，投资者会有一种被行情抛弃的孤立感和失落感。这时候，一些持仓者会选择卖出所持的个股，追逐那些"合群"的股票。

主力资金利用股价折返带给投资者的心理折磨，迫使投资者在恐惧、失落等不良情绪困扰下进行交易，由此达到自己的目的。

实战中，主力资金不但会利用折返制造恐惧、失落的情绪，有时还会制造"希望"，让心如死灰的投资者"复活"，只不过主力资金提供的"希望"往往都会如烟花般稍纵即逝。

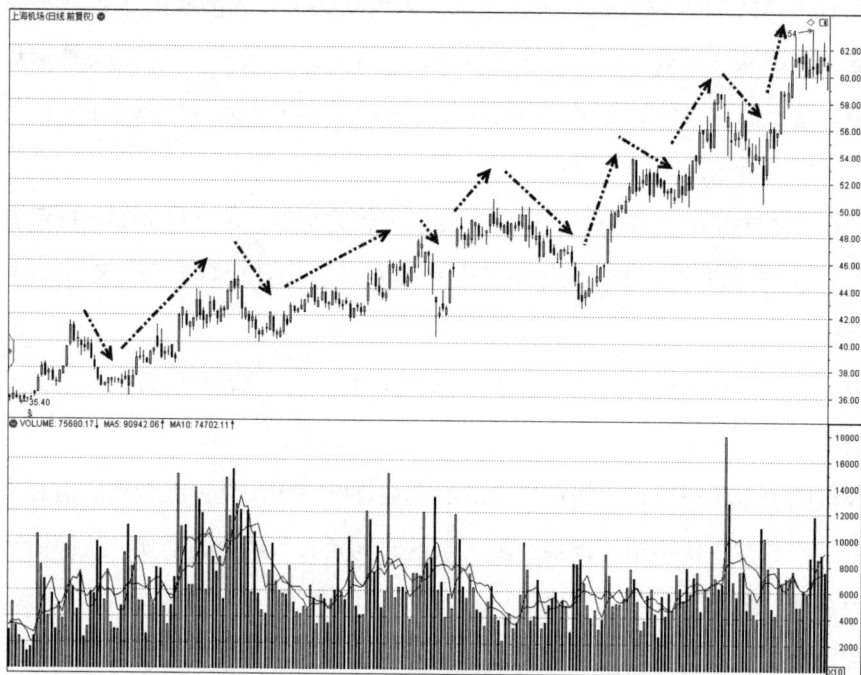

图 10-12　K 线图中的折返

　　某些个股在长时间下跌过后，股价会有一种跌不动的情况，大多是因为持仓者的绝望情绪所致。

　　解决这个问题其实很简单，心病就要用心药来医！既然股价下跌让持仓者绝望，那么就要用"希望"来治病。如果突然出现一根大阳线，或者突然高开，同时伴有赏心悦目的成交量，那么完全能够吸引到一些追涨资金。

　　如果一根大阳线不能解决问题，那么就用两根；如果一个高开不能激活跟风资金，那么就多加一个。如图 10-13 所示，该股经过一段时间下跌后，到了 A 点，成交量大幅萎缩，股价维持震荡盘整的局面。这种量价相对平衡、冷清的走势不利于主力资金继续减仓。只有打破冷清的局面，才有可能吸引场外跟风资金的注意。

　　于是 B 点股价再掀波澜：一根带量高开的小 T 字线涨停板引爆了跟风资金的热情，而次日报收一根振幅超过 10% 的长上影阴线，显示主力资金成功地将部分追涨资金锁在了高点。

　　图 10-14 展示的是长上影阴线当日的分时走势，这种分时走势还是很具有诱惑力的。股价低开震荡，在均价线和昨日收盘线处获得支撑，然后以 60 度角上涨，股价强

势非常明显。但如果投资者这时追涨，那么接下来就会体验到什么叫"天上一日、地上一年"。主力通过制造这次折返，无疑又获得了极佳的减仓时机。

图 10-13　主力提供的"希望"

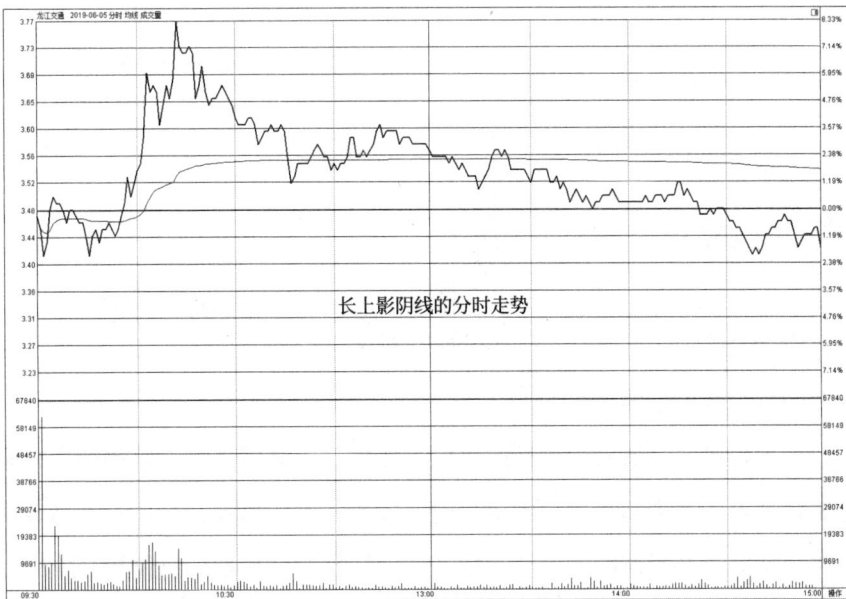

图 10-14　长上影阴线的分时走势

还有一种类型即股价见顶回落，而主力资金并未完成出货的个股。这种情况下，主力资金不会让股价在短期内过度下跌。急速大幅下跌并不利于大部分主力资金出货，毕竟不是每一个主力资金都有实力把成本降到极低的水平。

解决"绝望"，可以用"希望"，而不断的"希望"绝对可以让主力资金完成自己的出货任务。

如图 10-15 所示，该股见顶回落后，股价便开始处于不断折返的过程中。因为股价折返的价位并未远离顶部高点，也就让持仓的投资者或者短线跟风资金产生一种"希望"，即该股经过盘整后，股价可能还会再起升势，再创新高。

但随着主力资金的逐渐退出，股价越来越缺少主动维护，最终股价还是滑入明确的下跌趋势中。

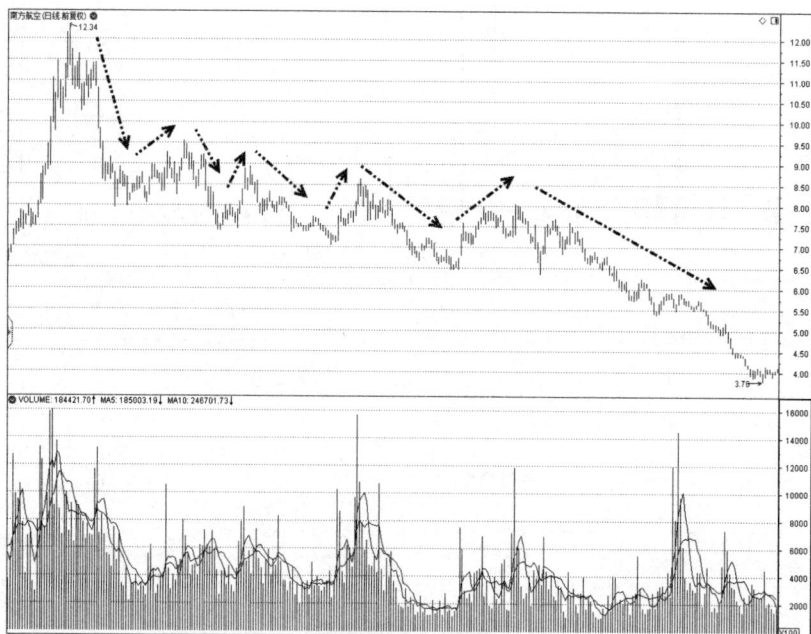

图 10-15　出货

投资者应对股价折返的方法如下。

首先，从大趋势上理清股价所处的阶段。比如，当某股处于上涨趋势中，在整体升幅、量价关系都未出现极端技术提示信号时，股价若发生折返，则中长线持仓的投资者完全不必理会，也就是所谓的看大势，赚大钱，不受股价短期波折所扰。

其次，投资者不可跟随股价的运行方向而产生相应的情绪与心理波动。跟着股价涨跌后面追的人，很难有好的收获。

最后，短线投资者应注重分析折返和股价强度的关系，理解折返是股价的正常状态。大部分较大折返发生前，股价在支撑与压制关系上都会有细微的反应。投资者要抓住技术细节上的提示，事先做好准备和计划。

一个专业的投资者会将个人的突发情绪程序化，有自己固定的应对方式，不因涨而买入，不因跌而卖出。当恐惧和希望这些情绪不再影响到交易决策时，那么投资的好日子就在后面。